基于标准的教师教育新教材　　融合创新一体化教材

新编
现代教育技术应用
（微课版）

马秀芳　柯清超◎编　著

华东师范大学出版社
·上海·

图书在版编目（CIP）数据

新编现代教育技术应用 / 马秀芳,柯清超编著. ——
上海：华东师范大学出版社,2022
ISBN 978-7-5760-3412-7

Ⅰ.①新… Ⅱ.①马… ②柯… Ⅲ.①教育技术学－
教材 Ⅳ.①G40-057

中国版本图书馆 CIP 数据核字(2022)第 236711 号

新编现代教育技术应用

编　　著　马秀芳　柯清超
责任编辑　赵建军　罗　彦
责任校对　邱红穗　时东明
装帧设计　庄玉侠　俞　越

出版发行　华东师范大学出版社
社　　址　上海市中山北路 3663 号　邮编 200062
网　　址　www.ecnupress.com.cn
电　　话　021-60821666　行政传真 021-62572105
客服电话　021-62865537　门市(邮购)电话 021-62869887
地　　址　上海市中山北路 3663 号华东师范大学校内先锋路口
网　　店　http://hdsdcbs.tmall.com

印 刷 者　上海昌鑫龙印务有限公司
开　　本　787 毫米×1092 毫米　1/16
印　　张　14.5
字　　数　320 千字
版　　次　2023 年 2 月第 1 版
印　　次　2025 年 7 月第 6 次
书　　号　ISBN 978-7-5760-3412-7
定　　价　49.00 元

出版人　王　焰

(如发现本版图书有印订质量问题,请寄回本社客服中心调换或电话 021-62865537 联系)

前 言

QIAN YAN

党的二十大报告指出,要推进教育数字化。教育技术已成为信息时代每一位教师都必须掌握的教学方法与技能,我国《教师教育课程标准(试行)》要求教师教育课程需要设置现代教育技术应用模块,教育部《中小学教师信息技术应用能力标准(试行)》明确指出信息技术应用能力是信息化社会教师必备的专业技能,并研制了中小学教师信息技术应用能力发展框架及相应标准,启动实施了"全国中小学教师信息技术应用能力提升工程"。

现代教育技术应用是一门帮助师范生发展信息技术应用能力的基础课程。其目标是培养师范生应用信息技术设计、实施与评价教学的基础知识和实践技能,为未来教师应用信息技术改进工作效能、促进专业能力持续发展、开展教学改革与创新打下基础。它是一门面向教学实践性知识与技能提升的课程,基本内容包括:教学资源的准备与制作、信息化教学设计与实施、信息化教学管理与研修、新型教学模式的创新与实践等。通过课程学习,能够帮助职前教师和一线教师建立现代教育教学理念,掌握信息化教学必备的教育技术知识与技能,达到教育部《中小学教师资格考试暂行办法》《中小学教师信息技术应用能力标准(试行)》《教师教育课程标准(试行)》等文件对教师提出的教育技术相关能力要求。

本教材依据《教师教育课程标准(试行)》的精神和要求编写,一共包括七个模块:(1)教育技术概述,阐述教育技术的基本概念、理论基础、技术基础与发展历程,教师信息技术应用能力标准与典型的信息化教学组织形式;(2)信息化教学资源,主要讲授信息化教学资源的获取途径,以及课堂教学课件、微课视频和线上学习资源的设计与开发;(3)信息化教学工具,讲解课堂教学工具、课堂分析工具、线上视频教学工具、线上课程教学工具以及学科辅助工具的教学应用;(4)信息化教学设计与实施,阐明信息化教学设计的基本过程与主要内容,包括课堂教学、在线教学、混合式教学设计与实施;(5)信息化教学管理与研修,诠释课程与学业表现管理、班级与学生发展管理、学校与教师专业发展管理、家校沟通与资讯管理、考试质量分析,以及三种网络教学研修的概念及其工具的使用;(6)信息化教学新模式,详述翻转课堂教学、跨学科教学与项目学习、大单元主题教学的教学设计流程以及智慧作业模式等新型信息化教学模式;(7)教育技术新发展,介绍人工智能技术、大数据分析、脑机接口、虚拟现实及知识图谱等的教学应用。

本教材具有以下特点：

（1）教材设计以培养教学问题信息化解决能力为导向、以提升课堂教学质量为目标。在"应用技术解决教学问题的能力"方面，教材主要培养师范生教学问题的信息化解决意识、信息化解决方案和信息化解决技能。在"应用技术优化课堂教学的能力"方面，教材重点关注师范生在信息化教学资源准备、信息化教学设计、信息化教学组织、信息化教研等方面的知识与能力，以期达到不断优化课堂教学、促进教学改革与创新的目标。

（2）教材内容凸显实践性与工具性，兼顾系统性与前沿性。本教材结合一线教学需求，在确保理论内容体系化的同时，融合了大量一线优秀教学案例的实践性知识，综合提供了丰富的常用信息化教学工具，让教材内容在理论联系实践的同时，凸显信息化教学的实践性和工具性特色。本教材整合信息化教学最新进展，吸收大量信息技术教育应用的新理念、新技术、新模式、新成果，提供了符合当前和未来教学改革趋势与技术应用特点的前沿知识方法和教学技能。

（3）教材资源丰富、工具多元，应用便捷、灵活、易用。教材设计以知识与能力为中心，提供了大量信息化教学工具和配套项目实践任务，操作性强，依托本教材可轻松开展以学习者为中心的项目式教学活动。教材提供了丰富的配套教学资源，包括与教材同步的教学课件、教学案例、软件工具的操作示范等，依托这些资源可方便开展线上线下融合的教学创新活动，实施有效的课堂教学改革。

在使用教材的过程中，教师需要注重培养学生的数字化学习能力，拓宽学生的教育技术知识视野，引导学生构建符合社会主义核心价值观的世界观、价值观和人生观，把思政教育贯穿于教学全过程，积极探索课程思政的新模式、新途径，实现"全员、全程、全方位"育人。教材完整七个模块的内容建议用48学时完成，其中理论学习24学时，实践操作20学时，案例研讨4学时。如果采用32学时的课程安排，建议将第一到第四模块和第六模块作为必修内容，第五和第七模块作为选修内容，理论学习16学时，实践操作12学时，案例研讨4学时。课程授课建议在计算机教室或学生自带笔记本电脑的教室进行，便于访问课程网站提供的各种微课视频、教学案例等学习资源，以及利用网络开展自主、合作探究等多样化的学习活动。课程考核建议采用过程性评价与成果性评价结合的方式，对学习者的平时作业与课堂表现进行记录与阶段性评价；对实践作品与实践成果，依据评价量规进行学习者自评、互评与教师评价。课程网站提供了丰富的数字教学资源，任课老师也可以积极探索混合式教学模式，鼓励学生课前使用网络学习资源进行自主学习，课堂上开展案例研讨、作品展示与交流等活动，进一步调动学生的学习积极性，帮助学生高效完成课程的知识建构与能力发展目标。

本教材内容主要来源于作者长期从教的课程讲义,并融入了大量来自一线的教学研究与实践案例。教材的策划、内容组织与信息化工具收集等得到了广州视睿电子科技有限公司(希沃 seewo)魏振水老师、鲁小丽老师等的帮助与大力支持。教材的资料与案例整理离不开作者研究生团队的参与和辛勤付出,其中包括博士研究生鲍婷婷,硕士研究生陈琦、翁垚岚、张思其、黄正华、钟晓薏、肖雨、黄浩、李颖欣、兰欣等同学。对于他们为教材编写所作的无私贡献,在此表示衷心的感谢!本教材的顺利出版,还要感谢华东师范大学出版社赵建军老师的关心与支持。教材在撰写过程中引用、参阅了许多专家、同行的研究成果,在此谨向原作者致谢!由于作者水平有限,不足之处,敬请读者批评指正。

作者于华南师范大学

目 录
MU LU

第一章 教育技术概述 …………………… 1
  第一节 教育技术基础 ……………… 2
  第二节 信息时代的教师教学能力 …… 16
  第三节 信息时代的教学组织形式 …… 24

第二章 信息化教学资源 …………………… 35
  第一节 信息化教学资源概述 ………… 36
  第二节 信息化教学资源的获取 ……… 39
  第三节 课堂教学课件的开发 ………… 43
  第四节 微课视频的设计与开发 ……… 53
  第五节 线上学习资源的开发 ………… 58
  第六节 国家数字教育资源的共建共享 … 66

第三章 信息化教学工具 …………………… 71
  第一节 信息化教学工具概述 ………… 72
  第二节 课堂教学工具 ………………… 75
  第三节 课堂分析工具 ………………… 83
  第四节 线上视频教学工具 …………… 92
  第五节 线上课程教学工具 …………… 96
  第六节 学科辅助工具 ………………… 99

▶ 视频资源

视频 导学:教育技术概述 /2

视频 1 导学:信息化教学资源 /36
视频 2 PPT 课件案例的制作 /48
视频 3 希沃白板 5 /50
视频 4 Camtasia Studio 的基本操作 /57
视频 5 基础教育精品课的录制 /64
视频 6 Ispring suite 的基本操作 /65

视频 1 导学:信息化教学工具 /72
视频 2 易课堂的介绍和教学案例 /76
视频 3 班级优化大师的基本操作 /81
视频 4 希沃录播系统的视频分析原理 /85
视频 5 弗兰德斯矩阵分析方法 /88
视频 6 S-T 分析方法 /89
视频 7 Flash Light 编码操作 /91
视频 8 希沃录播系统的基本操作 /94
视频 9 UMU 平台的基本操作 /97
视频 10 Moodle 平台的基本操作 /98
视频 11 Mindmanager 的基本操作 /100
视频 12 能量滑板竞技场实验的基本操作 /101
视频 13 Free Quizmaker 的基本操作 /103

视频资源

视频1 导学：信息化教学设计与实施 /108
视频2 课堂教学设计实施案例 /125
视频3 在线教学设计实施案例 /131
视频4 翻转课堂教学设计实施案例 /138

视频1 导学：信息化教学管理与研修 /141
视频2 希沃云班牌的基本操作 /146
视频3 希沃信鸽的基本操作 /148
视频4 希沃魔方的基本操作 /150
视频5 希沃学苑的基本操作 /161

视频1 导学：教育技术新发展 /190
视频2 学习分析的原理及应用 /196
视频3 专注世界的基本操作 /202

第四章 信息化教学设计与实施 107
第一节 信息化教学设计概述 108
第二节 课堂教学设计与实施 120
第三节 在线教学设计与实施 125
第四节 混合式教学设计与实施 131

第五章 信息化教学管理与研修 141
第一节 信息化教学管理 142
第二节 网络教学研修 152

第六章 信息化教学新模式 165
第一节 翻转课堂教学 166
第二节 跨学科教学与项目学习 176
第三节 大单元主题教学 180
第四节 智慧作业模式 184

第七章 教育技术新发展 189
第一节 人工智能技术与教育融合 190
第二节 教育大数据分析与应用 195
第三节 脑机接口的教育应用 199
第四节 VR/AR的教育应用 203
第五节 知识图谱的教学应用 207

附录 任务驱动的实训项目 213
实训项目一 信息化教学资源检索与加工 213
实训项目二 课堂教学课件制作 214
实训项目三 微课视频设计与制作 215
实训项目四 在线课程的设计与开发 216

实训项目五	个人网络学习空间建设与应用	217
实训项目六	智慧课堂的设计与实施	218
实训项目七	实施班级信息化管理	219
实训项目八	开展在线听课评课活动	220

第一章

教育技术概述

教育技术伴随着现代科学技术的进步产生与发展。现代教育技术在教育教学中的应用,不仅丰富了传统的教育教学手段,增加了信息传递的方式方法,提高了教育教学的效果和效率,也极大地改变了传统的教育观念与教学组织形式。与此同时,教育技术的普及对教师的教学能力提出了新的要求。本章重点讲解教育技术的基本概念、理论基础、技术基础及发展历程,信息时代对教师教学能力的要求,信息时代典型的教学组织形式。

本章学习目标

1. 理解教育技术的基本概念、理论基础及技术基础
2. 熟悉教育技术的发展历程
3. 明确信息时代教师应具备的教学能力
4. 知道信息时代三种典型的教学组织形式

知识地图

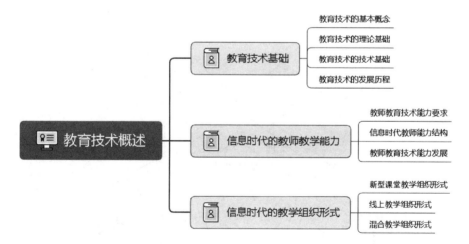

学习建议

1. 学习重点:教育技术的基本概念、理论基础、技术基础与发展历程,信息时代的教师教学能力,信息时代典型的教学组织形式。

2. 课前活动:观看本章的导学微课视频;初步理解教育技术的应用基础、信息时代对教

师教学能力的要求,以及技术与教学组织形式融合所衍生的三种新型教学组织形式。

3. 课后活动:参与本章在线讨论。

扫描二维码
观看微课视频

第一节 教育技术基础

🎯 **本节学习目标**

通过本节学习,了解教育技术的定义、研究内容、两大理论、三大技术以及发展历程,为后续深入学习教育技术领域相关内容奠定基础。

信息时代教育技术已经成为教育领域必不可少的组成部分。教育技术将最新、最适当的理念与技术持续引入教育领域,以新理念推动教育变革与发展,以新技术促进教与学不断优化与创新,是教育领域的"制高点"。本节主要从基本概念、理论基础、技术基础和发展历程四个方面介绍教育技术。

一、教育技术的基本概念

美国教育传播与技术协会(Association for Education Communication and Technology, AECT)1994 年给教育技术的定义是:教育技术是关于学习过程与学习资源的设计、开发、利用、管理和评价的理论与实践。教育技术具体构成与内涵如图 1.1 所示。

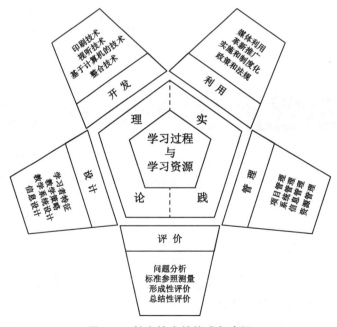

图 1.1 教育技术的构成与内涵

该定义明确指出教育技术的研究形态(理论与实践并重)、两个研究对象(学习过程和学习资源)和五个研究领域(设计、开发、利用、管理和评价),具体内容如下:

(1) 学习过程和学习资源的设计,是指为达到给定的教学目标,首先要对学习者进行特征分析和制定教学策略,在此基础上进行教学系统及教学信息的设计,包括教学内容的确定、教学媒体的选择、教学信息与反馈信息呈现方式的设计等,以创造最优化的教学模式,使每个学生都成为成功的学习者。

(2) 学习过程和学习环境的开发,是指对印刷技术、视听技术、基于计算机的多媒体技术与网络技术以及多种技术整合集成应用于教育教学过程的开发研究。可以说,开发是对教学设计结果的"物化"或"产品化",是教学设计的具体应用。开发领域的范围可以是一节课、一个新的改进措施,也可以是一个学校教育系统的具体规划和实施方案。

(3) 学习过程和学习资源的利用,应强调对新兴技术、各相关学科和最新研究成果,以及各种信息资源的利用和传播,并加以制度化、规范化,以支持教育技术手段的不断革新。

(4) 学习过程和学习资源的管理,指对所有学习过程和学习资源进行计划、组织、指挥、协调和控制。具体包括教学项目管理、系统管理、信息管理、资源管理等。"管理出效益",科学管理是教育技术实施和教学过程、教学效果优化的保证。[①]

(5) 学习过程和学习资源的评价,是指在注重对教育教学系统的总结性评价的同时,更要注重形成性评价,并以此作为质量监控以及教学系统与教学过程持续优化的主要依据。只有具备多角度、多方位的科学评价体系,才能保证教学系统研究更加科学、合理。

随着教育技术的不断发展,美国教育传播与技术协会于2005年将教育技术重新定义为:教育技术是指通过创造、使用、管理适当的技术过程和资源,促进学习和改善绩效的研究与符合道德规范的实践。[②] 2017年,该组织再次给出教育技术新定义:教育技术是通过对学与教的过程与资源进行策略设计、管理和实施,以提升知识、调节和促进学习与绩效的关于理论、科研和最佳方案的研究且符合伦理的应用。但由于这些定义并未改变教育技术1994年定义的本质,且未能在教育技术实践中广泛应用,因此目前国内教育技术领域仍普遍采用1994年的定义。

二、教育技术的理论基础

教育技术是一门新兴交叉应用科学,许多随着信息技术的发展而建立起来的新观念、新理论交叉渗透,形成了本学科的基础理论体系,包括学习理论、教学理论、视听和传播理论以及系统科学理论等,这些理论共同推动着教育技术学科的持续发展。下面以学习理论和教学理论为代表做简要阐述。

[①] 李克东. 新编现代教育技术基础[M]. 上海:华东师范大学出版社,2002:4-6.
[②] 关于教育技术的定义,2004年底美国教育传播与技术协会在会议中推动讨论,但正式发布是2005年。

1. 学习理论

学习理论是研究人类怎样学习的理论,旨在阐明学习是如何产生的、经历怎样的过程、有哪些规律、如何才能进行有效的学习等问题,是依据心理、生理科学机制揭示学习过程的规律而形成的理论。现代教育技术研究学习理论的目的是让人们将相关理论中对学习的基本观点与信息化学习环境联结起来,探讨如何将学习者自身的学习能力与信息化环境的独有特点相融合,进行更加有效的教学与学习,从而提高教育和教学的质量。由于学习过程的复杂性,学者的观点、视野和研究方法的差异,形成了许多不同的学习理论流派。本节简要介绍对教育技术有较大影响的行为主义、认知主义、建构主义和联通主义等学习理论。

(1) 行为主义学习理论

行为主义学习理论(Behaviorist Learning Theory)是指运用行为主义的理论和方法研究学习的一种心理学流派。行为主义的基本假设是:行为是学习者对环境刺激所做出的反应,把环境看成是刺激,把伴随而来的有机体行为看作是反应,认为所有行为都是习得的。

行为主义学习理论强调知识技能的学习靠条件反射,靠外在强化,学习是形成刺激和反应的联结和联想。行为主义学习理论注重外部环境的作用,强调"刺激—反应"过程中强化的必要性。根据这种观点,人类的学习过程被看作是被动地接受外界刺激的过程,教师的任务是向学习者传授知识,学习者的任务则是接受和消化这种知识。

美国心理学家约翰·华生在20世纪初创立了行为主义学习理论,在格思里、赫尔巴特、桑代克、斯金纳等的影响下,行为主义学习理论得以深入发展与应用。其中,斯金纳将行为主义学习理论推向了高峰,他提出了操作性条件反射理论,并对强化原理进行了系统的研究,使强化理论得到了发展。斯金纳根据操作性条件反射理论设计的教学机器和程序教学曾经风靡世界,为后来的计算机辅助教学奠定了理论与实践基础。

(2) 认知主义学习理论

认知主义学习理论(Cognitive Learning Theory)源于格式塔心理学派,这个学派认为学习是人们通过感觉、知觉得到的,是由人脑主体的主观组织作用而实现的,并提出学习是依靠顿悟,而不是依靠尝试与错误来实现的观点,否定刺激(S)与反应(R)的联系是直接的、机械的。代表人物有皮亚杰、布鲁纳、奥苏贝尔、托尔曼和加涅。

认知主义学习理论指出,学习的实质并非是一连串的刺激与反应,而是要在头脑中形成认知地图,即形成认知结构,认知结构在学习过程中用来同化新知识的某些观点。因此,教师在进行教学设计时应尽量使学习者联系以往已经掌握的知识,逐步由已知引申到未知,并充分阐明两者之间的联系与区别,以帮助学习者更好地学习新知识。

加涅根据认知心理学中记忆过程的信息加工模型提出了学习过程的基本模式,如图1.2所示。

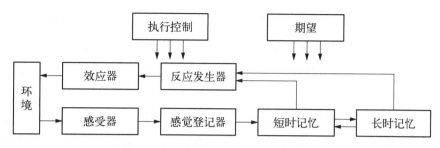

图1.2 加涅的学习与记忆信息加工模式

信息加工模式表明,来自外界环境的刺激通过学生的感受器,以映象的形式输入到感觉登记器,形成瞬时记忆,借助注意将这些信息以语义的形式贮存在短时记忆中,然后经过复述、精细加工、组织编码等进入长时记忆。长时记忆的信息要转变为人能清晰意识到的信息就需要将它们提取进入短时记忆。短时记忆是信息加工的主要场所,因此也被称为工作记忆。它将来自感觉登记器和长时记忆中提取出来的信息进行处理加工,加工的结果一方面送至长时记忆,另一方面送至反应发生器。反应发生器将信息转化成行动,也就是激起效应器的活动,作用于环境。在这个模式中,执行控制和期望是两个重要的结构,它们可以激发或改变信息流的加工。前者是已有的经验对当前学习过程的影响,起调节作用;后者是动机系统对学习的影响,起定向作用,它们可以对整个信息加工过程起调节和监督的功能。信息加工理论在教学中产生了重大的影响,形成了认知教学理论。其中比较著名的认知教学理论有奥苏贝尔的有意义学习理论及其著名的先行组织者教学策略、加涅的学习的条件与教学论(九段教学法)等。

(3) 建构主义学习理论

建构主义学习理论(Constructivist Learning Theory)的基本思想是:学习是学习者主动建构内部心理结构的过程,它不仅包括结构性的知识,也包括大量的非结构性的经验背景。它强调学生在学习过程中主动建构知识的意义,并力图在更接近、更符合实际情况的情境性学习活动中,以个人原有的经验、心理结构和信念为基础来建构新知识,赋予新知识以个人理解的意义。

维果斯基的活动理论、皮亚杰的儿童认知发展观和威特罗克的生成性学习理论等对建构主义的生成与发展具有较深的影响。皮亚杰认为儿童是在与周围环境相互作用的过程中,逐步建构起对于外部世界的知识,从而使自身认知结构得到发展的,强调主体认知结构和主体动作的作用,强调认识主体的能动作用,强调认识是认知结构不断建构的过程。他提出,行为主义把刺激和反应只看作是一种单向关系,主体只是被动地接受外部作用的影响而忽视了主体本身的能动性。因此,皮亚杰将行为主义的"S(刺激)—R(反应)"公式改为"S—(AT)—R"公式,即刺激(S)经主体认知结构(T)的同化(A)之后才产生反应(R)。个体的认知结构就是通过同化与顺应过程逐步建构起来的,并在"平衡—不平衡—新的平衡"的循环中得到不断的丰富、提高和发展。美国心理学家威特罗克认为学习的生成过程是学生已有的知识经验(即原有认知结构)与从环境中主动选择和注意的信息相互作用,主动建构信息的意义的过程。这一模式说明,学习总是要涉及学生原有的知识经验,并利用这些经验来理解和建构新的知识。威特罗克的"生成学习"是一个动态的、发展的过程,自始至终反映了学习过程中学习者与环境的多向性交互作用,学习者是有意识的、主动的。他认为生成学习的最终目标就是达到意义的理解。

建构主义对学习的基本解释主要分为三方面:① 学习是学习者主动建构内部心理表征的过程,它不仅包括结构性知识,也包括大量非结构性的经验背景。② 学习过程同时包含两方面的建构:一是通过运用已有经验,超越所提供的信息来构建对新知识的理解;二是要根据具体情况对从记忆系统中所提取的信息本身进行建构,而不是单纯提取。③ 学习者以自己的方式建构对于事物的理解,因此不同的人看到的是事物的不同方面,没有统一标准的理解。即便如此,建构主义认为学习者在此基础上开展的合作学习可以使理解更丰富、更全面。

建构主义学习理论在教育上的应用价值有以下几个方面:① 建构主义学习理论关于学习过程的生成模式的解释,有助于教师把握并利用学生正规学习前的非正规学习和科学概念学习前的日常概念来理解与建构新知识或信息,从而更好地达到预期目标;② 建构主义学习理论是为改变教学脱离实际情况而主张的情境性教学,对深化教学改革有积极的意义;③ 建构主义学习理论所提倡的学生合作学习,有助于竞争条件下学风的改善。

(4) 联通主义学习理论

伴随着 Web2.0、新媒体等技术的发展,人们对学习的理解、对知识更新周期的适应越来越需要新的学习理论来解释和引导,由此催生了联通主义学习理论(Connectivism Learning Theory)。乔治·西蒙斯教授在《联通主义:数字时代的学习理论》(Connectivism: A Learning Theory for the Digital Age)一文中提出了联通主义思想,指出学习不再是一个人的活动,学习是连接专门节点和信息源的过程。① 也就是说,联通主义的起点是个人,个人的知识是一个网络,而这个网络又被放入其他的知识网络,这种高度网络化的知识系统,使得人们获得知识的途径大大增加。这种共享的方式为泛在学习提供了丰富的学习资源库,因此,联通主义学习理论也是泛在学习必不可少的理论基础。

随着以乔治·西蒙斯和道恩斯为代表的学者们的不懈努力,联通主义学习理论的体系也在不断完善和更新,以下主要从知识观、学习观、共同体观和教学观展开介绍。②

① 知识观。根据乔治·西蒙斯在其专著《知晓知识》一书中的表述,知识可分为硬知识和软知识两类,硬知识指被专家认可的、稳定的知识,软知识指变化比较快且不稳定的知识。随着专家的认可和公众的接受,软知识可以逐渐变为硬知识。知识是一个动态变化的过程,它以片段的方式散布在信息资源节点所构成的网络中,这种网络时刻处于修改、创造和传播的动态变化中。

---

① George Siemens. Connectivism: A Learning Theory for the Digital Age [J]. *International Journal of Instructional Technology & Distance Learning*, 2004.
② 王志军,陈丽. 联通主义学习理论及其最新进展[J]. 开放教育研究,2014,20(05):11-28.

② 学习观。联通主义认为,学习是一个连续的、知识网络形成的过程,强调人与外部关系的建立和知识网络的建立。随着信息技术的快速发展,知识半衰期不断缩短,学习内容的有效性和准确性也时常处于变化当中。这意味着一个人对某一个事物的理解,以及他理解这个事物的能力都会随之而变化。联通主义强调学习的重心不再是知识内容的本身,而是在学习过程中不断创造的新的节点,并与其他节点建立新的网络连接,从而促进知识的生长,并使知识分布在信息节点构成的网络之中,以各种各样的数字化形式存储着。

③ 共同体观。共同体是西蒙斯和道恩斯在解释联通主义时除了知识、学习以外强调的第三个理论要素。在联通主义中,一个学习群体(共同体)可以被描述为一个节点,这些单独的节点可以构成一个更大的网络。而网络是由两个或两个以上这样的节点构成的,目的在于分享资源。节点体现共同体的规模大小和影响力程度,取决于学习群体的成员数量以及信息的集中程度。网络中的共同体具有多元化、开放性、自主性和互动性的特点。其中,互动性是最大的特征,知识的产生需要互动,简单的分享不能帮助学习者构建自己的知识体系,成员之间的持续互动和有效互动是共同体形成和维护的必然要求。此外,多元化指的是共同体的成员具有不同的身份特征、学习经历和生活体验;开放性指的是共同体的成员可以在不同的节点之中移动,接受来自其他节点的知识输入和人员输入;自主性指的是每一位共同体的成员是有自主权的,包括获得知识的权利、选择知识的权利、进入节点的权利还有退出节点的权利。

④ 教学观。联通主义认为,学习是发生在共同体之中的,其本质就是学习者和共同体中其他成员之间的对话。而这也体现出,群体中的所有成员之间关系都是平等的,并不区分教师和学生的角色。在不同的知识领域中,教师也可以成为学习者,教师和学生的身份不是一成不变的。在这个学习环境中,教师仍然通过关系网的联系,发现所需要的信息,与学习同伴进行互动,进行知识建构。然而,这并不意味着学习活动再也不需要指导者的参与。对于教师来说,他们需要适应角色作用的转变,充分利用社会环境、关系网络、群体氛围、同伴互动等学习活动要素来辅助学习者自主学习,构建他们个人的自主学习环境。

2. 教学理论

教学理论是解决如何教的问题,它与学习理论相互依赖。学习理论构成了教学理论的基础,为我们提供了发现一般教学原理的最切实的起点。但是,"教"与"学"毕竟是不同的两个范畴,要运用教育技术的理论解决教育实践问题,不但要有正确的学习观,还要对教学过程的性质和规律有清楚的认识,而后者是教学理论要着重研究的内容,是教育技术另一个重要的研究范畴。以下主要对程序教学理论、发现教学理论、掌握学习理论和教学过程最优化理论做简要介绍。

(1) 程序教学理论

20世纪50年代,斯金纳根据操作性条件反射与强化理论提出了学习材料的程序化思想,发展出程序教学理论。程序教学理论中教学的基本过程为:程序编制者把教材分解成许多小项目,按一定顺序加以排列,对每个项目提出问题,通过教学机器或程序教材来呈现,要求学生做出选择反应或解答反应,然后提供正确答案以便核对,并给予强化。程序教学理论的教学原则包括小步子原则、积极反应原则、即时反馈原则、低错误率原则和自定步调原则。

(2) 发现教学理论

发现教学理论是由美国著名认知主义心理学家布鲁纳提出的,其基本观点为:发现教学是在教师的启发诱导下,学生通过对一些事实和问题的独立探究与积极思考,自行发现并掌握相应的原理和结构的一种教学方法。发现教学理论认为学习一门学科最重要的是掌握它的基本结构,要想取得好的学习效果,就必须采用发现法。发现教学理论的教学原则包括动机原则、结构原则、启发原则和反馈原则。

(3) 掌握学习理论

掌握学习理论也是一种教学理论,是由美国心理学家、教育学家布卢姆提出的,掌握学习理论与布卢姆的教育目标分类学相联系。布卢姆把教育目标分为认知、情感和动作技能三大领域,掌握学习理论在认知、情感和动作技能领域中都具有一定的适用性,但其实际应用主要在认知和动作技能方面。掌握学习理论的基本观点为:掌握学习指的是在"所有学生都能学好"这一思想的指导下,以集体教学(班级授课制)为基础,辅之以经常、及时的反馈——矫正环节,为学生提供所需的个别化帮助,使学生掌握一个单元后,再进行下一单元较高级的学习,从而使大多数学生达到课程目标所规定的掌握标准。

布卢姆认为学生学习能力的差异不能决定个体能否学习要学的内容和学习的好坏,只能决定其要花多少时间才能达到对该内容应有的掌握程度。也就是说,学习能力强的学生可以在较短的时间内达到对该内容应有的掌握程度,而学习能力差的学生则要花较长的时间才能达到同样的掌握程度。布卢姆提出,学习的程度受到学习的时间、毅力、能力、教学质量和学生理解教学的能力这五种变量的制约,五种变量相互作用并对教学效果产生影响,教师的任务是控制好这些变量及其关系,使它们共同对教学发挥积极的作用。掌握学习理论的教学环节大致由五个环节组成,分别为单元教学目标的设计、依据单元教学目标的群体教学、形成性测验、矫正学习和总结性评价。

总的来说,掌握学习理论的优越性可以概括为三点:① 有利于全体学生达到教学的基本目标,从而实现差生转化;② 有利于学生心理健康发展;③ 有利于师生关系的改善。其局限性也可以概括为三点:① 在一定程度上以牺牲优生的发展为代价;② 在实践中有加重师生负担的可能性;③ 它并非一种万能的教学模式,而是有一定的适用范围的,例如在教学内容上,掌握学习理论在基本概念、基本原理的教学中比较适用,而对于想象力、思维推理力的培养则是稍微欠缺的。

(4) 教学过程最优化理论

巴班斯基是苏联有影响力的教育家、教学论专家,他将现代系统论方法引入教学理论的研究,提出教学过程最优化理论。教学过程最优化理论的基本观点为:① 教学应被看作一个系统,要用系统的观点、方法来考察教学;② 教学效果取决于教学诸要素构成的合力,应对教学进行综合分析、整体设计、全面评价;③ 教学最优化简单地说就是在一定条件下用最少的教学时间取得最好的教学效果。教学过程最优化理论将教学看作一个系统,教学效果的好坏取决于教学诸要素的构成是否合理。

优化课堂教学过程应从以下六个方面着手:① 优化教学目标。教师应明确哪些目标是学生必须当堂"掌握"和"应用"的,哪些只需要达到"认识"和"知道"的水平。② 优化教学设计方案。教师应系统地把握教学大纲和教材,做好单元备课,掌握教材知识结构。③ 优化时间结构。教师应合理安排课堂时间,如检查复习、教授、巩固练习等应各占多少时间,教授的关键、难点应从什么时候开始等。④ 优化教学方法。教学方法的设计应主要考虑如何调动学生的学习积极性,使学生积极主动地动脑、动口、动手,投入教学活动。⑤ 优化信息反馈。教师在教学时的反馈必须及时、有效,教师应注意多向收集反馈信息。⑥ 优化练习设计。练习设计要有针对性(含重点知识、难点知识、易混淆知识),练习要有层次性且形式多样,练习的量要适宜。

总的来说,教学过程最优化理论的优越性可以概括为四点:① 通过对学生情况的全面分析,教师借助于最优化教学过程与方法,对不同学生进行区别教学,有效地解决学生学业负担过重的问题;② 巴班斯基从系统化、综合性的观点出发强调在促进智育的同时,还要保证思想政治教育、道德教育和劳动教育的统一性,以实现学生的全面、和谐发展,强调对学生进行综合教育;③ 巴班斯基将辩证唯物主义和系统科学加以融合,提出辩证的系统方法并用来研究教育教学过程和最优化问题,丰富了教育研究的方法论;④ 巴班斯基将设计并实施最优化教学过程的责任与权力几乎完全赋予教师,并向教师提供了如何进行最优化教学的一整套操作程序、方法和建议,有利于教师主导作用的充分发挥。其局限性有以下几个方面:① 在教育教学目标上,过于强调社会发展需要,忽视学生个体发展需求;② 在师生关系上,过于强调教师主导作用的发挥,忽视学生的主体地位;③ 在教学内容的选择上,将课程内容局限于现有教材,忽视了其他课程资源;④ 技术化倾向严重,将效率作为教学最优化的最高标准,有一定的机械性;⑤ 方法与步骤过于繁琐,对于普通教师来说掌握起来有一定的难度。

> **思考讨论**
>
> 请学习者查阅其他书籍资料,从基本观点、代表人物以及优缺点等角度分享除了教学理论和学习理论的其他理论(如视听和传播理论以及系统科学理论)。

三、教育技术的技术基础

教育技术的发展过程中,不仅依赖于坚实的理论基础,也依托于厚实且不断更新的技术基础。每当有新技术出现并广泛应用于教育中时,教育技术的新时代也随之出现。本部分仅将影响教育技术发展的多媒体技术、网络技术和人工智能技术作为典型展开介绍。

1. 多媒体技术

多媒体技术(Multimedia Technology)是一种以计算机技术为核心,通过计算机设备的数字化采集、压缩、解压缩、编辑、存储等加工处理,将文本、声音、图形、图像、动画和视频等多种媒体信息,以单独或合成的形态表现出来的一体化技术。多媒体关键技术包括数据压缩和编码技术、数字图像技术、数字音频技术、数字视频技术等。其中多媒体数据压缩和编码技术是指去除多媒体数据间的冗余,在保证信息量完整的情况下对数据进行压缩和编码,减少数据传输体积的技术,一般可分为无损压缩和有损压缩。数字图像技术是指为了满足视觉、心理等其他需求,利用计算机对图像进行分析、加工和处理的技术。数字音频技术包括声音采集和回放技术、声音识别技术和声音合成技术三个方面。三个方面都是基于计算机上的声卡实现的,声卡具有将模拟的声音信号数字化的功能。数字视频技术一般包括视频采集回放、视频编辑和三维动画视频制作等。多媒体技术的教育应用主要有以下四个方面。

① 演示教学。在教学过程中利用多媒体技术进行演示教学是目前应用最为普遍的一种方式。在传统以教为中心的教学模式中,多媒体技术主要用于教学内容的演示。在一机多人的多媒体教室里,教师通过多媒体计算机和数字投影仪等设备,将教学内容的重点、难点以图片、图像、视频、动画、音乐等多种媒体形式表现出来,有利于学生理解和接受新知识,从而提升教学质量。

② 交互式教学。多媒体和网络技术能够提供图、文、声并茂的多种感官综合刺激,有利于情境的创设和保持,界面友好、形象直观,而且还能够按照超文本、超链等方式组织管理学科知识和各种教学信息,提供丰富多彩的人机交互方式,让学生能及时得到反馈,了解自己的学习结果,从而调整学习方法或学习程序。这种交互式学习有利于激发学生的学习兴趣,发挥学生的认知主体作用。因此,学生既可以通过计算机与多媒体技术的有效结合进行自主学习,也可以借助网络资源进行协作式学习,这两种学习方式具有共同的特点——双向的交互式学习。

③ 现代远程教学。现代远程教学是指教师和学生在时空相对分离的情况下,利用网络技术、多媒体视频技术等现代信息技术将课程教学实时或非实时地传送到校园外而开展的一种新型教育模式。如教育部提出的"三个课堂"(专递课堂、名师课堂和名校网络课堂)就是现代远程教学应用的新形态。

④ 虚拟仿真教学。虚拟仿真教学经常用于抽象知识的教学过程中。虚拟仿真教学是指利用多媒体技术与AR、VR仿真技术结合,用来模拟、仿真或再现一些现实中不存在或难以体验的事物。例如,在医学专业人体解剖的课程上,就可以通过多媒体技术与仿真技术结合模拟真实的人体解剖过程供学生进行学习,让学生沉浸在与虚拟环境的交互中,发挥想象

力,从而达到更好的教学效果。随着技术的不断发展,虚拟仿真教学的课程建设也初具规模,如国家虚拟仿真实验教学课程共享平台为全国各地的高等和职业院校提供了丰富的虚拟仿真教学资源。

2. 网络技术

网络技术就是用通信设备和线路,将处在不同空间位置、操作相对独立的多个计算机连接起来,再配置一定的系统和应用软件,在原本独立的计算机之间实现软硬件资源共享和信息传递的技术。网络技术在其发展过程中呈现出几个特点:能实现数据信息传输和集中处理、可共享计算机系统资源、能进行分布处理以及综合信息服务。网络技术的发展日新月异,为教育的创新和变革增添了强有力的技术支持,网络技术在教育领域的创新应用主要有以下三个方面。

① 教育"云平台"的搭建。"云技术"的"云"可以理解为"云端",它是巨大的资源空间。云技术实质上是一种共享式的信息服务,其主要功能是实现资源的分布式管理。在现代教育中,可以采取利用网络技术搭建教育"云平台"这一途径来实现全世界范围内教育资源的交流与共享。"云平台"的搭建不仅能方便教师在平时的教学资源整合中高效处理信息,还能让教师通过自我学习提升自身的教学能力和水平。例如,国家教育资源公共服务平台提供的基础教育精品课资源,覆盖小学、初中、高中各个年级的包括语文、数学和英语在内的多门学科,在促进教师课堂教学、学生自主学习和教师专业发展方面发挥了重要作用。

② "智慧校园"建设。在目前智慧校园建设的进程中,网络的搭建是至关重要的环节。智慧校园的"智慧"依赖于大数据的支撑,而对这些数据进行储存、传输和分析的操作离不开强大的通信网络技术的支持。随着网络技术的迭代发展,出现了 5G 技术,中国联通 5G 创新中心发布的《5G+智慧校园白皮书》中指出 5G 的高速率、低时延和大连接的特性,能够有力地支持智慧校园的数据传输,打破数据与资源的壁垒,保证智慧校园各场景的连通。

③ 支持在线教学和在线学习。在线教学如今受到全社会的关注,特别是在疫情期间,正是由于强大的网络技术的支持,在线教学才得以顺利开展。网络的不稳定或者连接速率过慢都会影响教学效果。另外,学生进行在线学习的过程中需要观看教师发布的课程、查找合适的网络学习资源,遇到疑难问题时需要与同学交流或向教师寻求线上的帮助,这些都离不开稳定高速的网络环境。强大的网络技术能够为学生的在线学习赋能,提升在线学习的效率和质量。

3. 人工智能技术

人工智能(Artificial Intelligence,AI)是指让计算机像人一样思考、学习和认知,即用计算机模拟人的思维。它是计算机科学的一个分支,主要研究和开发智能理论、方法、技术和应用系统,是利用计算机来模拟人的思维和行为的一门新的技术科学。其研究内容包括机器人、语言识别、图像识别、自然语言处理和专家系统等。人工智能技术在教育的应用主要有以下三个方面。

① 智能导师系统。智能导师系统是人工智能在教育领域的一个重要应用,它能够在学习者学习的过程中实时跟踪、记录和分析学习者的学习过程和结果,以了解其个性化的学习特点,并根据这一特点为每一位学习者选择合适的学习资源,制定个性化的学习方案。智能导师通过自然语言处理和语音识别技术,来实现计算机扮演导师角色的功能,它能够为学生提供辅助性的学习材料。智能导师在为学习者提供有针对性、即时的学习方案时,还能够对学习者的学习表现和问题解决的情况进行评价和反馈,并提出相应的建议。

② 教育机器人等智能助手。教育机器人作为学生学习的助手,可以帮助学生管理学习任务和时间,分享学习资源,引导学生积极主动地参与到学习中,通过与学生的友好合作,进而促进学生的学习。如"未来教师"机器人,不仅可以帮助教师完成课堂辅助性或重复性的工作,如朗读课文、点名、监考、收发试卷等,还可以帮助教师收集、整理资料,辅助教师备课、参加科研活动,既减轻了教师的负担,又提高了教师的工作效率。

除了教育机器人,各种基于语音技术的虚拟智能助手也正在成为人们学习的好帮手。如来自印度的 Prepathon 公司使用智能虚拟助手为学习者的学习提供个性化服务,它可以辅助管理学习进程、制定个人学习计划,当学习者对一些知识有疑惑时,能为学习者提供个性化指导。

③ 实时跟踪与反馈的智能测评系统。智能测评强调通过一种自动化的方式来测量学生的发展。通过人工智能技术实现的自动测评方式,能够实时跟踪学习者的学习表现,并实时地对学生的学习表现进行综合评价。例如,"批改网"就是一个以自然语言处理技术和语料库技术为基础的在线自动评测系统。通过人工智能技术实现的即时评价系统,不再局限于封闭式的评价方式,而是可以通过开放的形式对学生类似于论文式的学习给出有效反馈和评价。

四、教育技术的发展历程

1. 国外教育技术的发展

在世界教育技术研究领域中,美国是最早开始对本领域、学科进行历史研究的国家。因此,国外教育技术以美国为代表,可以从三条不同路线追溯美国教育技术的形成与发展:一是以"早期的个别化教学——程序教学——计算机辅助教学"为主线的个性化教学技术发展路径;二是以"直观教学——视觉教学——视听教学——视听传播"为主线的媒体教学技术发展路径;三是教学系统方法发展路径。这三种不同的发展路径交错在一起,共同促进教育技术的发展,其演变过程如图 1.3 所示。

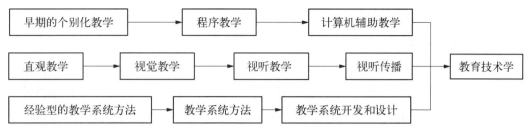

图 1.3 美国教育技术的历史演变过程

(1) 个性化教学技术

① 早期的个别化教学。个别化教学是一种适合每个学习者不同需要和特点的教学方式。在夸美纽斯(J. A. Comenius)提出班级授课制以前,个别化教学一直是教育的基本形式,主要通过教师与个别学生的面对面交流而实现。在美国,真正意义上的个别化教学系统的发展始于伯克(F. Burk)1912年至1913年在旧金山师范学院实验的个别学习制。早期个别化教学计划的特点是:学生可以自定学习进度,但只有达到一定的教学要求才能转入下一步的学习,重视课程内容的选择和组织。由于20世纪30年代经济大萧条和进步教育运动的影响,这类个别化教学形式日趋消失。但是,早期的个别化教学实验为教育技术的个别化教学研究和实践积累了宝贵的经验。

② 程序教学。程序教学就是按一定的逻辑顺序将课程分解成若干小的学习单元,编制成教学程序,由学习者自主学习。程序教学的特点是:学习步骤小、学习进度自定、积极反应、即时反馈等。一般认为,普莱西(S. Pressey)是世界上第一台教学机器的发明人和使用者。程序教学兴起并受到教育界的普遍重视,应主要归功于斯金纳(B. F. Skinner)、克劳德(B. Crowder)、普莱西等人,特别是1954年哈佛大学行为主义心理学家斯金纳发表的《学习科学和教学的艺术》一文,激发了人们对程序教学的极大兴趣。按照行为主义关于操作性条件反射和强化理论,斯金纳设计了一套教学机器和程序教学方案。

③ 计算机辅助教学。程序教学之后,计算机技术的发展催生了计算机辅助教学(Computer Assisted Instruction,CAI)。计算机辅助教学经历了行为主义学习理论、认知主义学习理论、建构主义学习理论三个发展阶段。在计算机辅助教学系统中既可以进行个性化学习,又可以进行小组协作学习和群体学习。计算机不只是一种辅助教学的工具,还可以作为认知工具、情感激励工具以及协作和交流的工具,起到导师、伙伴、工具的作用。目前,计算机辅助教学这个概念已不能完全反映计算机在教育中的作用,国际上(特别是在欧洲)更倾向于使用"计算机辅助学习"(Computer Assisted Learning,CAL)这一专业术语。尽管如此,计算机辅助教学仍是计算机在教育领域的主要应用,个别化教学是计算机辅助教学的基本功能。

随着网络计算、云计算、语义网、情感计算和虚拟仿真技术的日臻成熟,各种计算机辅助教学技术,如智能导师系统和学习管理系统等不断涌现。智能导师系统以语义网技术为核心,融合机器学习、知识工程等技术为学生构建个性化模型,并以此提供个性化的学习路径和服务，计算机辅助教学进入全新的阶段。

(2) 媒体教学技术

① 直观教学。直观教学是教育技术的先声，由 17 世纪捷克教育学家夸美纽斯提出。直观教学是通过运用真实事物的标本、模型、图片等为载体传递教学信息，进行具体的教学活动。然而，夸美纽斯提出的直观教学理论当时并没有在实践中产生很大的影响。直到 19 世纪初期，经过瑞士教育家裴斯泰洛齐(J. H. Pestalozzi)、德国教育家福禄培尔(F. Froebel)和第斯多惠(Diesterweg)等人的大力倡导，直观教学才开始在欧洲流行，然后迅速传到美洲大陆，并对美国视觉教学产生了深刻的影响。

② 视觉教学。20 世纪初，美国的视觉教学(Visual Instruction)开始出现。视觉教学源于美国宾夕法尼亚州的出版公司金士顿(Keystone View Company)于 1906 年出版的《视觉教学》一书。"视觉教学"作为一场教学改革运动的名称，一直沿用到 1947 年全美教育协会的视觉教学部正式改名为视听教学部(Department of Audio-Visual Instruction，DAVI)为止。

③ 视听教学。有声电影和广播录音技术的发展及其在教育领域的应用，使得原有的视觉教学概念已经不能囊括当时的教学实践，促使视觉教学发展为视听教学(Audio-Visual Instruction)。第二次世界大战结束以后的十年是视听教学稳步发展的时期，视听领域开展了一系列的研究，重点探讨视听媒体的特性及其对学习的影响。以杜威实用主义教育理论为基础的各种视听理论相继出现。在诸多关于视听教学的研究中，堪称代表的是戴尔(E. Dale)于 1946 年所著的《教学中的视听方法》一书。书中提出的"经验之塔"理论，融合了杜威的教育理论和当时流行的心理学观点，成了当时以及后来视听教学的主要理论根据。

④ 视听传播。第二次世界大战以后，传播理论和早期的系统论开始影响视听教学领域，使视听教学演变为视听传播(Audio-Visual Communication)，这使得教学从媒体论逐渐向过程论和系统论两个方向发展，于是教育技术的观念开始更新。

(3) 教学系统方法

20 世纪 60 年代初期，加涅(R. M. Gagne)、格拉泽(R. Glaser)、布里格斯(L. J. Briggs)等将系统论思想与教学任务分析、行为目标和标准参照测试等理论、概念及方法有机结合，提出了早期的"系统化设计教学"模型。从 20 世纪 60 年代中期开始，运用系统方法解决教学问题逐渐成为视听传播领域的指导思想。美国教育技术委员会(The Commission on Instructional Technology)在 20 世纪 60 年代后期把教育技术定义为：教育技术是一种根据特定目标来设计、实施和评价整个教学过程的系统方法，并以对人的学习与传播的研究为基础，综合运用人力、物力资源，以达到更有效教学的目的。

到 20 世纪 70 年代，美国的教育技术已脱离了只重视媒体教学应用的取向，个别化教学技术、媒体教学技术、教学系统方法整合为一体，成为一个系统而完整的领域。

进入 21 世纪后，信息技术的变革与创新已完成对教育生态的全面渗透，推动教育理念、教学内容、教学方法、学习方式和管理模式的深刻变革,推动教育技术的理论与实践蓬勃发展。国际上教育技术新理论、教学新模式不断涌现,教育技术已成为推动各国教育发展与改革的重要手段。美国教育部下设了专门的管理部门"教育技术办公室",该办公室定期发布美国的国家教育技术发展计划,由此可见,教育技术已不仅仅是教育教学的技术手段,也已发展成为国家教育发展战略的重要组成部分。

2. 国内教育技术的发展

我国的教育技术发展可以分为两个阶段:电化教育阶段和教育技术阶段。经过几十年的理论研究和实践探索,我国的教育技术在概念界定、理论框架、学科建设、组织机构与教育信息化实践等方面都具有明显的中国特色。

(1) 电化教育阶段

20世纪20—40年代,在"国民教育""义务教育""实用主义教育"等教育思想的影响下,一批怀着教育救国理想的有识之士纷纷远渡重洋,寻找救国救民良方。他们开始接触到当时欧美发达国家教育教学中使用的幻灯、无声电影、广播等,认为这些手段形象直观,特别适合于当时文化素质普遍很低,甚至是文盲的广大国民,因而积极引进到中国,为当时的国民教育运动服务。

1919年,有人开始运用幻灯进行教学,这是我国电化教育起步的标志。我国较为正式地使用"电化教育"一词始于1936年,当时的教育部举办电化教育人员训练班,由各地选派学员参加。学员结业后,就将"电化教育"名称带回各地,此后各级教育行政部门也陆续正式使用"电化教育"这一名称,并不断推广使用。

当时的电化教育专门指电影教育和播音教育,作为一种先进的教育手段在社会教育和学校教育中应用。由于当时经济落后、科学技术不发达,电化教育未能广泛地开展起来,但是它代表了我国教育技术开始起步。

(2) 教育技术阶段

随着信息技术在教育领域的广泛应用,我国电化教育领域的学者积极吸收国外教育技术的理论、方法和技术研究成果,开始使用美国和欧洲比较广泛使用的"教育技术"专业术语替代"电化教育",逐步与国际上的教育技术研究与实践领域接轨。

我国的教育技术学(电化教育)专业建立始于1983年,华南师范大学创建了我国第一个电化教育本科专业。1986年,国务院学位委员会正式批准三所大学(北京师范大学、华南师范大学、河北大学)设立首批教育技术学硕士学位授予点。1993年,国务院学位委员会批准在北京师范大学设立我国第一个教育技术学博士点。2001年,北京师范大学、华南师范大学被评选为我国首批教育技术学专业国家级重点学科。截止到2021年,在本科层次办学中,招收教育技术学专业的普通高等院校为137所(不含军事院校和港澳台高校);在研究生层次办学中,招收教育技术学硕士研究生的院校有52所,招收现代教育技术硕士研究生的院校有

83所;全国共有27个院校具备教育技术学博士授予权,共设教育技术学博士后流动站7个。随着信息技术的飞速发展,教育技术的发展也进入快车道,逐渐成为教育领域发展的"制高点"。

请结合自己的学习经历,小组合作交流,谈一谈教育技术的内涵与应用场景。

第二节 信息时代的教师教学能力

本节学习目标

通过本节学习,了解信息时代对教师教育技术能力的要求、两种教师能力结构以及教师教育技术能力发展阶段,为后续学习奠定基础。

教育技术的普及对教师教学能力提出了新的要求。教师作为课堂教学的引领者、教学改革的实践者,不仅需要具备扎实的学科教学基础知识,同时也要与时俱进掌握信息技术教育应用能力。教师教育技术能力的培养既是提高教师队伍整体素质的关键,更是21世纪整体教育改革的着力点之一。

一、教师教育技术能力要求

为进一步提升中小学教师信息技术应用能力水平,促进信息技术与教育教学深度融合,教育部于2014年5月颁布《中小学教师信息技术应用能力标准(试行)》,主要内容如表1.1所示。中小学教师信息技术应用能力是指中小学教师运用信息技术改进工作效能、促进学生学习成效与能力发展,以及支持其自身持续发展的教师专业能力。该标准根据我国中小学校信息技术硬件设施条件的不同,师生信息技术应用情境的差异,对教师在教育教学和专业发展中应用信息技术提出了"基本"和"发展性"两个层次的要求,包括"应用信息技术优化课堂教学"和"应用信息技术转变学习方式"两个维度。其中,"应用信息技术优化课堂教学"主要关注教师利用信息技术进行讲解、启发、示范、指导、评价等教学活动应具备的能力;"应用信息技术转变学习方式"主要关注教师在学生具备网络学习环境或相应设备的条件下,利用信息技术支持学生开展自主、合作、探究等学习活动所应发展的能力。

表 1.1　中小学教师信息技术应用能力标准

维　度	Ⅰ. 应用信息技术优化课堂教学	Ⅱ. 应用信息技术转变学习方式
技术素养	1. 理解信息技术对改进课堂教学的作用,具有主动运用信息技术优化课堂教学的意识。	1. 了解信息时代对人才培养的新要求,具有主动探索和运用信息技术变革学生学习方式的意识。
	2. 了解多媒体教学环境的类型与功能,熟练操作常用设备。	2. 掌握互联网、移动设备及其他新技术的常用操作,了解其对教育教学的支持作用。
	3. 了解与教学相关的通用软件及学科软件的功能及特点,并能熟练应用。	3. 探索使用支持学生自主、合作、探究学习的网络教学平台等技术资源。
	4. 通过多种途径获取数字教育资源,掌握加工、制作和管理数字教育资源的工具与方法。	4. 利用技术手段整合多方资源,实现学校、家庭、社会相连接,拓展学生的学习空间。
	5. 具备信息道德与信息安全意识,能够以身示范。	5. 帮助学生树立信息道德与信息安全意识,培养学生良好行为习惯。
计划与准备	6. 依据课程标准、学习目标、学生特征和技术条件,选择适当的教学方法,找准运用信息技术解决教学问题的契合点。	6. 依据课程标准、学习目标、学生特征和技术条件,选择适当的教学方法,确定运用信息技术培养学生综合能力的契合点。
	7. 设计有效实现学习目标的信息化教学过程。	7. 设计有助于学生进行自主、合作、探究学习的信息化教学过程与学习活动。
	8. 根据教学需要,合理选择与使用技术资源。	8. 合理选择与使用技术资源,为学生提供丰富的学习机会和个性化的学习体验。
	9. 加工制作有效支持课堂教学的数字教育资源。	9. 设计学习指导策略与方法,促进学生的合作、交流、探索、反思与创造。
	10. 确保相关设备与技术资源在课堂教学环境中正常使用。	10. 确保学生便捷、安全地访问网络和利用资源。
	11. 预见信息技术应用过程中可能出现的问题,制订应对方案。	11. 预见学生在信息化环境中进行自主、合作、探究学习可能遇到的问题,制订应对方案。
组织与管理	12. 利用技术支持,改进教学方式,有效实施课堂教学。	12. 利用技术支持,转变学习方式,有效开展学生自主、合作、探究学习。
	13. 让每个学生平等地接触技术资源,激发学生学习兴趣,保持学生学习注意力。	13. 让学生在集体、小组和个别学习中平等获得技术资源和参与学习活动的机会。

续　表

维　度	I. 应用信息技术优化课堂教学	II. 应用信息技术转变学习方式
组织与管理	14. 在信息化教学过程中，观察和收集学生的课堂反馈，对教学行为进行有效调整。	14. 有效使用技术工具收集学生学习反馈，对学习活动进行及时指导和适当干预。
	15. 灵活处置课堂教学中因技术故障引发的意外状况。	15. 灵活处置学生在信息化环境中开展学习活动发生的意外状况。
	16. 鼓励学生参与教学过程，引导学生提升技术素养并发挥其技术优势。	16. 支持学生积极探索使用新的技术资源，创造性地开展学习活动。
评估与诊断	17. 根据学习目标科学设计并实施信息化教学评价方案。	17. 根据学习目标科学设计并实施信息化教学评价方案，并合理选取或加工利用评价工具。
	18. 尝试利用技术工具收集学生学习过程信息，并能整理与分析，发现教学问题，提出针对性的改进措施。	18. 综合利用技术手段进行学情分析，为促进学生的个性化学习提供依据。
	19. 尝试利用技术工具开展测验、练习等工作，提高评价工作效率。	19. 引导学生利用评价工具开展自评与互评，做好过程性和终结性评价。
	20. 尝试建立学生学习电子档案，为学生综合素质评价提供支持。	20. 利用技术手段持续收集学生学习过程及结果的关键信息，建立学生学习电子档案，为学生综合素质评价提供支持。
学习与发展	21. 理解信息技术对教师专业发展的作用，具备主动运用信息技术促进自我反思与发展的意识。	
	22. 利用教师网络研修社区，积极参与技术支持的专业发展活动，养成网络学习的习惯，不断提升教育教学能力。	
	23. 利用信息技术与专家和同行建立并保持业务联系，依托学习共同体，促进自身专业成长。	
	24. 掌握专业发展所需的技术手段和方法，提升信息技术环境下的自主学习能力。	
	25. 有效参与信息技术支持下的校本研修，实现学用结合。	

教育部教师工作司在 2021 年印发的《全国中小学教师信息技术应用能力提升工程 2.0 校本应用考核指南》文件中提供了中小学教师信息化教育教学能力发展框架，以此作为教师信息化教育教学能力提升考核的参考内容。2021 年 9 月，中小学教师信息技术应用能力提升工程执行办公室印发《中小学教师信息化教育教学微能力诊断指引》，该指引对 30 项中小学教师信息化教育教学微能力指标进行了详细阐述，包括利用信息技术进行学情分析、教学设计、学法指导和学业评价等，分别适用于多媒体教学环境、混合学习环境、智慧学习环境，该指引为教师信息化教学中具体能力的应用与发展提供了坚实依据，主要内容见表 1.2。

表 1.2 中小学教师信息化教育教学能力发展框架的基本内容

维 度	信息技术应用环境		
	多媒体教学环境	混合学习环境	智慧学习环境
学情分析	A1 技术支持的学情分析	B1 技术支持的测验与练习	
教学设计	A2 数字教育资源获取与评价 A3 演示文稿设计与制作 A4 数字教育资源管理	B2 微课程设计与制作 B3 探究型学习活动设计	C1 跨学科学习活动设计 C2 创造真实学习情境
学法指导	A5 技术支持的课堂导入 A6 技术支持的课堂讲授 A7 技术支持的总结提升 A8 技术支持的方法指导 A9 学生信息道德培养 A10 学生信息安全意识培养	B4 技术支持的发现与解决问题 B5 学习小组组织与管理 B6 技术支持的展示交流 B7 家校交流与合作 B8 公平管理技术资源	C3 创新解决问题的方法 C4 支持学生创造性学习与表达 C5 基于数据的个别化指导
学业评价	A11 评价量规设计与应用 A12 评价数据的伴随性采集 A13 数据可视化呈现与解读	B9 自评与互评活动的组织 B10 档案袋评价	C6 应用数据分析模型 C7 创建数据分析微模型

全面提升教师信息技术应用能力是推动教育信息化发展的重要路径;是促进教师转变教学方式,深入推进基础教育课程改革的重要抓手;是实现教师终身学习,有效促进教师专业自主发展的关键路径。教师队伍信息化教学专业能力发展是教育信息化可持续发展的基本保障,信息技术应用能力是信息化社会教师必备的专业能力。

国外对于教师信息技术应用能力的培养也非常重视。美国国际教育技术协会(International Society for Technology in Education,ISTE)一直致力于教师专业发展、知识传递、鼓励与引导教育创新等方面的研究和标准制定,已先后于 1993 年、1997 年、2000 年、2008 年颁布了四版国家教师教育技术标准[1],以适应信息技术发展对教师的新要求,这些标准对美国和其他国家教师专业发展都产生了积极的影响。

拓展阅读

美国国际教育技术协会教育者标准(2017年)

2017 年美国国际教育技术协会发布了一份国际教育技术协会教育者标准(ISTE Standards for Educators),从教师作为"学习者、领导者、公民、合作者、设计者、促进者、分析者"等七个维度提出了教师信息化专业能力要求。

---

[1] 冯仰存,钟薇,任友群. 美国国家教师教育技术新标准解读与比较研究[J]. 现代教育技术,2018,28(11):19-25.

二、信息时代教师能力结构

1. TPACK 模型

传统的教师知识结构包括学科专业知识和教学法知识,随着信息技术的发展,有关技术的知识和技能已成为信息时代教师知识领域重要的组成部分。21世纪的教师应能够适应信息时代的发展需要,具备信息技术环境下的教师专业素质。近年来国外研究者针对21世纪社会发展对教师的新要求,提出了"技术—教学法—内容知识(Technological Pedagogical Content Knowledge,TPCK)"的新概念。

TPCK 是美国密歇根州立大学的学者马修·J·科勒(Mattew J. Koehler)和庞雅·米什拉(Punya Mishra)于2005年在舒尔曼(A. Shulman)提出的学科教学知识PCK的基础上提出的。TPCK 是一种"整合技术的教师知识框架"。在教师知识中,内容知识(Content Knowledge, CK)、教学法知识(Pedagogical Knowledge, PK)和技术知识(Technological Knowledge, TK)这三种主要的知识形态呈交互作用,构成了TPCK的技术与教学的整合框架,而处于该框架核心位置的是这三种知识的交集。原来的缩写"TPCK"均由辅音字母组成,不利于拼读和记忆,美国教师教育学院协会(American Association of Colleges of Teacher Education, AACTE)创新与技术委员会在广泛征求意见后,决定将其改为便于拼读和记忆的"TPACK",即在原来名称中增加一个词"and",使原来的英文名称变为:Technological Pedagogical and Content Knowledge,该名称的原意不变,但可读成"TPack",意为教师知识的总包装(Total Package)。这就是TPACK整合模式名称的由来,其模型如图1.4所示。

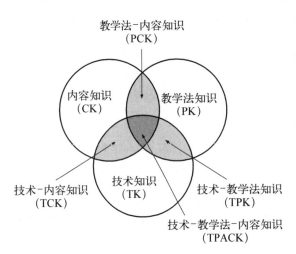

图 1.4 整合技术的教师知识框架(TPACK 模型)

2. 信息时代的教师能力结构

刘雍潜教授根据 TPACK 模型提出了信息时代的教师能力结构,包括以下三部分[①]:

(1) 学科教学能力

学科教学能力是指教师的专业功底以及与教学基本环节相对应的教学能力,由"教学法—内容知识"(PCK)形成。具体包括:① 关于学科内容的知识和能力;② 对课程标准和教

---

① 刘雍潜.信息化环境下的中小学教师能力建设研究[J].现代教育技术,2010,20(12):57-61.

材的理解能力;③ 对学生学习基础和学习困难的诊断能力;④ 对教学过程的规划能力;⑤ 作业和试卷的设计能力;⑥ 体现学科特点的教学基本能力。

(2) 教学设计能力

教学设计是一种以认知学习理论为基础,以教育传播过程为对象,应用系统科学的方法分析、研究教学问题和需求,确立解决问题的方法和步骤,并对教学结果作出评价的一种计划过程和操作程序。教学设计能力由"技术-教学法知识"(TPK)所形成。

(3) 资源应用能力

资源应用能力是指教师的数字化教学资源应用能力,由"技术-内容知识"(TCK)形成,资源应用能力的进一步发展则是形成资源开发能力。教师的资源应用能力包括:① 教学资源的收集与鉴别;② 教学资源的加工与处理;③ 教学资源的设计与开发。对于学科教师来讲,常用的教学资源主要有:演示文稿(PPT)、多媒体课件、专题教学网站、网络课程等。

学科教学能力、教学设计能力和资源应用能力这三项能力最后综合成为信息技术与课程的整合能力,这就是信息时代教师所必须具备的能力。

随着教育信息化改革的全面深化,要求教师不仅能应对不断革新的智能化教育情境,而且能够持续更新教育理念、改进技术方法。综合起来,新时代教师还应具备如下五个方面的能力。

(1) 教师课程能力

教师课程能力是在教育变革背景下,在先进理念和信息技术引领下,系统化保证教育质量的关键能力。教师课程能力是教师所特有的职业能力,需要顺应信息时代的要求,在具体的课程实践活动情境中发生,并不断赋予其新的时代内涵,具体包括:① 课程认知能力;② 课程开发能力;③ 课程设计能力;④ 课程实施能力;⑤ 课程评价能力;⑥ 课程研究能力。

(2) 跨学科整合能力

跨学科是当前教育改革关注的核心命题,已经纳入国家课程标准,成为学生学习的重要内容。跨学科教学要求教师具有知识复合能力,教师的"多层复合的知识结构"是开展跨学科教学的前提和基础。教师可以根据学生的个性取向和需求,成为创造学生教育路线的专家,从而让学生打通学科界限,探索同一主题所包含的不同领域知识,获得对世界的整体性认识,提高真实问题解决能力。

(3) 数字胜任力

最早在2017年,欧盟对数字胜任力的关注聚焦在教育工作者这一群体上,并颁布实施《欧盟教育工作者数字胜任力框架》,近些年数字胜任力的概念也在不断完善。数字胜任力拓展了数字素养的概念范畴,不仅包括数字素养强调的知识与技能,还包括知晓在法律、道德、隐私、安全等方面如何合理并健康地使用信息技术的意识。具体来讲,数字胜任力就是教师以最优的、最恰当的方式,利用数字技术开展教育教学的综合能力,是促进教师专业发展、赋权学生在数字环境中交际与终身学习的能力,是教师与学习者批判地、自信地、创新地使用数字技术发展的能力。只有掌握了与信息技术相关的新的思维方式,才有可能实现数字信息技术与教育教学的融合,实现教育过程的优化和未来人才的培养。

(4) 创新思维能力

教育的目的不仅仅是向学生传授理论知识,更重要的是培养学生的核心素养和知识创造性应用的能力。信息时代下的新课程改革倡导"思维型课程文化",强调知识抽象性与具体性二者的兼容,教师要引导学生将科学的世界和生活的世界连接起来,强调知识的建构与解构,让学生在认识世界的同时,引导学生敢于质疑、突破并主动地富有个性地学习。这就要求教师要具备创新思维能力。

(5) 终身学习能力

终身学习能力是社会快速进步和教育发展对教师的必然要求,具备终身学习的能力和自觉性是信息时代的教师保持可持续发展的前提。以信息技术为代表的知识经济时代的到来,使人们所掌握的知识加速老化,终身学习成为必需。对教师来讲,终身学习能力是指教师在飞速发展的社会环境中,为适应不断发展变化的科学技术,能够有意识地不断学习各种最新的教育理论,接受新知识和新技术,不断更新自己的专业知识体系和能力结构。

三、教师教育技术能力发展

教育技术已经成为促进当代教育系统变革与创新的重要因素,它运用教学设计的系统方法分析教学问题,应用技术解决现实问题。教育技术在实践中应用多媒体重构传统课程教学内容,应用网络技术丰富师生的互动与协作方式,为师生提供多样化的教学活动。教育技术能力是一种具有理论性、发展性与实践性的综合能力,是教师必备的专业实践能力。[①] 现代教师的教育技术能力包括:教育技术应用的意识与态度、教育技术基本知识与技能、技术教学应用与创新能力等。

教育技术能力是现代教师最基本的教学能力之一,是以促进学生发展为目的,利用信息资源从事教学活动、完成教学任务的综合能力,是教师专业发展的核心能力。教师的教育技术能力是学科专业知识、学科教学法知识和技术知识多种知识与能力综合发展的结果。

2013年,教育部启动实施全国中小学教师信息技术应用能力提升工程,并于2014年颁布了《中小学教师信息技术应用能力标准(试行)》,建设了两期课程资源,推动全国中小学教师信息技术应用能力培训,并组织以评促学的活动。2019年,教育部启动实施全国中小学教师信息技术应用能力提升工程2.0,提出到2022年,构建以校为本、基于课堂、应用驱动、注重创新、精准测评的教师信息素养发展新机制,通过示范项目带动各地开展教师信息技术

---

① 王以宁.教师教育技术——从理论到实践[M].北京:北京大学出版社,2010:3-5.

应用能力培训,基本实现"三提升一全面"的总体发展目标:校长信息化领导力、教师信息化教学能力、培训团队信息化指导能力显著提升,全面促进信息技术与教育教学融合创新发展。

信息时代的教师教育技术能力发展可以分为四个阶段:起步、应用、融合、创新,如图1.5所示。

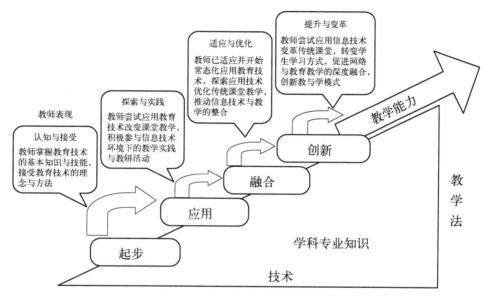

图1.5 信息时代的教师教育技术能力发展阶段

① 起步阶段。教师开始学习教育技术的基本知识与技术,能简单地运用多媒体课件进行教学,具备基本的信息技术教学应用技能。这一阶段的教师教育技术能力发展途径可以是教育技术专项培训、教师继续教育网络课程学习、主题教学工作坊、优课案例观摩等。

② 应用阶段。教师在教学过程中主动应用信息技术改变课堂教学行为,能较好地将信息技术与教学内容进行有效的融合,具备较好的信息技术应用能力。这一阶段的教师教育技术能力发展途径可以是公开课展示与研讨、网络课程学习、网络教研、优课案例观摩等。

③ 融合阶段。教师开始适应教育技术的常态化应用,能够独立开发部分教学资源,能够运用多媒体、网络教学资源优化课堂教学。这一阶段的教师教育技术能力发展途径可以是公开课展示与研讨、网络课程学习、网络研修、优课案例观摩、微课教学等。

④ 创新阶段。教师探索应用技术变革传统课堂,构建新型教育教学模式变革学生学习方式,实现教育教学创新。这一阶段的教师教育技术能力发展途径可以是公开课展示与研讨、网络课程学习、网络研修、名师工作室等。

信息时代的教师应转变教学观念,不断提高信息素养,探索和实践信息技术与课程整合的教学模式,帮助学生应用信息技术转变学习方式,推动信息技术与教育教学的深度融合,提高人才培养质量。教师教育技术能力发展途径如表1.3所示。

表 1.3　教师教育技术能力发展途径

发展阶段	教 师 表 现	发 展 途 径
起步	认知与接受：教师掌握教育技术的基本知识与技能，接受教育技术的理念与方法	教育技术专项培训 教师继续教育网络课程学习 主题教学工作坊 优课案例观摩
应用	探索与实践：教师尝试应用教育技术改变课堂教学，积极参与信息技术环境下的教学实践与教研活动	公开课展示与研讨 网络课程学习 网络教研 优课案例观摩
融合	适应与优化：教师已适应并开始教育技术的常态化应用，探索应用技术优化传统课堂教学，推动信息技术与教学的整合	公开课展示与研讨 网络课程学习 网络研修 优课案例观摩 微课教学
创新	提升与变革：教师尝试应用信息技术变革传统课堂，转变学生学习方式，促进网络与教育教学的深度融合，创新教与学模式	公开课展示与研讨 网络课程学习 网络研修 名师工作室

思考讨论

请学习者对照教育部 2021 年发布的中小学教师信息化教育教学能力发展框架，以小组为单位分析如何提升学情分析、教学设计、学法指导和学业评价等信息化教育教学能力。

第三节　信息时代的教学组织形式

本节学习目标

通过本节学习，了解信息时代课堂教学组织形式、线上教学组织形式以及混合教学组织形式的概念及相应的教学案例，为开展教学提供实践参考。

传统的教学组织形式包括班级授课制、个别教学、导生制等，随着信息技术的不断发展，特别是人工智能技术、教育大数据、云计算等新型智能技术蓬勃发展，教育教学的方式也在不断丰富与创新，教学也不仅仅只限于线下的课堂，在信息时代的背景下涌现出了很多新型的教学组织形式。

一、新型课堂教学组织形式

教学组织形式就是依据一定的教学思想、教学目的和教学内容以及教学主客观条件组织安排教学活动方式。简单来说,教学组织形式就是教学活动中教师和学生的组织结构和相互作用的方式。教学组织形式是动态发展变化的,随着社会政治经济和科学文化的发展及其对培养人才要求的不断提高,教学组织形式也不断发展和改进。在教学史上先后出现的影响较大的教学组织形式有个别化教学、班级授课、分组教学等。

根据课堂应用技术的不同,信息时代常见的课堂教学组织形式包括基于大数据分析等技术的智慧课堂教学和基于虚拟仿真等技术的沉浸式课堂教学等。基于大数据分析等技术的智慧课堂指的是在信息技术的支持下,将大数据分析等技术融入课堂教学中,应用数字化、个性化、智能化的课堂学习环境重构教师和学生的组织结构和相互作用方式,从而有效优化教学过程、提升教学效果的新型课堂教学组织形式。基于虚拟仿真等技术的沉浸式课堂教学指的是利用虚拟现实(VR)、增强现实(AR)、扩展现实(XR)等新技术的优势,为学习者打造虚实融合、生动直观的学习环境,支持学习者通过视、听、触等多种通道的感知体验进入一种"沉浸"体验的学习状态的新型课堂教学组织形式。

1. 基于大数据分析等技术的智慧课堂教学案例

佛山市光明新城小学黄老师利用云平台和电子书包,以"图形的拼组"为例,融合探究式、个性化和小组教学理念,利用云平台大数据的辅助开展翻转课堂教学。本节课的亮点在于利用课前收集的云平台数据,依据数据分析结果设计个性化的课堂学习任务,学生分组开展合作探究学习活动,完成学习任务,创新了翻转课堂的活动过程,构建了智慧翻转课堂教学组织形式。本节智慧翻转课堂主要包含课前初步感知、课中实践总结、课后拓展延伸三个教学流程,具体的教学实施流程如图1.6所示。

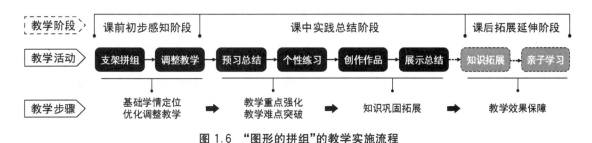

图1.6 "图形的拼组"的教学实施流程

(1) 课前初步感知阶段

课前阶段,学生根据学习单,利用交互式课件,按照教师提供的问题支架进行图形拼组,初步感知图形间的转换,培养学生的自主学习能力。教师通过云平台收集学生学习任务单和学习反馈数据,依据数据分析结果调整教学设计,实现课内较为精准的教学活动过程。

(2) 课中实践总结阶段

课中阶段的开始,学生分享课前学习情况,提出课前学习困惑,并在老师的引导下进行同学间或师生间的答疑解惑。教师根据课前学生的反馈,提出针对性问题,让学生进行讨论,并引导学生以小组为单位汇报本组学习困惑。随后教师引导全班同学一起探讨典型共性问题,归纳图形联系的规律,帮助学生完成知识点内化。

在对预习进行总结与归纳后,学生根据老师的分组完成练习,并利用电子书包智能课堂作业系统提交作业,随后反思作业完成情况。在此过程中,教师根据课前学生学习数据分析情况设计个性化练习,并组织学生分组完成练习,培养学生的空间观念。

在培养起基本的空间观念后,要使学生联系真实情境,首先,通过观看生活中的图片,感受图形拼组在生活中的应用;其次,学生对已存在的图案进行模仿拼组,此案例中学生模仿的图案来自学生所在地佛山的世纪塔外墙;最后,学生对"班徽"进行设计创作,并将自己的作品上传。在此阶段,教师为了引导学生将知识与真实生活联系起来,设计了符合认知规律的感受、模仿和创作的流程:教师先出示生活照片;接着提供图案让学生观察,并指导学生进行拼组;然后引导学生利用软件来进行"班徽"的自主创作,并让学生将作品上传,方便后面的展示交流活动,也便于留下学生的学习痕迹。

学生完成并上传作品之后,先在学习小组内汇报自己的作品名称、意义与创作技巧,随后组内推荐一名同学代表汇报,最后总结学习心得。在此阶段,教师组织组内汇报展示、组内推荐汇报展示与学习心得总结,以此锻炼学生的协作交流、逻辑与表达等能力。

(3) 课后拓展延伸阶段

在该阶段,学生登录云平台,阅读关于图形拼组的课外知识,以此拓宽视野;学生回家之后,还可以通过与家人的合作来尝试更多的拼组。在此阶段,教师引导学生通过阅读来拓宽知识面,通过亲子合作来进行更丰富的创作,以此培养学生良好的阅读习惯和创新能力,增强亲子共同学习的意识。

2. 基于虚拟仿真等技术的沉浸式课堂教学案例

中职院校教师利用 VR 眼镜,与传统的多媒体教学方式进行融合,以《中国旅游地理》课本中的"黄山"一课为例,通过让学生观看三段 VR 视频,为学生带来了沉浸式的课堂体验。VR 技术的使用,在传统多媒体教学课堂基础上增加了交互性和体验感,让学生能够更直观地感受黄山之美,激发学生主动学习的兴趣。教师创建沉浸式课堂的过程可分为课前准备、教学实施和作业拓展三个阶段,具体的教学实施流程如图 1.7 所示。

(1) 课前准备阶段

VR 眼镜对于很多学生来说都比较陌生,为了沉浸式课堂的顺利开展,在正式授课之前,教师会对班级学生做简单的培训,介绍 VR 眼镜的穿戴等,并向学生发放说明书。针对学生说明书看不懂的地方,教师可以给予指导。

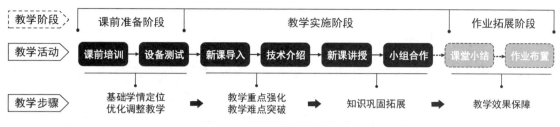

图 1.7 "黄山"的教学实施流程

在预备铃响之后,教师发放学生手机和 VR 眼镜让学生进行佩戴,可以打开手机中提前下载好的 VR 视频 APP 中的任意视频随机播放,在调试设备过程中部分小组的同学出现手机卡顿、视频无法播放的情况,及时向老师反映进行备用设备的替换,顺利解决相关问题,为顺利进行课堂授课做准备。

(2) **教学实施阶段**

该阶段主要分为新课导入、技术介绍、新课讲授、小组合作四个环节。在新课导入环节,教师向同学们展示黄山图片,用徐霞客的名言"薄海内外之名山,无如徽之黄山。登黄山,天下无山,观止矣!"来进行导入,并向学生提问该句后来的引申"五岳归来不看山,黄山归来不看岳"的具体含义,学生进行充分思考,教师再给予解答,突出黄山风景的独特秀丽。

随后,教师向同学们讲解 VR 技术的概念,并向同学们展示商场的 VR 体验区小朋友体验 VR 游戏的图片,让同学们感受 VR 的魅力。接着,教师向同学们介绍 VR 眼镜,并指出和 3D 眼镜的区别。最后,教师播放一段介绍 VR 的视频,帮助学生进一步了解 VR 技术。

在新课讲授环节,教师首先让同学们扫描二维码获取第一段 VR 视频资源,并向同学们强调 VR 眼镜观看视频的注意事项,学生观看一段展示黄山壮观景色的视频。观看完视频后,教师提问"黄山属于什么名山",并介绍我国名山种类。接着提问"为什么黄山不是五岳之一",并讲解五岳的由来。师生互动完成后向同学们介绍旅游资源分类表,并讲述我国目前世界遗产情况,引出黄山属于世界文化和自然双重遗产。

随后,教师向同学们讲授黄山四绝,并带领同学们观看第二段介绍黄山四绝的 VR 视频,让同学们直观感受黄山四绝的魅力。观看完视频后,教师组织小组进行思考讨论,完成小组任务单,加深对课本知识的把握。小组合作任务完成后,教师引申黄山的第五绝——冬雪,接着将黄山主峰与泰山主峰进行高度对比,加强学生对所学知识点的联系。最后,学生结合刚才的讲解内容观看第三段 VR 视频,深刻感受黄山之美,激发学生对旅游知识学习的热情和对祖国大好河山的热爱之情。

(3) **作业拓展阶段**

小组总结本节课所学内容和使用 VR 设备上课的感受与体会,各小组派代表进行回答,教师进行补充和评价。小组合作设计一份黄山三日游的旅游攻略,小组成员之间要分工明确,住宿、餐饮、游玩景点需不同成员负责,为景点搭配解说词,下节课小组代表进行上台交流展示。

二、线上教学组织形式

线上教学组织形式是将学习环境设置于网络环境中,教师与学生在线上完成学习活动的人员配置、学习活动程序等。这种组织形式的学习过程开展与资源提供等依托互联网技术在线实现和完成,在疫情"停课不停学"期间师生时空分离的情境下发挥了重要作用。

依据线上教学手段的不同,目前常见的线上教学组织形式可以分为基于在线课程平台的教学组织形式和基于网络直播互动的教学组织形式等。基于在线课程的教学组织形式主要借助于国家中小学智慧教育平台、网易云课堂、学习通等在线课程平台所提供的课程或教师自己制作上传的课程而开展教学活动。比如国家中小学智慧教育平台就为从学前教育到普通高中教育以及特殊教育的学生提供了包括专题教育、课程资源、课后服务等系统学习资源,教师可以根据具体的安排遴选出合适的资源来开展教学。基于网络直播互动的教学组织形式指的是教师利用具有实时直播功能的软件开展在线直播式教学活动的结构形式,将线下的课堂教学经过重新设计搬到线上,强调师生在同一时间段内完成在线互动式学习。

1. 基于在线课程的教学案例

广东技术师范大学的黄老师基于超星学习通平台,精心制作"教学视频资源编导与制作"在线课程相应的课程资源。黄老师依托该在线课程和超星学习通开展在线教学,主要分为:课前导学、自主学习与实践、答疑与作业发布三个阶段,具体的教学实施流程如图 1.8 所示。

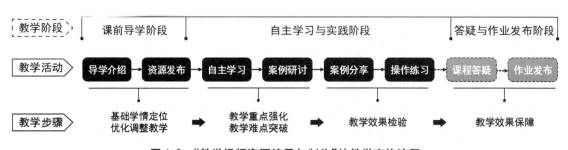

图 1.8 "教学视频资源编导与制作"的教学实施流程

(1) 课前导学阶段

教师在课程开展之前发布课程的导学内容,导学主要就本学期的教学安排、学习任务、成绩评定方法等做详细介绍,在确认每位学生都能够正常使用学习通平台后,会在平台发布包括课程内容的文字稿、PPT 讲解视频、案例视频等学习资源,同时把重要内容用文字和图片在超星页面清楚展示,方便学生一边听一边看要点,有效提高学习效率。

(2) 自主学习与实践阶段

该阶段主要分为自主学习、案例研讨、案例分享、操作练习四个环节。教师会将每节课划分为独立的任务点,根据准备的课程资源,设定学习资源发放时间。随后根据任务点组织讨论,讨论限定时间,全体学生参与,避免学生"掉线",可以较好地掌握学生的学习状态。以"教学视频资源编导与制作"为例,第一个任务点为 15 分钟,学生在这 15 分钟内观看平台上的学习资源,让学生明确课程项目任务要求,观摩典型案例。在案例研讨环节,任务点结束后,全员讨论 20 分钟,探讨案例策划思路、拍摄技巧、剪辑技巧等。在案例分享环节,教师给学生 20 分钟搜集项目相关案例并进行整理,随后教师利用平台的随机点名功能随机抽取几名学生进行案例的分享。在操作练习环节,教师设置 10 分钟的任务点,学生观看视频制作工具的介绍和剪辑的相关知识,任务点学习结束后让学生自行安装视频工具并进行剪辑练习。

(3) 答疑与作业发布阶段

教师在课程的最后预留 15 分钟左右的时间,利用学习通平台的主题讨论区或群聊功能,学生自由发言,发表对于本节课学习的感受及困惑,教师针对学生的疑惑进行解答。要求全体学生必须参与,避免有的学生不发言而导致老师无法了解其对知识点的理解掌握程度。学习通讨论区的内容是在平台一直保留的,学生可以课后回看同学的发言。课程的最后,教师发布任务点或专门的作业让学生课后继续思考。

2. 基于网络直播互动的教学案例

宁夏回族自治区的银川二十一小(中心校)以小学数学五年级上册"平行四边形的面积"为例,开展与宁夏回族自治区中卫市中宁县宽口井九年制学校(结对校)的专递课堂教学实践,课堂围绕"1 对 1"专递课堂教学模式开展网络直播互动教学。本节课主要分为课前准备、课中教学和课后拓展三个阶段,具体的教学实施流程如图 1.9 所示。

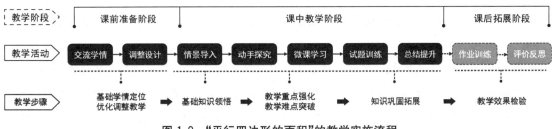

图 1.9 "平行四边形的面积"的教学实施流程

(1) 课前准备阶段

主讲教师与结对校教师交流学生学情,并依据结对校学生的实际水平和需求调整教学策略,以保障该课堂教学能够达到既定的教学目标。

(2) 课中教学阶段

该阶段主要分为情景导入、动手探究、微课学习、试题训练和总结提升五个环节。在情景导入环节,主讲教师创设劳动教育课分配菜地进行种植这一情景,提出问题并引导学生进行回答,从而引入本节课主题"平行四边形的面积"。在动手探究环节,主讲教师引导学生利用推导长方形面积公式时使用的数方格方法来初步探究数出平行四边形的面积，并由辅助教师配合邀请个别学生上台展示数格子的过程，然后由主讲教师就学生展示的探究过程与结果进行数方格任务总结。随后，主讲教师引导学生通过裁剪平行四边形卡片纸的方式进行探究。同时，辅助教师配合邀请学生进行探究汇报，主讲教师则以多次提问的方式进行逐步引导。最后，由主讲教师总结平行四边形面积求解的方法，加深学生对该知识的理解。在微课学习环节，主讲教师播放微课，学生通过观看微课学习平行四边形面积公式的表示与应用，并通过教师的提问来巩固知识的掌握。在试题训练环节，教师展示平行四边形的面积计算相关练习题，并给予学生一定时间独立完成。随后辅助教师配合邀请学生上台展示答题结果，主讲教师通过追问，引导学生理解并掌握平行四边形的面积计算相关知识难点。在总结提升环节，辅助教师配合邀请学生回顾本课学习内容，并由主讲教师总结平行四边形的面积计算的相关知识点。

（3）课后拓展阶段

该阶段主要分为作业训练和评价反思两个环节。在作业训练环节，主讲教师将课后测验题目发送给辅助教师，由辅助教师发放课后测验题目，以此检验学生的学习成果；在评价反思环节，双方教师借助课堂录播系统与社交软件进行课堂总结反思，总结相关教学经验，并商定下一次专递课堂教学计划。

三、混合教学组织形式

混合教学组织形式融合了线上教学组织形式和传统面对面教学组织形式，充分利用面对面教学和线上教学各自的特点和优势，既强调教师的主导作用，又重视学生的主体价值，具有优化教学活动进程、突破教学时空限制、实现课堂群体化教学与个性化培养相结合的优势。

随着混合教学组织形式的实践深入，目前已经发展形成"线上＋线下"混合教学组织形式、"课内＋课外"混合教学组织形式和"校内＋校外"混合教学组织形式等多种亚类型。"线上＋线下"混合教学组织形式指的是在线教学与传统教学相结合的教学组织形式；"课内＋课外"混合教学组织形式是指综合了传统课堂组织形式与课外自主学习的组织形式；"校内＋校外"混合教学组织形式与"课内＋课外"混合教学组织形式类似，但教学的范围有所扩大，且多为实践类的教学。以下具体介绍"线上＋线下"混合教学组织形式的案例。

（1）案例简介

宁夏银川二十一小的罗老师在教授"夜间飞行的秘密"一课时，采用"线上＋线下"混合教学组织形式，首先在线上组织学生开展自主学习，让学生在课前自定步调实现碎片化、个性化学习；接着，回到课堂上在教师引导下进行知识内化与教学重难点的强化提升；然后，课后再在线上和线下进行知识的再巩固。

(2) 案例解读

"夜间飞行的秘密"线上线下混合教学主要分为三个阶段：课前线上自主学习阶段、课中面对面强化提升阶段、课后线上线下知识巩固阶段，具体的教学实施流程如图1.10所示。

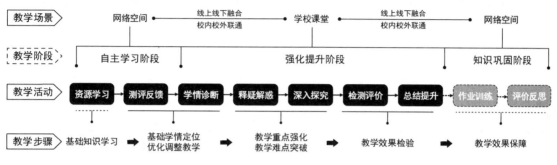

图1.10 "夜间飞行的秘密"的教学实施流程

① 自主学习阶段。自主学习阶段以"资源学习——测评反馈——学情诊断"三个教学环节组织开展教学。教师要对教学内容和学生特征进行分析，确定具体的教学目标，有针对性地进行教学设计，开发教学微视频、学习任务单、测验题等学习资源，并通过网络平台的教师端将其推送给学生，以便学生在线开展自主学习活动。教师推送学习任务及资源后，学生可以根据自身情况，自主控制学习步调，在规定时间内学习资源，遇到知识盲点、难点可以在线向教师提问或通过网络查阅资料。学生自学后需要完成在线作业，独立思考解决问题，完成教师设计好的学习任务单或测验题，通过网络平台提交作业。系统对部分作业进行智能批改并将结果及时反馈给学生，便于学生进行自我检测与自我评价。同时，学生记录自学过程中遇到的学习问题与困惑，提交到作业平台，并在回归到课堂教学后及时与教师、同伴交流。教师需基于网络平台实时监控学生学习进展，提醒学生及时完成自学任务，并基于网络平台的教学评价系统反馈的学情数据，对学生自学情况、课前自学效果进行诊断性评价，初步了解学生的学情，掌握学生的起点能力水平，有针对性地调整课堂教学设计，做到心中有数。

② 强化提升阶段。完成线上自学后回归到学校课堂，师生以"释疑解惑——深入探究——检测评价——总结提升"四大教学环节组织开展面授教学。教师首先对学生线上自学环节的学习情况进行反馈，针对网络学习中的共性问题或是重要问题展开面对面的交流讨论，对于重难点给予强调，引发注意，对知识体系进行必要的梳理，高效利用有限的课堂教学时间组织学生对知识开展深入探究。设计一系列师生互动类、生生互动类教学活动，加强面对面的情感交流和互动，充分调动学生的主动性与积极性，让学生在交流问答与协作探究中真正内化对知识的理解，得到强化提升，再通过成果展示与分享汇报，检测评价学习效果。

③ 知识巩固阶段。学生通过线上自主学习、线下强化提升，已经对知识有了比较深入的理解和把握，本节课还需要对知识进一步拓展延伸，课后教师布置练习作业，帮助学生巩固深化所学内容，继续在线上组织学生交流讨论，促进学生对知识的再巩固与第二次内化，指导学生对所学内容进行迁移应用和系统的反思总结。

案例研讨

请学习者结合自身学习经历或者通过国家中小学智慧教育平台搜索另外两种混合教学组织形式的教学应用案例,并参考以上教学阶段、教学活动和教学步骤等角度与他人进行分享。

学习自评

评价内容	自评结果			
	优	良	中	差
理解教育信息化与教育技术的关系				
对照《中小学教师信息技术应用能力标准(试行)》,判断自身知识与技能掌握情况				
理解教育技术与教学的关系,明确教育技术能从哪些角度为教学提供支持				
理解三种教学组织形式				
综合评价				

本章小结

1. 教育技术的 94 定义:教育技术是关于学习过程与学习资源的设计、开发、利用、管理和评价的理论与实践;05 定义:教育技术是指通过创造、使用、管理适当的技术过程和资源,促进学习和改善绩效的研究与符合道德规范的实践。教育技术是随着 20 世纪 20 年代视听技术的发展而发展起来的。

2. 教育技术的理论基础包括学习理论、教学理论、视听和传播理论以及系统科学理论;教育技术的技术基础包括多媒体技术、网络技术和人工智能技术,这些理论和技术共同推动教育技术的持续发展。

3. 中小学教师信息化教育教学能力发展框架从学情分析、教学设计、学法指导和学业评价等维度对微能力框架中的 30 项微能力指标评价进行了指导,分别适用于多媒体教学环境、混合学习环境、智慧学习环境,该能力发展框架为教师信息化教学中具体能力的发展和提升提供了依据。

4. 信息时代的教学组织形式主要分为课堂教学组织形式、线上教学组织形式和混合教学组织形式。信息时代常见的课堂教学组织形式包括基于大数据分析等技术的智慧课堂教学和基于虚拟仿真等技术的沉浸式课堂教学等。线上教学组织形式通过网络将师生联结起来,在疫情"停课不停学"期间师生时空分离的情境下发挥了重要作用。混合教学组织形式综合了前两种教学组织形式的特点,在信息技术的支持下便于教师开展更加灵活创新的课堂。

网络学习

请您结合本章介绍的三种教学组织形式,任选一个您感兴趣的教学案例进行分析,指出其优点与不足,并与老师、同学们交流分享。

拓展资源

1. 应用网络搜索引擎搜索了解中小学疫情"停课不停学"的网络教学案例。

2. 请检索并阅读以下文件(http://www.moe.gov.cn):

2013年10月教育部发布《教育部关于实施全国中小学教师信息技术应用能力提升工程的意见》。为贯彻落实国家教育信息化总体要求,充分发挥"三通两平台"效益,全面提升教师信息技术应用能力,决定实施全国中小学教师信息技术应用能力提升工程,并对提升工程的实施提出意见。

2019年3月教育部发布《教育部关于实施全国中小学教师信息技术应用能力提升工程2.0的意见》。为全面贯彻落实全国教育大会精神,按照《中共中央国务院关于全面深化新时代教师队伍建设改革的意见》决策部署,根据《教育信息化2.0行动计划》和《教师教育振兴行动计划(2018—2022年)》总体部署,服务国家"互联网+"、大数据、人工智能等重大战略,推动教师主动适应信息化、人工智能等新技术变革,积极有效开展教育教学,教育部决定实施全国中小学教师(含幼儿园、普通中小学、中等职业学校)信息技术应用能力提升工程2.0,特制定本意见。

3. 请检索并阅读以下文章(https://kns.cnki.net):

《AECT 2017定义与评析——兼论AECT教育技术定义的历史演进》,作者李海峰、王炜、吴曦,文章详细介绍了AECT 2017定义的翻译、关键术语、结构与内涵,并将其与其他定义做了较为深入的对比分析,最后分析了AECT 2017定义对我国教育技术研究与发展的启示。

《〈中小学教师信息技术应用能力标准(试行)〉解读》,作者祝智庭、闫寒冰,文章从四个方面来解读这一标准:第一,从国际、国内、教师自身、培训发展等角度阐释了能力标准出台的背景;第二,解释能力标准的框架,以及它在聚焦专项、面向应用、关注差异等方面的特点;第三,针对能力标准的基本要求"优化课堂教学"与发展性要求"转变学习方式",解释能力标准所对应的教学情境;第四,在"全国中小学教师信息技术应用能力提升工程"的大背景下,探讨能力提升工程为《标准》实施所提供的支持通道。

《基于"互联网+"的中小学教师信息化教学能力提升研究》，作者杜玉霞，文章通过剖析造成困境的原因，提出了基于大数据技术分类发展、构建一体化网络教研体系、建立科学的评价机制等基于"互联网+"的中小学教师信息化教学能力提升措施，以期促进中小学教师信息化教学能力健康高效地发展，为中小学提高教育教学质量和效率提供优质的师资保障。

《信息技术与课程整合的理念与策略》，作者徐万胥，文章立足课程理论，全面分析信息技术与课程整合的理念，并提出信息技术与课程整合的基本策略。

《疫情后学校线上线下教学的融合与发展》，作者柯清超，文章基于疫情期间线上教学的实践经验与存在的问题，提出了四种线上线下教学融合的实践模式，以及学校线上线下教学融合的发展路径。

第二章

信息化教学资源

　　信息化教学资源是指经过数字化处理，可以在计算机或网络环境下运行的多媒体材料或教学系统。应用信息化教学资源，教师可以更好地呈现教学内容、创设教学情境、激发学生的学习兴趣、提高课堂教学效率；学生可以自主选择教学内容和自主设定教学步调，开展个性化学习、在线学习，有效实现知识建构与学习方式的转变。信息化教学资源也称"数字化教学资源"，本章重点讲解：信息化教学资源的含义、基本类型和教学特点；信息化教学资源的获取途径；课堂教学课件（PPT、电子白板）的设计与开发；微课视频的设计与制作；线上学习资源（基础教育精品课、在线开放课程）的设计与开发；国家数字教育资源的共建共享等。

本章学习目标

1. 理解信息化教学资源的含义、类型及特点
2. 掌握信息化教学资源的获取方法
3. 熟悉课堂教学课件的设计与开发
4. 掌握微课视频的设计与开发
5. 掌握线上学习资源的设计与开发
6. 了解国家数字教育资源的共建共享机制

知识地图

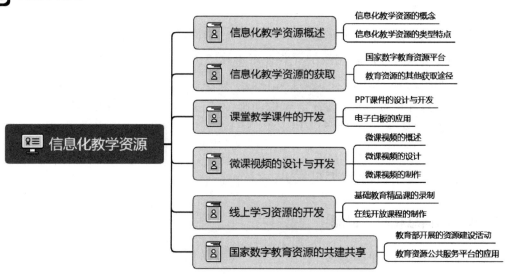

学习建议

1. 学习重点：信息化教学资源的获取途径，课堂教学课件、微课视频和线上学习资源的设计与开发。
2. 课前活动：观看本章导学微课视频；根据本章提供的相关教学案例，开展案例分析与研讨，深刻理解信息化教学资源的含义；借助各种教学工具的操作演示微课视频，学习课件、微课以及线上学习资源等信息化教学资源开发工具的基本操作。
3. 课后活动：完成本章实践项目。

扫描二维码
观看微课视频

第一节　信息化教学资源概述

本节学习目标

通过本节学习，了解信息化教学资源的概念，熟悉典型的信息化教学资源的类型及其特点。

信息化教学资源是现代信息化环境下开展教学的重要基础，常见的信息化教学资源包含各种数字化素材、教学课件、微课视频、网络课程等。随着信息技术的发展与信息化教学实践的深入，信息化教学资源日趋复杂与多样，新型的信息化教学资源不断涌现。

一、信息化教学资源的概念

教学资源是指可以用来促进教师教学与学生学习、支持教与学过程的各种系统、教学材料和教学环境的总称。

信息化教学资源是一种特殊的教学资源，是经过选取、组织、使之有序化，适合学生自身发展的有用信息的集合。信息化教学资源在本单元中主要指服务于教育教学过程，经过数字化处理，可以在计算机上或网络环境下运行的多媒体教学材料与教学系统，如各种数字视频、数字音频、多媒体课件、计算机教学模拟动画、网络教学资源、学科教学网站、教学素材库、网络教学管理系统等。

二、信息化教学资源的类型特点

1. 典型的信息化教学资源

信息化教学资源的种类繁多、更新迅速，从教学用途、技术实现、使用对象等不同角度可以对教学资源进行各自的分类,目前信息化教学资源还没有非常权威的分类体系。

国家教育资源公共服务平台把常用的信息化教学资源分为:教学素材、教学课件、教学工具、网络课程、教育游戏、专题学习网站、数字教材、数字图书、教学案例、虚拟仿真系统十类。随着信息技术教育应用的发展,新型的教学资源还会不断增加。表2.1列举了目前常用的信息化教学资源类型。

表2.1 典型的信息化教学资源

类 型	说 明
教学素材	教学素材是指教学过程中使用的文本、图形、图像、动画、视频、音频等多媒体材料,是教学课件、网络课程、教学案例等教学资源的基本组成元素,是承载教学信息的基本单位。
教学课件	教学课件是根据教学大纲的要求,经过教学目标确定、教学内容和任务分析、教学活动结构及界面设计等环节而加以制作的课程软件。
教学工具	教学工具是指在学习活动过程中为了更好地帮助学生理解、分析、建构知识而提供的各种辅助教与学的工具。
网络课程	网络课程是指以网络为载体所呈现的某门课程教学内容及实施的教学活动的总和。
教育游戏	教育游戏是指根据教学需要,在一定的学习理论和游戏理论指导下开发的,兼顾教育特性和游戏特性,同时承载着一定的教育和娱乐目的,能够实现寓教于乐的计算机软件。
专题学习网站	专题学习网站是指在互联网环境下,围绕某门课程或与多门课程密切相关的某一项学习专题进行较为广泛深入研究的资源学习型网站。它通常包括以下四个基本组成部分:结构化知识展示、扩展性学习资源、网上协商讨论空间、网上自我评价系统。
数字教材	数字教材是通过数字化技术实现对传统教材的文本、图形、图像、声音、视频、动画等媒体的整合,通过各种数字终端阅读,同时具有交互功能,能够支撑一门课程教学的完整教材资源。
数字图书	数字图书是指借助数字化技术形成二进制数字编码形式的、以计算机文件为载体并通过电脑、手机、电子阅读器等设备显示的图书。数字图书包含文本、图片、声音、电影、动画等内容,而且支持超文本链接。
教学案例	教学案例是指记录教育教学过程中发生的具有典型性的教学活动的资源,包括教学设计方案、教学课件、课堂视频实录、教学反思等。
虚拟仿真系统	虚拟仿真系统是指运用虚拟仿真技术开发的,用于特定技能训练的软件,它能完整支持一门或一门以上的课程,并在实际教学中有一定应用基础,如数控仿真系统等。

续表

类　型	说　　明
智慧课堂系统	智慧课堂系统是基于动态学习数据分析和"云、网、端"的运用,实现教学决策数据化、评价反馈即时化、交流互动立体化、资源推送智能化,能够生成性地开展协作交流和意义建构学习活动,全体学生有效实现个性化学习的课堂教学系统。
学习分析系统	学习分析系统是能够对学习者自身及其学习历程数据加以收集、评量、分析和提出改进建议的软件系统。

案例研讨

请学习者访问"国家教育资源公共服务平台"(网址：https：//www.eduyun.cn)、"国家智慧教育公共服务平台"(网址：https：//www.smartedu.cn),分析不同类型教学资源的特点。

2. 信息化教学资源的特点

信息化教学资源的开发以网络与多媒体技术为基础,因此,信息化教学资源普遍具有如下技术特点：① 处理数字化,是指将文本、图形、图像、动画、声音、视频等信息经过转换器抽样量化由模拟信号转换成数字信号,数字信号的可靠性远比模拟信号高,对它的纠错处理更容易实现。② 显示多媒体化,利用计算机多媒体技术存储、传输、处理各种教学信息,通过文本、图形、图像、动画、声音、视频等多种媒体形式重构教学内容,使教学内容多媒体化。③ 内容组织非线性化,信息化教学资源往往采用超文本的方式组织信息,非线性的网状知识更加适合人脑认知思维过程,更有利于知识的迁移。④ 传输网络化,教学资源可以在网络中方便快捷地传输与分享,便于资源推广与使用。

从教学应用角度看,信息化教学资源普遍具有如下特点：① 媒体性,信息化教学资源往往可以承载、传递教学内容与教学信息,为教学提供可共享、重复加工、重复使用的数字化材料。② 工具性,信息化教学系统通常也是教师教学和学生学习的工具,如认知工具、知识探究工具、知识构建工具等。③ 交互性,借助信息化教学系统能够实现人机互动、师生互动和生生互动等全方位交互。④ 智能化,基于人工智能技术的信息化教学资源,可以实现人与资源的双向推送,既可以是人主动找资源,也可以是资源主动推送给需要的个人。借助人工智能教学系统还可以实现对教学过程的实时监控、数据采集、教学分析,并提供实时的、有针对性的教与学的支持服务。

> **思考讨论**
>
> 请学习者结合自身经历和网上资料，谈谈信息化教学资源还有什么特点与功能。

第二节　信息化教学资源的获取

本节学习目标

通过本节学习，了解国家数字教育资源平台，掌握信息化教学资源的获取途径，并尝试借助网络检索工具获取所需教学资源。

借助网络检索工具，可以有效获取信息化教学资源。所谓检索工具，是指在互联网上提供信息检索服务的一类网站或服务器，其检索的对象是存在于互联网信息空间中的各种类型的网络信息。本节主要介绍国家数字教育资源平台、市场化教育资源网站、常用搜索引擎、素材专题网站等信息化教学资源的获取途径。

一、国家数字教育资源平台

1. 国家数字教育资源公共服务体系

数字教育资源公共服务体系，是由国家、省、区县等各级教育资源公共服务平台和各类资源，按照统一标准规范，通过体系的枢纽环境连接而成的一个较为系统且实用的数字教育资源库。其中较为典型的有国家教育资源公共服务平台和省级教育资源公共服务平台，详细情况如下。

（1）国家教育资源公共服务平台

国家教育资源公共服务平台是教育部全面推进数字教育资源共建共享工作而建立的服务平台。它针对不同学科、年级、知识点等，汇集第三方优质资源及应用，形成系统的教育资源库，面向教育机构、老师、学生、家长提供一站式的教学服务。其汇聚的主要资源与应用有国家中小学智慧教育平台、基础教育精品课等，下面主要介绍国家中小学智慧教育平台。

2020年，教育部办公厅、工业和信息化部办公厅联合印发了《关于中小学延期开学期间"停课不停学"有关工作安排的通知》，为支持各地做好"停课不停学"工作，教育部在此期间开通了"国家中小学网络云平台"。随着"双减"工作的深入实施和推进基础教育高质量发展，我国对优质教育资源的共建共享、以信息化助力教育现代化提出了更高的要求，教育部在教育数字化战略行动的总体部署下，将其改版升级为"国家中小学智慧教育平台"，并印发了《国家中小学智慧教育平台建设与应用方案》。

国家中小学智慧教育平台整合国家、省市和学校优质教学资源,为广大中小学校、师生、家长提供专业化、精品化、体系化的资源服务。平台资源包括专题教育资源、课程教学资源、课后服务资源、教师研修资源、家庭教育资源、教改实践经验等,进一步服务"双减"工作,也更好地服务学生自主学习、教师改进教学、农村共享优质教育资源、家校协同育人、应急疫情"停课不停学"等。其中,课程教学资源主要由骨干教师录制,覆盖初高中12个学科,目前已上线了较为普及的教材版本资源,其他教材版本的资源将陆续遴选上线,其他类型的资源与应用软件也将不断丰富。

(2) 省级教育资源公共服务平台

全国各省积极响应《教育部关于数字教育资源公共服务体系建设与应用的指导意见》,建设了省级教育资源公共服务平台,并按照数字教育资源公共服务体系建设目标与原则,进一步规范、提升、完善平台的数字教育资源接入与服务、网络学习空间支持教育教学活动等功能。省级平台可自主选择接入数字教育资源,并对接入资源的质量进行审核,按规范实现资源在国家体系内共享,并对资源进行全生命周期管理。省级平台根据用户需求,适时增加、完善用户生成性资源的共享和交易功能。为避免一刀切式的统一资源推送,平台主要采取学校、师生根据需求自主选用的服务方式提供数字教育资源服务。至今为止,许多省份的教育资源公共服务平台都在不断完善,比如河北教育资源公共服务平台、安徽"皖教云"基础教育资源应用平台、广东省粤教翔云网络学习空间等。

> **案例研讨**
>
> 请学习者访问以下国家数字教育资源平台,了解各种教学资源的特点:
> 国家数字教育资源公共服务体系:https://system.eduyun.cn/bmp-web
> 国家教育资源公共服务平台:https://www.eduyun.cn
> 国家中小学智慧教育平台:https://basic.smartedu.cn

2. 在线开放课程

国内著名的在线开放课程平台有:中国大学MOOC、网易云课堂、学堂在线等;国外知名在线开放课程平台有:Coursera、Udacity、edX等。下面将主要介绍中国大学MOOC和网易云课堂的在线开放课程。

(1) 中国大学MOOC

中国大学MOOC平台(http://www.icourse163.org)是一个聚合了国内800多所高校

大量 MOOC 的自主学习平台,是当前国内最有影响力、使用人数最多的 MOOC 平台之一。目前,中国大学 MOOC 平台免费提供计算机类、外语类、文史类、教育类、医学与保健类、考研类、求职就业类等几十个门类的课程。

中国大学 MOOC 平台中课程都采用大规模开放课程的组织方式。大规模在线开放课程(MOOC)是通过社会化网络学习环境向参与者提供围绕某个主题的分布式开放教育资源和活动,允许参与者在领域专家指导下通过自组织学习方式参与课程资源建设与分享、建构个人学习与概念网络,形成个性化意义与观点的关联式课程。每一门课程均以周为时间单位提供课程内容,每周一个主题,每个主题包括多个小节,每一节内容包括多个微课视频、主题讨论、配套文档等。每门课题都提供辅导答疑、测试、作业或考试。顺利完成课程学习并参与测试、提交作业或进行考试之后,根据学员分数,评出优秀、良好、及格、不合格四个等级。学员达到及格以上等级,可以向平台申请获取 MOOC 课程结业证书,获取证书需要支付少量费用。

(2) 网易云课堂

网易云课堂(http://study.163.com)是由网易公司开发的一个在线开放课程平台,是国内较早的在线开放课程平台之一。网易云课堂平台以技能类课程著称,提供了大量网易公司自己开发的计算机技能类课程,同时聚合了大量来自社会、高校等多种渠道的优质技能类课程资源,包括 IT 互联网类、设计创作类、职业考证类、职场提升类、外语类等多个类别的课程。

网易云课堂平台的课程与中国大学 MOOC 不同,它更接近于视频公开课,每门课程提供几个到十几个不等的主题,每个主题下包括多个微课视频,提供师生之间的异步交流互动。学员完成平台设定的由几门课程组成的系列课程后,可以获取微专业证书,如高级前端开发工程师。网易云课堂的多数课程都是付费课程,学员需要先交费再学习。

> **案例研讨**
>
> 请学习者访问以下网络资源网站,了解各种新型教学资源的特点:
> 中国大学 MOOC:https://www.icourse163.org
> TED 演讲视频:http://open.163.com/ted
> 国际名校公开课:http://open.163.com/ocw

二、教育资源的其他获取途径

1. 市场化教育资源网站

除了国家数字教育资源平台可以获取相应的教育资源,市场上还有一些比较常用的教育资源网站,可以根据个人需要去检索获取。下面简要介绍两种:① 学科网,是国内中小学教育资源门户网站,拥有试题试卷、课件、教案等教学资源,内容涵盖小学、初中、高中全部学科学段,是能较为准确地找到相应教学资源的教育教学资源平台。② 菁优网,是拥有较多题库的教育资源网站,涵盖全学科学段,提供各省市中小学各版本教材的试题试卷下载,可以用多种方式组卷,除此之外,还有校本题库、测评、在线作业等资源。

2. 网络搜索引擎

随着网络的飞速发展,网络直接检索成为最简便、最高效地获取教育资源的方式,但网络信息浩如烟海、数量丰富、种类繁多,想要从中快速获得自己需要的信息并非易事。表2.2列举了一些目前常用的网络搜索引擎,有助于快速获取所需的教育资源。

表2.2 常用的搜索引擎

搜索引擎	网址
百度	http://www.baidu.com
搜狗	http://www.sogou.com
必应	http://cn.bing.com
360搜索	http://www.so.com

3. 素材专题网站

我国数字教育资源供给内容日趋丰富、供给方式日趋多样,教师不仅可以通过网络搜索引擎检索的方式获取所需资源,还可以通过许多素材专题网站获取所需的教学资源。表2.3列举了一些目前常见的素材专题网站。

表2.3 常见的素材专题网站

素材专题网站	网址	简介
千图网	https://www.58pic.com	提供正版图片、psd模板、PPT模板、视频等素材下载。
包图网	https://ibaotu.com	汇集各种原创图片、办公模板、视频、配乐、动画等素材。
豆丁素材	https://v.docin.com	提供背景视频、PPT模板、Word模板和配乐音效等素材下载。

续 表

素材专题网站	网　　址	简　　介
觅元素	https://www.51yuansu.com	提供背景素材、图片素材、装饰元素、字体元素、图标元素等设计元素下载。
第一PPT	https://www.1ppt.com	专注PPT制作的网站,提供各类PPT模板、背景图、素材、图表、课件等免费下载。

思考讨论

请学习者结合自身的学习经历,谈谈自己还会通过什么途径获取信息化教学资源。

第三节　课堂教学课件的开发

本节学习目标

通过本节学习,了解PPT课件的设计,熟悉课件的制作过程,掌握电子白板工具在教学中的应用,并尝试利用本节工具开展PPT和电子白板两类常见教学课件的制作。

计算机多媒体技术的应用普及,给学校的课堂教学带来了一场革命。基于多媒体课件的教学已成为课堂教学最普遍的方式。多媒体教学课件能够利用多种媒体呈现教学内容,为学生提供多种感官刺激,有利于提高学生的学习兴趣和课堂教学效率。目前,课堂教学课件一般采用特定工具组织教学内容,每个页面上集成多媒体素材,使用时逐个页面进行播放。本节主要介绍PPT和电子白板这两类常见课堂教学课件的制作。

一、PPT课件的设计与开发

1. PPT课件的设计

(1) PPT课件的设计要求

① 以学生为中心。课件设计要面向学生的认知结构,所选教学内容和模板要与学生的年龄特点和认知规律等相匹配,满足不同层次学生的需求,激发学生的学习积极性,帮助学

生在多媒体教学环境下更好地掌握知识。

② 内容明确具体。教学内容要明确、具体，切合课程和学生实际，依据教学目标分析教学内容结构中各知识点的表达形式，采用恰当的多媒体技术，实现教学信息传播的最优化。

③ 教学思路清晰。PPT 演示文稿以页为基本单位，每一张幻灯片都是一个相对独立的页面，页与页之间的联系是根据它所承载的知识体系间的逻辑关系体现的，每一个页面的知识点相对独立，多个页面的知识点之间富有严密的逻辑。所以其制作应该体现知识体系的逻辑性，保证教学思路清晰。

④ 注重交互性。课件设计要根据内容和教学进程适当地设计交互方式，实现学生与教学内容、学生与教师、学生与学生之间有价值的交互，以有效提升课堂教学的质量和效率。

(2) PPT 课件的教学设计

PPT 课件的教学设计是应用系统科学方法，面向教学目标，按照教学对象的特点，合理地选择和设计教学内容媒体与呈现方式，按照教学理念设计教学进程，形成优化的教学系统结构。它一般涉及前端分析、教学过程设计和学习评价设计三个方面，如图 2.1 所示。

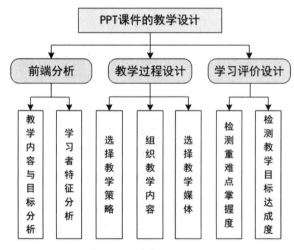

图 2.1 课堂教学课件设计的基本内容

① 前端分析。通常，前端分析包括教学内容与目标分析和学习者特征分析两个部分。

1) 教学内容与目标分析。教学内容的分析是依据教学大纲的要求和教材的内容，结合学生学习的实际需求，按照由简到繁、由浅入深、由具体到抽象的原则分析教学内容，同时考虑该内容制作成教学课件的必要性与有效性，并进一步将教学内容分解为多个知识点，划分知识点的类别，如概念、原理、问题解决等，以便教师根据不同的知识类别进行课件设计。教学目标的分析需要依据课程标准，参照布卢姆的教学目标分类理论，从学科核心素养维度进行细致深入的分析与分解，最终以可评价、可测量的方式进行描述。教学目标分析的结果既有利于教师指向清晰的教学，也有助于学生目标明确地学习。

2) 学习者特征分析。学习者特征包括一般特征和个性化特征两大方面。学习者的一般特征是指他们具有与学科内容无关，但影响其学习的生理、心理和社会等方面的特点，包括年龄、性别、认知成熟度、生活经验等。学习者的个性化特征主要包括起点能力、学习风格、学习动机和自我效能感四个方面。在课件的教学设计过程中，教师应当既分析学生的一般特征，又分析学生的个性化特征，并以此作为编排教学内容、选择教学媒体和教学策略等的依据。

② 教学过程设计。一般来讲，教学过程设计包括选择教学策略、组织教学内容、选择教学媒体三个部分。

1) 选择教学策略。根据教学内容与教学重难点选择恰当的教学策略。常见的教学策略有五环节教学策略、九段教学策略等。其中五环节教学策略需要经过激发学习动机、复习旧课、讲授新课、巩固运用、检查五个环节完成一节课的教学。九段教学策略需要经过激发兴趣与动机、阐明教学目标、刺激回忆、呈现刺激材料、根据学生的特征提供学习指导、诱导反应、提供反馈、评定学生成绩、促进知识保持与迁移九个阶段实现一节课的教学。

2) 组织教学内容。根据学生的认知特点，分析教学单元内容，明确教学重点和教学难点。在此基础上，按照特定教学策略对教学内容进行合理安排，确定教学内容的呈现方式和展示顺序，以期实现教学的最优化。

3) 选择教学媒体。根据教学内容、教学目标、学生的认知特点等合理选择文字、图形、表格、图像、动画、视频等多种媒体形式，有效表达教学内容。教学媒体的选用应遵循最小代价原则和最适切表达原则，合适的、有效的就是最好的，而不是越繁复越好，更不能把多种媒体形式简单叠加。

③ 学习评价设计。课件中的学习评价也可包括诊断性评价、形成性评价和总结性评价三类。根据实际教学需要，选定所需评价方式，通过课程之初的诊断性评价达到课前知识诊断的目的，通过课堂形成性练习、提问等评价方式检测学生对教学重点和难点的掌握程度，通过课程结束时的总结性评价检测整节课教学目标的达成情况。

> **案例研讨**
>
> 学习者可通过国家中小学智慧教育云平台搜索 PPT 课件案例，围绕"如何设计与制作出高质量的课堂教学课件"进行研讨，并提出课件修改建议。
>
> 学习者可以从教学设计、媒体整合、交互设计、版面色彩等方面对比分析不同 PPT 案例的优缺点，并与其他学习者进行讨论交流。

2. PPT 课件的开发

在持续推进中小学教师信息技术应用能力提升工程 2.0 的背景下，课堂教学课件的开发成为广大教师所应掌握的一项基本教学技能。那么一个优秀的课堂教学课件是怎么开发出来的呢？下面将具体介绍 PPT 课件的开发流程。PPT 课件的开发是指根据设计好的方案，运用 PowerPoint 等教学软件开发工具和教学素材进行课件内容的具体制作与合成，经过多次更新完善，形成交互性强、操作灵活、视听效果俱佳的课堂教学课件的过程。一般来说，教学课件的开发包括设计课件、制作课件、美化课件、试用课件以及迭代优化五个阶段。具体流程如图 2.2 所示。

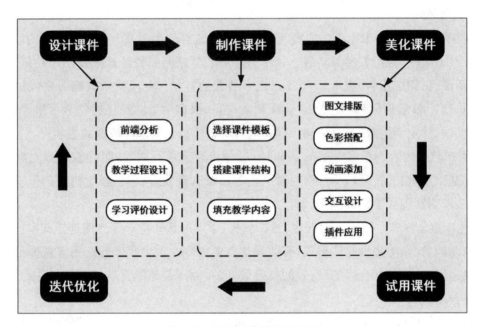

图 2.2　PPT 课件的开发流程

（1）设计课件

为了最大限度地发挥教学课件的信息表现力和视听冲击力，激发学生的学习兴趣，提高教学效果与质量，在开发教学课件之前要进行整体的设计，厘清课件的教学思路，明确课件的教学内容。设计课件是整个开发过程的主导，除了要确定课件的主题，还要符合教学目标的要求，根据教学内容的特点选择多媒体素材。

（2）制作课件

制作课件是根据课件设计方案，使用媒体软件工具，并按既定流程进行制作、实现课件功能的过程。课堂教学课件的质量是影响课堂教学效果的一个重要因素。教师可以新建空白演示文稿，还可以根据教学内容选择合适的模板，再依据教学目标搭建课件结构，合理组织和填充教学内容，精心设计页面，突出教学重难点，方便学习者探寻关键信息以及信息之间的关系，最后将制作完的课件进行保存和备份。

（3）美化课件

美化课件包括图文排版、色彩搭配、动画添加、交互设计以及插件应用等内容。图文排版是指在版面上合理安排文字、图片、图形等可视化信息元素的位置、大小，使其富有整体性、条理性、艺术性；色彩搭配是指对幻灯片的色彩基调、风格等的协调安排，其主要功能是衬托与突出主题信息、统一风格、增强课件的艺术性；教学中常用的各类公式、图表、选择题通过添加"进入""强调"等动画效果，可以使教学课件生动有趣；利用"超链接""指针选项""触发器"等交互功能，使学习者实时向课件输入信息；此外，教师还可以根据实际需要安装插件获得更多的课件编辑和美化的功能。

（4）试用课件

对教学课件进行设计、制作和美化后，还需对教学课件进行试用。试用课件是发现课件不足、测试教学效果等的过程，经过反复试用、修改，最终形成令人满意的教学课件。教师在对教学课件进行试用的过程中需要重点关注播放的流畅性，播放的流畅性会影响教师的教学思路以及学生的认知过程。此外，教师在课件制作完成后，可结合讲稿进行试讲，在试讲的过程中需要关注教学课件与讲解思路的契合度，是否存在冗余或缺少的内容，通过试讲发现问题，及时对教学课件进行修改并进行再试讲，以达到最佳的教学效果。

（5）迭代优化

迭代优化是指在教学课件开发的过程中要不断地对课件进行评价和修改，是课件开发过程中的重要组成环节，也是课件质量的保证。教师需要对课件的使用效果进行试用，并从科学性、教育性、技术性和艺术性等方面进行评价（如表2.4所示），再根据评价反馈对制作内容进行迭代修正，以确保制作出高质量课件。

表 2.4 课堂教学课件的评价参考标准

指标	评价标准
科学性 （25分）	描述概念的科学性：课件的取材适宜，内容科学、正确、规范
	问题表述的准确性：课件中所有表述的内容准确无误
	引用资料的正确性：课件中引用的资料正确
	认知逻辑的合理性：课件的演示符合现代教育观念
教育性 （40分）	直观性：课件的制作直观、形象，有利于学生理解知识
	趣味性：有利于调动学生学习的积极性和主动性
	新颖性：课件的设计新颖，能进一步调动学生的学习热情
	启发性：课件在课堂教学中具有较大的启发性
	针对性：课件的针对性强，内容完整
	创新性：能否支持合作学习、自主学习或探究式学习模式

续表

指标	评价标准
技术性 (25分)	多媒体效果：在课件的制作和使用上是否恰当地运用了多媒体效果
	交互性：课件交互性较高
	稳定性：课件在调试、运行过程中不应出现故障
	易操作性：操作简便快捷
	可移植性：移植是否方便，能否在不同配置的计算机上正常运行
	易维护性：课件可以被方便地更新，利于交流、提高
	合理性：课件是否恰当地选择了软件的类型
	实用性：课件是否适用于教师日常教学
艺术性 (10分)	画面艺术：画面制作应该具有较高的艺术性，整体标准相对统一
	语言文字：课件所展示的语言文字应规范、简洁、明了
	声音效果：声音清晰，无杂音，对课件有充实作用

技能学习

请学习者扫码观看微课视频"PPT课件案例的制作"，学习PPT课件开发的基本流程和操作。

扫描二维码
观看微课视频

二、电子白板的应用

课件制作工具是指用来集成、处理和统一管理文本、图形图像、动画、音频和视频等多媒体素材，按特定教学策略呈现教学内容的编辑工具。除了上面介绍的 PowerPoint 外，还有"WPS演示""Focusky""希沃白板5"等课件制作工具，如表2.5所示。

其中，电子白板是一种常用的备课、授课软件，提供课件制作、素材加工、页面管理、演示、互动等多种教学常用功能，其操作简单、功能丰富。教师可根据教学需要，自由选择语、数、外、化、物、生等学科教学工具和资源素材。常见的白板软件有希沃电子白板软件、智慧黑板电子白板软件等，下面以"希沃白板5"为例进行介绍。

表 2.5 常用的教学课件制作工具

工具	特点
PowerPoint	PowerPoint 是微软公司推出的一款专门制作演示文稿的软件,以其强大的多媒体展示功能成为人们进行演示的首选工具。
WPS 演示	WPS 演示是金山公司研发的 WPS Office 办公软件中的三大功能模块之一。WPS 演示完全兼容 PowerPoint 的格式,可以打开、保存并编辑 PowerPoint 制作的课件。
Focusky	Focusky 是一款免费高效的动画 PPT 演示制作软件,具有 3D 镜头特效、操作简单化、思维可视化、动画情景化等特点。
希沃白板 5	希沃白板 5 是一款专门针对教学场景设计的互动课件工具,提供课件云同步、学科工具、思维导图、课堂活动、超级分类等多种备授课常用功能。

> **思考讨论**
>
> 请学习者前往"希沃白板 5"获取电子白板课件案例,结合自身的学习经历,思考 PPT 课件和电子白板的区别,并从概念、表现形式、实现工具等方面与同学展开讨论交流。

1. 希沃白板 5 的界面与功能特点

"希沃白板 5"是一款针对信息化教学需求而设计的互动式多媒体教学平台,以多媒体交互白板工具为应用核心,提供云课件、素材加工、学科教学、思维导图、课堂活动等多种备课、授课的常用功能,并基于小初高各个学段提供了诸如汉字、拼音、几何、函数、公式、英汉字典、化学方程式、星球、画板等对应的学科工具,具备强大的互动教学与演示体验。

"希沃白板 5"安装完毕,启动、注册、登录后,即可进入"希沃白板 5"云课件界面。点击"新建课件"按钮进入课件模板设置页面,用户可填写课件名称、挑选背景模板以及将已有 PPT 导入,随后即可直接进入"希沃白板 5"的备课模式。

"希沃白板 5"的备课界面主要由顶部标题栏、顶部工具栏、侧边栏、白板区域、属性面板等部分构成,如图 2.3 所示。标题栏,提供了新建课件、导出课件、帮助、关闭等;工具栏,提供了文字、形状、多媒体、表格、课堂活动、思维导图等多种通用工具及学科工具;侧边栏,显示页面的缩略图,可进行页面顺序调整、复制、粘贴、删除、修改页面布局等操作;白板区域,展示课件内容;属性面板,可对课件中所有素材进行编辑,包括动画设置等。

"希沃白板 5"软件具有以下功能特点:

① 支持在线备课和课件云存储。只要注册账户,即可利用软件内提供的丰富素材和模板,在线完成课件制作。课件完成后,会被及时存储在云端,确保课件不会丢失。使用时,无论身在何处,只需登录账户,随时可以下载打开云端课件。

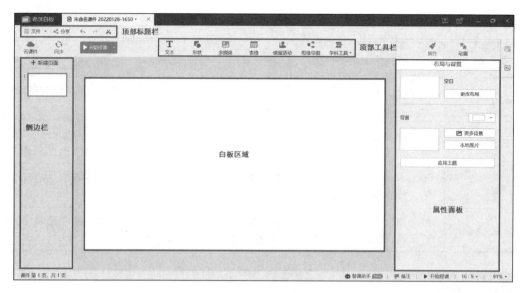

图 2.3　备课界面

② 提供丰富的学科教学工具。包括拼音与古诗词、几何图形、数学公式与函数、化学方程式、星球、乐器等多个学科内容与互动教学工具。

③ 提供海量学科资源库。汇聚了 5 000 多个课程视频、30 多万道试题、800 多个仿真实验等学科资源及互动游戏，覆盖小学、初中、高中主要学科近 20 000 份精品学科系列课件，支持 PC 端及移动端一键预览及获取课件。

④ 支持双屏互动，多终端无缝切换。手机和大屏能够同步显示画面。登录同一账号后，手机和大屏即可同时连接、控制课件，进行打开、翻页、批注等操作；还可以实现手机投屏、拍照上传、实时直播等功能，灵活展示和点评学生学习成果，呈现课堂细节。

⑤ 支持云课堂直播，实时分享知识。老师在电脑端创建直播课程，一键分享课程海报到微信；学生收到海报后，利用微信扫码就能立即进入在线课堂；通过答题、互动、操作课件，师生可以远程互动教学，实现知识无界传播。

技能学习

请学习者扫码观看微课视频"希沃白板 5"，掌握"希沃白板 5"的基本功能和操作。

扫描二维码
观看微课视频

2. 希沃白板 5 的工具应用

"希沃白板 5"提供了丰富强大的功能与学科教学工具，支持多种应用模式，常用模式与工具如下。

(1) 备课模式

在电脑端打开"希沃白板5"默认进入云课件界面,用户点击课件列表中的任一课件,进入该课件的备课模式,可根据需要对课件进行编辑。用户将鼠标悬停到课件列表的课件上,该课件右侧出现下载、分享和更多图标,点击进行操作。

(2) 授课模式

点击备课模式下菜单栏的"开始授课"按钮可进入授课模式。用户在授课模式可以移动元素对象、批注、手势擦除、使用放大镜、调出板中板、使用英汉字典、调用反馈器进行课堂点名及趣味抢答、插入本地文件、调用希沃授课助手等。

(3) 桌面模式

在授课模式主界面点击最小化按钮,可将软件最小化到任务栏,进入"希沃白板5"的桌面模式。在桌面模式下可以通过画笔工具和橡皮擦工具直接对打开的网页、文档、图片进行即时的批注书写及擦除,同时也可通过左下角的返回按键实现PPT播放界面和"希沃白板5"板书界面的一键快速切换。

(4) 课堂活动

希沃白板的课堂活动工具涵盖分类题、填空题、配对题、判断题等趣味游戏场景题型。点击上方工具栏"课堂活动",在弹出来的界面中选择教学需要的课堂活动,开始制作,然后点击应用即可,如图2.4所示。

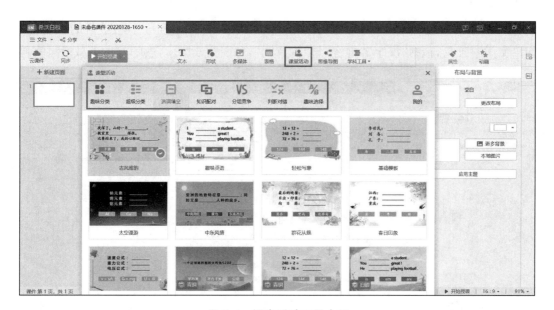

图2.4 课堂活动工具介绍

(5) 思维导图工具

"希沃白板5"中思维导图工具的运用,可帮助老师将思考的过程变得可视化,让学生跟上老师的思路,快速吸收知识点。选择思维导图工具,可直接在页面导入思维导图,选择树状图,会出现如图2.5所示界面。可直接在框内输入中心以及分支内容,点击主节点和子节点可在上下、左右任意添加分支主题,也可右键选择删除主题。

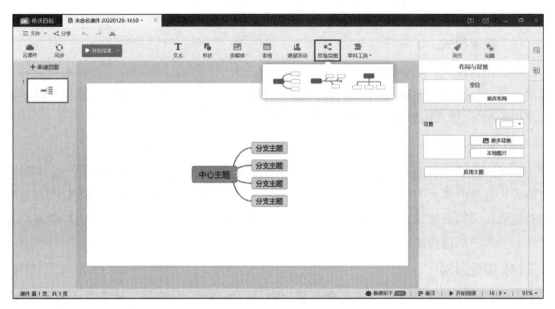

图2.5 树状图编辑页面

(6) 学科工具

"希沃白板5"提供了古诗词、函数、听写、物理线图、化学方程等不同学科的教学工具。例如语文学科工具,包括"汉字""拼音"与"古诗词",如图2.6所示,教师点击下载后可直接使

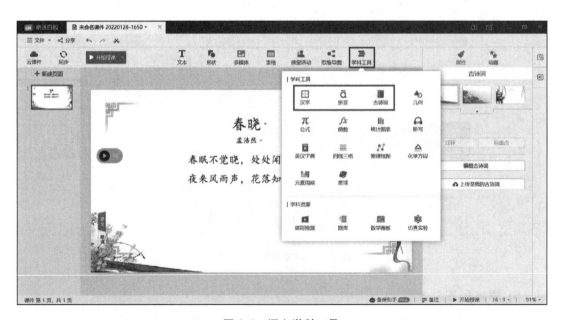

图2.6 语文学科工具

用。其中,选择"汉字"工具,可直接输入所要教授的汉字,将呈现该汉字的拼音、笔画、部首,并能连续或者分布呈现书写顺序;选择"拼音"工具,可直接输入所要教授的拼音对应的字母,并点击"声调"进行拼音声调的选择;选择"古诗词",可搜索并插入所要教授的古诗词,除呈现古诗词原文外,还可展开显示翻译、作者介绍、古诗词介绍等。

第四节　微课视频的设计与开发

本节学习目标

通过本节学习,了解微课视频的内涵,熟悉微课视频的设计,掌握微课视频的制作工具,并尝试开展微课视频的制作。

随着互联网技术与视频技术的快速发展,微课视频作为一种新型的学习资源适时出现并蓬勃发展。微课视频因其短小精悍、高效易用的特点,得以迅速推广应用。本节主要从微课视频的概念、微课视频的设计、微课视频的制作三方面展开阐述。

一、微课视频的概述

1. 微课的概念与特点

微课是微型视频课程的简称,是指针对某个知识点、例题/习题、实验活动等进行深入、详细、具体的讲授、演算、分析、推理、答疑等的教学视频(微视频),及配套的微教案、微课件、微练习、微点评、微反思的总合。微课是面向学生自主学习的资源,以视频为主,内容以某个知识点或技能点为单位,如知识点授课视频、操作过程演示微课、例题讲解微课等。学习时间一般不超过 10 分钟,主要用于帮助学生完成知识建构与发展能力。

微课一般具有以下特点:① 微型化:容量小,内容以知识点为单位,便于碎片化学习;② 视频化:形式上以视频为主;③ 优质化:设计创新,名师授课,制作精良;④ 系列化:可以实现对课程知识点的系统性教学。

2. 微课的教学功能

① 帮助学生自主学习。微课能更好地满足学生对不同学科知识点的个性化学习需求,是课堂学习的一种重要补充和拓展资源。学生可按需选择学习,既可查缺补漏,又能巩固、强化知识。特别是随着手持移动数码产品和无线网络的普及,基于微课的移动学习、远程学习、在线学习、泛在学习将会越来越普及,微课必将成为未来最重要的学习资源之一。

② 变革传统教学结构。基于微课的翻转式教学,有利于优化知识传授与知识内化的环节,实现技术环境下的"先学后教"。

③ 促进教师教学发展。观看自己或学习借鉴他人的微课,可以使教师突破传统的听、评课模式,使教师的电子备课、课堂教学和课后反思的资源应用更加具有针对性和实效性。微课为教师提供了真实的课堂教学和超媒体环境,为教师研究课堂教学、进行自主反思、实现专业发展提供了有效的平台。

3. 微课的类型

微课可从教学内容、教学方法以及教学用途等不同角度进行分类:按教学内容可分为概念知识讲解类、案例/习题讲解类、技能训练类、微探究/游戏类等;按教学方法可分为讲授类、问答类、启发类、讨论类、演示类、练习类、实验类、表演类、自主学习类、合作学习类、探究学习类等;按教学用途可分为正式学习类(支持结构化的课程教学)、非正式学习类(支持微型学习、碎片化学习、移动学习)等。

> **案例研讨**
>
> 学习者可通过国家中小学智慧教育平台获取微课视频案例,并仔细观摩,分析其教学特点与制作技术。

4. 微课的组成

面向自主学习的微课资源一般由三部分组成:学习任务单、微课视频和进阶练习。微课资源的系统规划与组成如图 2.7 所示。

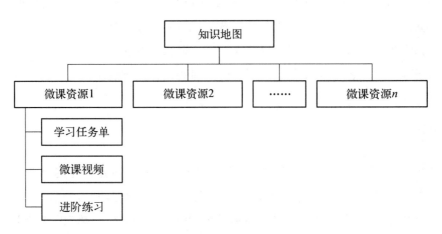

图 2.7 微课资源的系统规划与组成

① 学习任务单让学生明确学习目标、学习方式，让学生按照自己的步骤学习。学习任务单一般以表单为呈现方式，包括学习达成目标、学习方法、学习任务等内容。

② 微课视频需具有完整的教学结构，其组成包括学习目标设计，情景设计，核心概念（内容）的引入、阐述和解释，归纳与小结。

③ 进阶练习是基于标准的测试，是类似游戏通关的在线检测系统，学习一段视频教程后要完成相应的练习题。学生只有全部答对相应练习题，才可以进入下一个阶段的学习。

二、微课视频的设计

微课视频的设计主要包括如下几个方面。

1. 内容设计

教学内容的选择是微课视频设计的第一步，教学内容可以是对一个主题、例题/习题、实验活动等进行讲授、演算、分析、推理、答疑等。选题应尽量小（微）而精，围绕某个具体的点，而不是抽象、宽泛的面。另外，要将选定的教学内容按照一定逻辑，分解成多个知识块，如按教学过程可划分为问题导入、内容讲授、小结回顾。

2. 教学过程设计

由于微课视频时长短，所以教学过程设计时应做到以下几点：主题切入的方法新颖、迅速；教学过程主线清晰、重点突出、逻辑性强、明了易懂；注重突出学生的主体性以及教与学活动的有机结合；小结要高度归纳内容要点，应精练、科学。

3. 媒体设计

媒体设计决定微课视频最终的表现形式，其优劣直接决定了微课视频的质量。目前使用最多的媒体资源是文字、图形图像、动画、视频、音频。进行媒体设计要求根据教学内容选择合适的媒体资源。

4. 时间设计

微课视频的时长一般要求控制在 10 分钟左右，最多不超过 15 分钟。这是因为大部分学生注意力集中的有效时间在 10 分钟左右，超过这个时间范围，学生就有可能出现注意力不集中甚至注意力转移的现象。微课视频的时间设计还要根据教学环节进行分配，一般使用几十秒的时间作课程导入和小结，大部分时间应集中在内容讲解和实例部分，如表 2.6 中可汗学院微课视频的时间设计。

表 2.6 可汗学院微课的时间设计

学科	样品视频标题	总时长	时间分配			
			引入	讲解	小结	实例
数学	圆的半径和直径	10 分	40 秒	2 分	20 秒	7 分
	火车相遇问题	9 分	20 秒	8 分	40 秒	0
	微分方程	11 分	0	6 分	2 分	3 分
科学	DNA	6 分	10 秒	5 分	20 秒	0
	牛顿第一定律	10 分	40 秒	4 分	20 秒	5 分
人文	艺术史介绍	10 分	40 秒	6 分	20 秒	3 分
	古罗马历史	11 分	20 秒	10 分	40 秒	0

5. 形式设计

目前微课视频的呈现形式多样,主要有摄制型、录屏式、软件合成式、混合式等。

(1) 摄制型

摄制型主要是指利用手机、DV 摄像机、录播系统等摄录工具,结合白纸、黑板、白板等演示工具进行的一种微课视频录制形式,该形式主要针对教学内容演示和操作演示。常用的摄制组合有摄像机+黑/白板、手机+白纸、录播系统教室等。

(2) 录屏式

录屏式主要是指只录制教师的讲解声音及屏幕操作演示过程的一种微课视频录制形式,该形式主要针对逻辑推理和过程演算分析的教学内容。常见的录屏组合有手写板+画图工具+录屏软件(可汗学院)、PPT+录屏软件、其他教学软件+录屏软件等。

(3) 软件合成式

软件合成式是指运用图像、动画、课件或视频制作软件(如 Flash、PPT、Articulate Studio、会声会影等),在脚本设计、技术合成后输出教学视频短片的一种微课视频制作形式。

(4) 混合式

混合式是指应用上述提及的多种方式来制作、编辑、合成教学视频。值得注意的是,获取的这些视频素材都只有经过一定的后期编辑制作后才可发布。

三、微课视频的制作

目前,常用的微课视频制作方式较多,本书介绍以下几种视频制作方式及一般流程。

1. 使用 PowerPoint 录制微课视频

使用 PowerPoint 录制微课视频，即利用 PowerPoint（2010 版本以上）自带的录制功能进行微课视频制作。

利用该录制方式制作微课视频的一般流程如下：第一步，选定教学主题，收集教学材料和多媒体素材，制作 PPT 课件；第二步，使用幻灯片放映中的"录制幻灯片演示"功能，逐页录制解说；第三步，使用文件中的"另存为"功能，保存为 Windows Media 视频格式。

2. 使用录屏软件录制 PPT 讲解

使用录屏软件录制 PPT 讲解，即利用电脑录屏软件，如 Screencast-O-Matic、Camtasia Studio 等，实时录制 PPT 的演示和讲解音频，最后导出微课视频。

这里以"Camtasia Studio"为例，介绍利用该录制方式制作微课视频的一般流程是：第一步，选定教学主题，收集教学材料和多媒体素材，制作 PPT 课件；第二步，在电脑屏幕上打开录屏软件，戴好耳麦，调整好话筒的位置和音量，调出要讲解的 PPT 课件，在调整好 PPT 界面和录屏界面的位置后，单击"录制"按钮开始录制屏幕/PPT，并按照教案，一边放映幻灯片或对其进行各种操作，一边讲解；第三步，利用 Camtasia Studio 对录制的视频进行适当的编辑和美化；第四步，导出微课视频。

> **技能学习**
>
> 请学习者扫码观看微课视频"Camtasia Studio 的基本操作"，学习 Camtasia Studio 的基本功能和操作。

扫描二维码
观看微课视频

3. 录制趣味交互式的微课视频

微课作为一种新型的网络视频课程，以其视频短小、内容精准、应用灵活的特点，近年来取得了较大的发展，但是在反馈和互动方面尚有欠缺。交互式微课的出现能够有效解决此问题。现阶段许多录屏软件工具能够使微课视频更有趣味，具有交互性。下面借助"希沃白板 5"的"知识胶囊"工具，为微课视频增加趣味交互式的练习。

录制趣味交互式微课视频的一般流程是：第一步，启动"希沃白板 5"，打开录制 PPT 文件；第二步，点击 PPT 功能菜单下的"录制胶囊"按钮，检查完麦克风等设备，便可开始录制；第三步，在录制过程中可以结合"画笔"或其他几何工具进行板书讲解，也可以添加"答题板"，增加交互式练习题；第四步，选择"结束"键可结束录制；第五步，预览并生成趣味交互式微课视频。

4. 使用拍摄设备直接录制微课视频

利用拍摄设备直接录制微课视频是一种传统的录制方式，一般的搭配是摄像机与白板或黑板。利用该录制方式制作微课视频的一般流程是：第一步，选择微课视频主题，进行详细的教学设计，形成教案；第二步，利用白板或黑板展开教学过程，用数码摄像机实时记录课堂教学过程中教师、学生、板书、多媒体教学信号等教学实景画面；第三步，对微课视频进行后期编辑制作和美化；第四步，导出微课视频。

5. 使用平板电脑录制微课视频

使用平板电脑录制的方式是指结合平板电脑并基于平板电脑的录屏应用工具（如ShowMe），将平板电脑作为手写板或交互白板，实时录制平板电脑上的操作及解说，从而生成微课视频的制作方式。

利用该录制方式制作微课视频的一般流程是：第一步，选择微课视频主题，进行详细的教学设计，形成教案；第二步，安装基于平板电脑的、具有录制功能的应用程序；第三步，利用平板电脑与安装的应用程序，录制教学过程和解说；第四步，上传微课视频。

第五节　线上学习资源的开发

本节学习目标

通过本节学习，了解基础教育精品课和在线开放课程的概述，熟悉精品课的录制，掌握在线开放课程制作工具的具体操作，并尝试利用本节工具开展精品课或在线课程的制作。

随着信息通信技术的飞速发展和社交媒体的普及，在线学习已经成为人们普遍采用的学习方式之一。对于在线学习而言，精心制作的线上学习的教学资源，能够减少因缺乏面对面的师生间、学生间的人际交流而带来的对教学质量的影响，还能不受时间地点的控制对任何人进行资源共享。本节主要介绍基础教育精品课、在线开放课程两类线上学习资源的制作。

一、基础教育精品课的录制

1. 基础教育精品课的概述

2021年8月，教育部办公厅正式发文《关于开展基础教育精品课遴选工作的通知》，决定在深入总结疫情防控期间大规模在线教育宝贵经验及"一师一优课、一课一名师"活动经验的基础上,组织开展"基础教育精品课"遴选工作,力争以遴选工作调动教师课堂教学资源开发与教学方式创新的积极性,汇聚服务师生的优质数字教育资源,并持续推进优质资源有效共建共享,对于推进信息技术与教育教学深度融合和教育服务供给方式变革,进一步完善优质教育资源共享共用格局,以信息化推动基础教育公平发展和质量提升等具有重要意义。

(1) 基础教育精品课的建设要求

"基础教育精品课"遴选工作是完善中小学线上教育教学资源建设与应用的重要抓手。基础教育精品课是指"基础教育精品课"遴选工作所征集建设的数字教育资源,是一类以微课视频为主要内容,辅以课件、教学设计、学习任务单、作业练习和必要的实验演示视频的优质资源。基础教育精品课建设需要遵循以下基本要求。

① 体系化建设。基础教育精品课建设的参与范围覆盖全国所有具备网络和多媒体教学条件的中小学一线教师,内容覆盖符合中小学各年级课程标准的语文、数学、英语、美术、信息技术等多个学科,并以国家中小学智慧教育平台为枢纽形成联通各级的资源平台体系,实现惠及包括农村与偏远山区在内的全国各地学校师生的优质资源及服务,有效推进优质教学资源的共建共享。

② 高质量开发。基础教育精品课的相关资源需要遵循严格的制作规范与技术标准,具体包括:第一,资源内容要求科学严谨,教学内容应为教育部审定的中小学各年级各学科教材中具体一课(节)所含知识,保证知识内容和授课语言科学准确;第二,资源开发要求为教师原创、符合我国法律法规和尊重各民族的风俗习惯;第三,资源制作必须按照"精品课制作要求"的相关规定进行,各内容的相关格式应严格按照平台提供的模板进行相应的设置;第四,资源遴选标准要求严格规范,按照"教师自主申报——学校推荐——县级初选——省市遴选——部级遴选"的流程进行层层筛选,严格把关,优中选优,并在公开透明的标准与制度下形成优质资源,以高标准、严要求的制作规范性保证精品课极高的质量与借鉴推广价值。

③ 注重应用实效。基础教育精品课需要体现学科教学改革方向并针对性解决课堂教学的重难点问题,以"提供优质资源+推进切实应用"为思路,以"资源服务+组织机构服务"为内容,为学生自主学习、个性化学习与教师课堂教学创新提供服务。此外,还需要建立健全优质课程资源遴选更新机制、各级单位部门与教师激励机制及相关工作机制,充分发挥电教、装备与教研部门的工作合力,为学校教师提供技术支持和应用培训指导,从而强化优质资源的汇聚与推广应用,进而切实提高资源平台和组织机构服务水平与能力,保证精品课建设与应用的实效性。

(2) 基础教育精品课的基本内容

为满足基础教育阶段学生自主学习和个性化学习需求,同时支持教师课堂教学创新,基础教育精品课资源覆盖小学、初中、高中各个年级的包括语文、数学和英语在内的多门学科,其主要内容包括微课视频及配套的教学设计、课件、学习任务单、作业练习等。在基础教育精品课平台(https://jpk.eduyun.cn)上,一节基础教育精品课主要由以下几个部分组成。

表2.7 各学段覆盖学科表

学　段	学　　科
小学	语文、数学、英语、道法、科学、美术、音乐
初中	语文、数学、英语、道法、历史、地理、物理、化学、生物学、美术、音乐
高中	语文、数学、英语、思想政治、历史、地理、物理、化学、生物学、美术、音乐、信息技术、通用技术

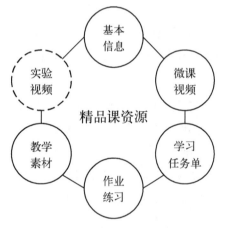

图2.8 基础教育精品课的基本内容

基本信息是对该课时精品课的整体概括,可以帮助使用者对该节点精品课的基本内容进行整体把握,主要包含主讲教师的姓名、地区与学校、传课时间、学科教材版本及对应册次和章节等信息。

微课视频是围绕教材的具体一课(节),以重难知识点、主题、技能或案例等为主要内容,以"教师讲解＋多媒体大屏"为主要呈现形式,以常用摄录设备和录屏软件等为拍摄与后期制作手段,具有一定交互性的微教学视频。

学习任务单是辅助学生在课前或课外明确自主学习的目标要求、内容任务和学习方法而设计的学习指导表单,一般以问题导向的方式指引学生把握学习重难点。

作业练习是在与课堂学习目标基本一致的基础上检验、巩固、补充和拓展学生课堂学习内容的一种基本方法。在"双减"政策导向下,基础教育阶段的作业练习应着重在减少总量的前提下,从内容、形式和工具等多角度进行多样化设计,实现从纸笔习题到趣味实践的跨越。

教学素材是教师在教学过程中,为了清晰、准确地呈现教学内容并实现教学目标所使用的材料,也可理解为与微课视频配套应用的相关资料。在基础教育精品课中,它同时也是教师根据教学实际在精品课资源基础上进行优化再设计的基本素材,主要包含教学设计、课件及相关图片、音视频等多媒体素材。

实验视频是指对真实实验操作步骤、过程与现象进行摄像机录制与后期加工处理的实验教学视频。相较于一般实验视频,基础教育精品课中的实验视频需要突出其"教学"特性,比如在视频中介绍实验教学目标和教学融合性分析等。

> **案例研讨**
>
> 学习者可通过基础教育精品课平台（https://jpk.eduyun.cn/resource/byzs.jsp）获取优质微课，围绕"如何设计与制作出高质量的基础教育精品课"进行研讨，并提出微课视频的修改建议。

2. 基础教育精品课的制作流程

(1) 选题确定，观摩课例

① 确定选题。精品课设计与制作的第一步是确定选题。基础教育精品课采用征集评审式的资源建设方式，对于选题有严格规定，因此学科和教材版本等的选择范围相对明确。尽管学科与授课年级不同，选题内容与类型也不尽相同，教师仍可根据以下思路进行斟酌：第一，根据经验反思与教学数据对教学实际进行判断，选择重点、难点与易错点，并将这些重点、难点与易错点进行聚焦和放大，突破和解决教学疑难问题。第二，根据教学内容体系，教师需尽量选择有价值、有推广性以及有代表性的教学内容。

② 观摩课例。确定好选题之后，教师可通过观摩个人、校本、区域或各级优课等典型课例来明确该节精品课努力的方向。在观摩课例前，教师可围绕自身精品课主题设定学习目标。在观摩过程中，教师要进行观摩笔记的记录，记录教学亮点、学习效果、缺憾之处等，一方面分析该课例的优点，另一方面反思该课例还存在何种不足，以客观的态度对课例做出总体性的评价。在观摩之后，教师可通过集体研讨的方式对课例进行分析，并根据反思制定改进方案。最后，教师通过剖析、梳理、研究，归纳出一定的规律性或理论性内容，为自己的微课教学提供帮助。在分析过程中，还可以留意课例中出现的问题，并在后续实践中尽量规避。

(2) 教学设计，准备资源

① 教学设计。教学设计是教学实施前的必要准备，是精品课制作的"灵魂"。按照精品课制作规范，教师需要根据确定好的精品课对应节点，划分出1—3个时长为10—15分钟的课时，并按各课时撰写教学设计。精品课的教学设计可以从教学目标设计、学习者特征分析、教学内容设计、教学流程设计、教学资源设计和教学评价设计六方面展开。

② 准备资源。在微课视频拍摄之前，教师需要提前准备好教学素材和课件等教学资源。教师首先需要收集生动灵活的素材进行支撑，并根据教学主题对素材进行加工，然后在内容方面注重课件内容的层次性，对重点内容、非重点内容与拓展内容进行合理的分配，在设计方面尽量简洁美观，颜色搭配合理，选择的动画应当简洁明快，避免花哨复杂的动画分散学生注意力，影响教学效率。此外，教师需要准备录制场地和相关设备。录制场地需光照充足、均匀，具有良好的隔音效果。对场地进行布置时，除了用于展示PPT课件的多媒体大屏

之外，尽量不要出现其他与授课无关的物品。设备方面，教师需按要求准备摄像机、数据存储设备、三脚架、触摸屏等相关设备，并在录制开始之前根据现场情况对设备进行调试，如调整摄像机参数、保持三脚架水平放置、确认麦克风收音情况等，确保录制过程的顺利进行。教师作为视频的主讲人，也需要精心准备。教师应当注重自身的整体形象，发型应自然大方，服装方面应简约端庄。教师在拍摄前应再次熟悉教材内容、课件与教学设计等相关内容，准备相关的教学用具，调整自己的声音，以保证好的视频录制效果。

(3) 微课拍摄，后期剪辑

① 微课拍摄。基础教育精品课要求适当呈现授课教师画面，采用"教师讲解＋多媒体大屏"的形式录制，为了将教师授课的内容客观真实地表现出来，实现微课的教学效果，微视频的拍摄必须做到内容清楚、画面稳定、声音清晰等。在拍摄时，摄像师需整体掌控场景的光位和设备的布置，以确保演示屏幕无反光、授课教师面部打光充足以及整体画面主次分明。授课教师一边讲解一边进行 PPT 演示时，既要确保监视器中教师授课的整体画面干净，也需确保 PPT 演示内容的清晰。为了保持画面水平和稳定，要将三脚架安置在平坦地面，并调整摄像机角度使水平仪中的气泡居中，以确保监视器中的画面水平不倾斜，拧紧三脚架固定旋钮，避免在录制过程中摄像机因重力而产生水平或垂直角度抖动，影响成像画面稳定性。除了成像画面，还需要控制现场环境音干扰以及拍摄现场的人为噪声干扰，以保证采集的声音清晰。拍摄完成后，需要回顾检查录制画面是否清晰，有无失焦、过曝、掉帧等问题；调大音量，检查人声有无录入，是否存在授课教师的口误和内容遗漏。若出现上述问题必须重录对应片段，方便在后期中修改替换。

② 后期剪辑。在拍摄完微课后就要进行后期的剪辑工作，课程设计教师和授课教师应积极参与到后期剪辑过程中，因为授课教师了解微课录制的具体情况，课程设计教师了解课程的基本信息和体系。微课的剪辑需要进行视频剪辑、音频剪辑、课件插入、字幕添加、增加测试题、视频输出等操作。在剪辑时，首先确保微课视频呈现的信息清晰无误。其次，适时切换由不同机位和景别录制的视频，但需注意画面的切换不要有跳动感，为避免微课景别切换的跳动感和一镜到底造成的单调枯燥，需适时插入 PPT 画面，展示具体教学信息，并在不同画面转场之间添加"淡入、淡出"效果。如果出现 PPT 内容的错放或内容更改等问题，可将新的 PPT 页面插入，以替换效果不佳的讲解画面。在音频剪辑时，授课教师在录制过程中产生的口误，可通过补录替换片段的方式解决，并注意在音频的"波形编辑"界面，将补录的音频音量调整到与原音频和片头音量一致，避免出现声音忽高忽低的现象。在字幕添加上，要根据微课内容在主要教学环节中添加并设置文字属性，并避免与课件画面呈现的文字重复。可以借助一些录屏工具为微课视频增加交互式的测试题。最后，即可根据"制作标准"中的格式要求导出视频，并做最终检查。

(4) 多方研讨，迭代优化

① 多方研讨。完成基础教育精品课初稿后，教师还需要与同行、教研员或专家进行教学研讨。多方研讨是教师为了更好地完成教学任务，在教学设计、精品课制作、反思评价活动中共同研究、共同探讨制作中出现的问题，并在后续逐步改善的教学研究活动。研讨的内容可以集中

于贯穿精品课整个制作过程的评价与反馈,其来源可以是教师从个人角度参考精品课评价标准对精品课进行的个人反思,也可以是有丰富微课设计与制作经验的同行教师、教研员或专家进行评价的结果与指导建议,还可以是学生的试用反馈,以此获得多主体、综合且全面的改进建议。

② 迭代优化。在基础教育精品课开发的过程中,要不断地对微课视频和其他教学辅助资源进行迭代优化,这是精品课开发过程中的重要环节,也是教学资源质量的保证。通过多方研讨,教师能够获取来自专家、教研员、同行教师、学生等多方的意见与反馈,并再次进行教学反思,明确精品课制作的改进方案,及时修改包括教学设计在内的多项教学资源,然后再进行一轮研讨与优化。经过如此的迭代,打造出一门优质的基础教育精品课。

(5) 课例合成,上传资源

① 课例合成。课例合成是指依据精品课的相关要求,将教学设计、教学课件、微课视频、学习任务单、作业练习、实验视频等资源合理组织起来,形成一个规范完整的资源结构。教师需要留意,其中实验视频是非必要的选传项,教学设计与教学课件需合成为一个"教学素材"压缩包。课例合成之后,即可按要求准备上传。

② 上传资源。教师成功注册基础教育精品课的平台账号后,即可报名参加基础教育精品课的遴选活动。首先进入选课环节,点击"我要传微课",选择并确定要上传的学科、版本、年级和课,再点击"我要上传",按照《基础教育精品课操作指南》逐一上传微课视频、学习任务单、作业练习、教学素材和实验视频。当有两个以上课时,还需要点击"+增加课时"按钮依次添加课

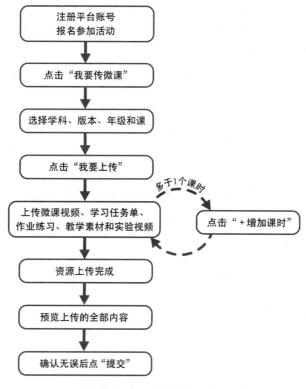

图 2.9 上传资源流程图

时。完成所有课时的上传后,可进入"预览提交"界面,查看全部上传内容,若有误可返回上一步对上传的学习任务单等资源进行修改完善,确认完成后点击"提交"按钮完成精品课的提交。

> **技能学习**
>
> 请学习者扫码观看微课视频"基础教育精品课的录制",学习如何制作高质量的基础教育精品课。

扫描二维码
观看微课视频

二、在线开放课程的制作

在线开放课程作为一种新兴的课程形态,是推动和实现在线学习的有效途径。在线开放课程不仅可以拓展教学时空,增强教学吸引力,激发学生的学习积极性和自主性,扩大优质学习资源受益面,还能促进教学内容、方法、模式和教学管理体制机制发生变革,给教育教学改革发展带来新的机遇和挑战。

1. 在线开放课程的概述

在线开放课程随着慕课的兴起发展而来,是指把教育扩大到课堂以外,免费为所有能够上网的人提供优质课程,由主讲教师负责,支持各种学习群体在线参与,由讲课视频、作业练习、论坛互动和考试相互交织的开放式网络课程。

在线开放课程的特点主要表现为以下五个方面:① 内容免费开放,在线开放课程内容具有开放的特性,课程资源没有限制,对所有的人免费开放,没有人数限制。② 资源在线共享,参加在线开放课程的学生利用网络平台、手机通信软件等可以自主地在线学习。③ 平台交互性强,在线开放课程平台能与课程、课件紧密结合,为学生提供交互性较强的学习体验,且重视基于平台大数据的学习分析。④ 视频形式多样,在线开放课程资源录制形式生动多样,如课堂实录、演播室录制、实地拍摄、采访式、录屏式等,课程视频具有碎片化的特点,一般不长于15分钟,课程视频互动性强,视频内嵌互动、在线测试反馈、在线讨论等。⑤ 课程学分认证,授课教师通过平台发布课程内容、学习活动和讨论主题,学生通过选课、课程学习、讨论、考试,最终获得课程证书。

2. 在线开放课程的制作流程

(1) 在线开放课程的设计

在线开放课程的设计主要包括课程目标的设计、课程内容的设计、课程结构的设计、课程资源的设计、学习支持服务的设计以及课程评价的设计。

① 课程目标的设计。课程目标是对整门课程学生要达到的知识目标和技能目标的描

述。与传统面对面教学相比,在线开放课程的教学对象具有多样性、不可预测性的特点,教学对象范围更广,因此,课程目标的设计要考虑教学对象的范围。

② 课程内容的设计。在线开放课程内容是在线开放课程教学中学生最主要和最直接的学习对象,课程各个章节内容依次呈现,同时还包括各个章节测试题、期末测试等。由于在线开放课程受众的多样性,学生的知识基础不尽相同,在线开放课程内容应该具有一定的拓展性和弹性,即同一内容提供多种可选择的方案以适应不同层次学生的需求。

③ 课程结构的设计。课程结构是指课程上线后的组织模块,通常体现了课程完整的教学流程,包括课程信息、课程资源、讨论区、测验作业、评分标准、考试六大基本模块,也可以根据学科特点适当增减模块。例如,中国大学 MOOC 平台的主要模块包括学习帮助、教学计划安排、公告、评分标准、课件、测验与作业、考试以及讨论区。

④ 课程资源的设计。课程资源形态与课程目标、性质、特征是有关联的。在线开放课程资源与精品资源、共享课资源有很大区别。在线开放课程资源从形态上可以分为非结构化、开放式,确定的、结构化、系统化,半结构化、半开放式三种形态。课程资源形态不同,其内容、资源、活动组织也各不相同,各有特色。总体而言,在线开放课程资源的设计包括对演示文稿、知识点讲授视频、随堂测验、富文本、课堂讨论等的设计。而视频作为在线开放课程资源的核心,具有录制形式生动多样、碎片化、互动性的特点。视频的表现形式有多种,包括纯手写勾画、PPT 录屏、PPT 录屏+手写勾画、画中画、采用近景或中景的课堂实录,还有演播厅录制、绿幕抠屏、实地拍摄、专家对话、专题访谈、讨论课式等形式。

⑤ 学习支持服务的设计。学习支持服务的作用是指导、帮助和促进学生自主学习。学习支持服务的设计直接影响学生的学习效果。借鉴《中国 MOOCs 建设与发展白皮书》,我们将在线开放课程的学习支持服务分为导学、督学、助学三种类型。每种类型分别包括不同的资源。

⑥ 课程评价的设计。课程评价是衡量在线开放课程建设质量和学生学习效果的重要手段。每个课程都需选择、设置评价类型与标准以引导激励学生学习。在线开放课程学习的评价依赖于在线评价系统实现。评价的因素有定性指标和定量指标,评价类型包括形成性评价和总结性评价,而且更加关注形成性评价的促教与促学作用。例如,一门课程按百分制计算,单元测验和课程作业各占 30%,在线讨论和期末考试各占 20%,也可以根据学科特点适当增删或调整比例。由于在线开放课程学生数量巨大,因此评价方式通常以学生自评和学生互评为主、教师评价为辅。

(2) 在线开放课程的制作工具

请学习者扫码观看微课视频"Ispring suite 的基本操作",学习 Ispring suite 的基本功能和操作。

扫描二维码
观看微课视频

我们可以借助在线开放课程的制作工具制作精美的在线课程,如"Ispring suite"工具。Ispring suite 是一套内置于 PPT 的内容创作工具包,包含视频音频录制、摄像头录像、视频编辑器、交互式测验评估等一系列专业功能,可以制作出趣味交互式的在线课程。

应用 Ispring suite 工具进行在线课程制作的一般过程如下:

第一步,打开 Ispring suite 程序,选择想要创建的类型,新建一个课程;

第二步,在熟悉的 PPT 界面,准备授课课件;

第三步,应用 Ispring suite 工具的录制音视频功能,逐页录制讲解课件,并加入旁白内容;

第四步,加入互动活动元素,如练习题、测试、互动元件等,保存并返回课程;

第五步,生成在线课程并发布。

第六节　国家数字教育资源的共建共享

本节学习目标

通过本节学习,了解教育部开展的资源建设活动,熟悉教育资源公共服务平台的应用,熟悉教育资源的共建共享。

当前国家对数字教育资源共建共享的关注度及对优质教育资源的需求度日益提高,教育公平、均衡问题以及全民教育、优质教育、个性化学习和终身学习的发展要求亦对数字教育资源共建共享提出了更高的现实需求。数字教育资源共建共享行动作为新一轮推进教育信息化的基础工程,已成为当前教育信息化工作的重要内容和实践热点。

一、教育部开展的资源建设活动

1. 教育资源公共服务平台建设

教育资源公共服务平台建设活动可以全面推进数字教育资源共建共享,最为典型的是"国家教育资源公共服务平台"开通,这是加快教育信息化进程,努力办好人民满意教育的重要举措,是中央政府提供教育基本公共服务的一次创新。国家教育资源公共服务平台充分依托现有公共基础设施,利用云计算等技术,逐步推动与区域教育资源平台和企业资源服务平台的互联互通,共同服务于各级各类教育,为资源提供者和资源使用者搭建网络交流、共享和应用环境。将国内教育优势地区的名校、名师资源集中起来,为全国师生提供个性化的空间和服务,促进"优质资源班班通"和"网络学习空间人人通",让优质资源和创新应用惠及人人。后续《教育部关于数字教育资源公共服务体系建设与应用的指导意见》等政策对教育资源公共服务平台的服务和功能提出了新的要求,教育资源公共服务平台的建设不断完善,各级教育资源公共服务平台、各类资源,按照统一标准规范,通过体系的枢纽环境连接形成国家数字教育资源公共服务体系。

2. 线上教育资源的共建共享

国家除了注重教育资源公共服务平台的建设,还加强线上教育资源的建设与应用。教育部等五部门发布《关于大力加强中小学线上教育教学资源建设与应用的意见》,提出加强平台体系建设、高质量开发资源、充分用好平台资源、提高师生应用能力和完善政策保障体系五个重点举措。其中对专题教育资源建设提出了新要求,同时提倡开展数字教育资源征集活动,促进优质数字教育资源的共建共享,使得线上教育资源更好地服务教师课堂教学、服务学生自主学习、服务农村提高质量和增强师生互动交流。

教师教育精品资源共享课是国家开展的专题资源建设活动之一,是以高等学校师范类专业教师和学生为服务主体,兼顾在职幼儿园、中小学和中等职业学校教师的需要,同时面向社会学习者的网络共享课程。教师教育精品资源共享课按照《教师教育课程标准(试行)》进行建设,以培养幼儿园、小学、中学和中等职业学校教师所开设的教师教育课程为重点,以课程资源系统、丰富和适合网络传播为基本要求,经过国家、省、校三级建设,为培养造就优秀教师和未来教育家提供优质课程资源,实现优质教师教育教学资源共享。

基础教育精品课遴选活动是 2021 年国家开展的优质数字教育资源征集活动之一,是完善中小学线上教育教学资源建设与应用的重要抓手,所征集建设的数字教育资源是一类以微课视频为主要内容,辅以教学设计、学习任务单、课件、作业练习和必要的实验演示的优质资源,满足学生自主学习和个性化学习需求,减轻学生过重学业负担,并为教师优化教学设计、丰富教学内容、开展线上线下混合教学等提供支持服务,实现优质教育资源共享共用,同时为教育资源公共服务平台提供了资源汇集的渠道。

> **案例研讨**
>
> 学习者可前往教育部官网(http://www.moe.gov.cn),了解其他的教育资源建设活动,并与其他学生进行讨论交流。

二、教育资源公共服务平台的应用

2012 年开始实施的"三通两平台"工程是推进我国数字教育资源供给的重要举措,提出要实现"优质资源班班通"和建设"教育资源公共服务平台"。"国家教育资源公共服务平台"作为教育部教育信息化重点专项,得到了国家的大力支持。至今为止,国家数字教育资源公共服务体系已接入各级平台两百多个,其中 32 个省级平台全部接入,平台上还汇聚了各种各样的应用,服务于学生学习和教师教学。教育资源公共服务平台为人们提供的应用途径可归纳为教师课堂教学、学生自主学习和教师专业发展三类。

1. 教师课堂教学

教育资源公共服务平台应用于教师课堂教学可表现为教学内容与教学模式的创新。首先,教学内容的创新体现在教师经过对优质课程案例的学习和借鉴,在原有基础上有机组合优质资源里的教学内容,从而加工并创造出新的、更切合自身教学实际与学生学习需求的教学内容;其次,是教学模式的创新,教育资源公共服务平台资源可应用于翻转课堂教学、线上线下混合式教学、"三个课堂"等新型教学模式,实现教学组织方式重构和教学方法创新。

2. 学生自主学习

教育资源公共服务平台除了应用于教师主导的课堂教学,还可以促进学生的自主学习。学生可以根据自身学习薄弱之处和兴趣风格等需求目的,不受学习时间与场所限制进行自主学习,具体表现在两个方面:第一,用作查漏补缺的基础性资源。学生可以根据课堂学习情况和考试测评结果自主学习教育资源公共服务平台提供的相关内容,实现对传统课堂学习的补充,以提升学习成绩。第二,用作拓宽范围的个性化资源。学生可以利用课余和假期时间,根据自己的学习兴趣和探究式、项目式学习需要,自主选择不同学科甚至不同年级的资源,在教师或家长指导下,根据自身学习风格与实际情况自行制定适合自己的学习计划,灵活调整学习进度,以培养学习兴趣。

3. 教师专业发展

教育资源公共服务平台不仅能够促进教师的课堂教学和学生的自主学习,同时还对教师的专业发展起着促进作用,具体表现在两个方面:第一,在平台资源的建设过程中,广大教师投身课堂教学的积极性与创造性被极大调动,教师在此期间不断深入研究课程教材内容,学习借鉴优质课例,与研究者交流合作,从而有效促进个人专业成长。第二,在平台资源的应用过程中,教师不断学习、加工和创新资源,持续探索现代信息技术与课堂教学方式方法融合创新的路径,从而有效提高自身课堂教学与教学研究的质量和能力。

学习自评

评 价 内 容	自 评 结 果			
	优	良	中	差
理解信息化教学资源的含义、类型及特点				
了解信息化教学资源的获取途径并获取各类教学资源				

续 表

评 价 内 容	自 评 结 果			
	优	良	中	差
熟悉 PPT 课件的设计与制作,掌握电子白板的课件制作及其在教学中的应用				
了解微课视频的概述和设计,熟练运用相应的工具进行微课视频的制作				
熟悉基础教育精品课的录制,能够运用相应的工具进行在线课程的制作				
了解教育部开展的资源建设活动,熟悉教育资源公共服务平台的应用				
综合评价				

本章小结

1. 信息化教学资源是经过数字化处理,可以在计算机上或网络环境下运行的多媒体材料或教学系统。国家教育资源公共服务平台把常用的信息化教学资源分为:教学素材、教学课件、教学工具、网络课程、教育游戏、专题学习网站、数字教材、数字图书、教学案例、虚拟仿真系统十类。

2. 国家教育资源公共服务平台等为广大中小学校、师生、家长提供专业化、精品化、体系化的资源服务。

3. PPT 课件能够利用多种媒体呈现教学内容,为学生提供多种感官刺激,有利于提高学生的学习兴趣和课堂教学效率。PPT 课件的设计,要求以学生为中心,内容明确具体,教学思路清晰,注重交互性。

4. 微课视频是一种面向学生自主学习的新型资源,是指讲授某个知识点、技能、案例等微内容的教学课件,内容聚焦于知识讲解,学习时间一般不超过 10 分钟,主要用于帮助学生完成知识建构与能力发展。微课视频的制作可以使用 PowerPoint 或录屏工具来完成。

5. 在线开放课程作为一种新兴的课程形态,是推动和实现在线学习的有效途径。在线开放课程不仅拓展了教学时空,增强了教学吸引力,激发了学生的学习积极性和自主性,扩大了优质学习资源受益面,还能促进教学内容、方法、模式和教学管理体制机制发生变革,给教育教学改革发展带来新的机遇和挑战。

6. 为了推动国家数字教学资源的共建共享,教育部开展了系列的资源建设活动,强调了教育资源公共服务平台建设和线上教育资源共建共享,并倡导优质数字教育资源在教师课堂教学、学生自主学习和教师专业发展等领域的深入应用。

实践与分享

请从实训部分选择一个信息化教学资源的训练项目,结合任意教学主题设计教学作品,并与老师、同学们交流分享。

拓展资源

1. 请利用本节提供的国家数字教育资源平台、教育部官网等,获取更多类型的信息化教学资源。

2. 请到知网(https://kns.cnki.net)搜索下载以下文章并阅读。

《国家智慧教育平台正式上线》,2022年3月28日,教育部举行国家智慧教育平台启动仪式,怀进鹏部长表示要以平台开通为契机,紧紧抓住数字教育发展战略机遇,以高水平的教育信息化引领教育现代化。

《建设国家智慧教育平台 推动高等教育高质量发展》,作者杨宗凯,文章梳理了国家智慧教育平台的主要功能,提出了从支撑教学模式创新、优化教育资源供给、改进教育评价方式、监管和应用过程评价四方面加强国家智慧教育平台应用,推动教育高质量发展。

《数字教育资源的供给模式、分类框架及发展对策》,作者柯清超、王朋利、张洁琪,文章梳理了数字教育资源的基本供给模式与特征,提出了"基础性资源、市场性资源、开放性资源和校本化资源"的分类框架,结合问卷调查和实地访谈数据,分析了当前数字教育资源供求契合度、资源服务机制等存在的问题,提出了推动资源供给侧结构性改革的建议。

《"双减"背景下数字教育资源的供给与服务创新》,作者柯清超、鲍婷婷、林健,文章分析了"双减"对教育教学改革的新要求,阐释了数字教育资源如何赋能"双减"落地,提出了扩大优质资源供给的基本方向,并探索了如何应用数字资源服务课堂教学、服务个性化学习、服务分层作业、服务课后服务的基本策略,为数字教育资源赋能"双减"改革提供理论依据。

第三章

信息化教学工具

　　信息时代的教育变革与创新给教师的教学实践带来了前所未有的挑战,新课程的实施也对教师的教育技术能力提出了更高的要求。信息时代的教师不仅要具有现代教育理念、良好的信息素养,还要具备善用信息工具解决教学实践问题的能力。学习和掌握针对学科教学的信息化教学工具,在教学应用中有效地支持和促进学生主动学习、协作式探索、意义建构和问题解决能力培养,是现代教师必备的基本技能。

本章学习目标

1. 了解信息化教学工具的概念、功能特点及其分类
2. 掌握课堂教学工具的基本操作及其教学应用
3. 掌握课堂分析工具的基本操作及其教学应用
4. 掌握线上视频教学工具的基本操作及其教学应用
5. 掌握线上课程教学工具的基本操作及其教学应用
6. 掌握学科辅助工具的基本操作及其教学应用

知识地图

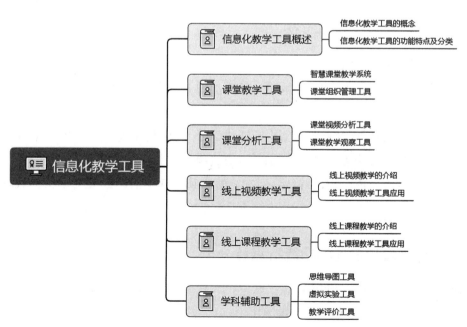

学习建议

1. 学习重点：课堂教学工具、课堂分析工具、线上视频教学工具、线上课程教学工具以及学科辅助工具的教学应用。

2. 课前活动：观看本章的导学微课视频；观看信息化教学工具概述视频，深刻把握本章介绍的各种教学工具的功能特点，指出其优缺点与适用性；观看各种教学工具的操作演示微课视频，熟悉各类教学工具的操作。

3. 课后活动：完成本章的实践项目。

扫描二维码
观看微课视频

第一节　信息化教学工具概述

本节学习目标

通过本节学习，了解信息化教学工具的概念，熟悉信息化教学工具的功能特点及其分类。

信息技术已成为拓展人类能力的创造性工具，信息时代的教育教学活动需要各种信息工具的介入与支持。信息化教学工具为教学实践的情境创设、深度互动、合作建构、协同创作等提供了基础。有效地运用各种信息化教学工具，可以帮助教师降低教学难度，激发学生学习兴趣，提高教学质量。

一、信息化教学工具的概念

信息化教学工具是教学者和学习者为了与学习环境要素进行有效互动而使用的手段，是为了学习活动有效进行而运用到学习活动中并在其中担负一定认知功能的计算机软件。

信息化教学工具通常包括学科教学工具和学习工具，具体表现为促进学生理解、分析、建构知识而设计的各种学习支架、建模工具、仿真模拟软件等。与一般的课件不同，教学工具通常不直接表现教学内容、教学策略，但它能够为某类教学活动或某个学科的教学活动提供功能性的支持。

二、信息化教学工具的功能特点及分类

信息化教学工具的有效应用能够改进课程教学效果，尤其是在促进学生高阶思维能力发展和有意义学习方面，具有非常积极的作用。

1. 信息化教学工具的功能特点

(1) 方便快捷，具有较强的针对性

信息化教学工具是针对某一学科、某一方面知识甚至是某一知识点而设计的，具有体积小、针对性强的特点，使用方便快捷。

(2) 生动形象，具有较强的趣味性

信息化教学工具画面设计美观，声图并茂，为学生的学习创造了良好的情境，有助于激发学生的学习兴趣，使学生很容易进入学习状态。

(3) 交互性强，有力支持知识建构

具有很强的交互性，能够让学生充分地参与对整个学习过程的自我控制和安排，并帮助学生实现知识建构。

> **思考讨论**
>
> 请学习者结合自身经历和网上资料，谈谈信息化教学工具还有什么功能与特点。学习者可从国家中小学智慧教育平台、基础教育精品课平台获取教学案例进行分析，也可以从教学适应性、创新性、操作性角度讨论教学工具的功能和特点。

2. 信息化教学工具的分类

信息化教学工具的种类有很多，从教学功能的角度分，常见的有知识建构工具、信息检索工具、协作交流工具、情境探究工具、虚拟实验工具和统计评价工具等。

(1) 知识建构工具

建构主义认为学生对知识的掌握不是由教师传授或灌输的，而是通过同化、顺应、平衡，在学习伙伴间的交流、对话、协商和讨论的过程中，运用意义建构的方式获得的。在信息化环境下，有助于学生知识建构的工具平台非常多，如可以利用概念图工具培养学生的信息组织、意义建构能力；利用"作图""作曲"工具，培养学生创作作品的能力；利用信息"集成"工具，培养学生的信息组织、表达的能力与品质；借助网页开发工具，培养学生对信息的甄别、获取和组织能力。

(2) 信息检索工具

信息时代，信息的容量和复杂性快速发展，学生能否获取信息、如何获取信息、获取信息的及时程度，是学生学习能否成功的关键。学生发现所需信息，是学生获取及加工信息的基础与前提。在信息化学习环境下，学生需要借助一些工具获取信息，如万维网、智能的信息搜索引擎等。

(3) 协作交流工具

自从班杜拉提出社会学习理论以来,社会性学习日益受到关注和重视。随着网络通信技术的发展,各种基于网络和计算机的同步和异步交流环境在学校中得到广泛运用,特别是Web2.0工具的涌现和不断发展,为学习的社会性协商过程提供了强有力的支持。利用这些强大的Web2.0工具,学生可以在个人自主学习的基础上,通过参与对话、讨论、协商等不同形式的协作学习活动,进一步完善和深化对研究问题的意义建构;可以鼓励学生从浏览者转变为主动参与者,培养独立思考、求异思维、创新能力和团队合作精神。

(4) 情境探究工具

一定的社会行为总是伴随行为发生所依赖的情境。情境探究工具可为学生提供质疑的空间,把问题引向纵深,引导学生在问题情境中进行探究、发现,有助于加强学生对学习内容的理解,促进其学习能力的提高。

(5) 虚拟实验工具

科学类学科的一个重要特点就是以实验为基础,很多概念的形成和规则的确立都是以具体的实验和实际的观察为基础的。在科学课程教学中,通过虚拟实验工具,营造三维、逼真的实验情境,把具体的现象和抽象的概念联系起来,让学生在虚拟实验环境中实际操作、观察现象、读取数据、科学分析,培养学生科学研究的态度和能力,帮助学生掌握科学探索的方法与途径。

(6) 统计评价工具

数字化学习资源提供各种类型的试题库,学生通过使用一些随机出现的、不同等级的测试题目,利用学习反应信息分析系统,借助统计图表或 S-P(Student-Problem)表,可进行学习水平的自我评价。

> **思考讨论**
>
> 请学习者结合自身的学习经历,分享教师利用信息化教学工具教学的过程,谈谈自己会如何使用信息化教学工具进行教学。

随着教育技术的发展与应用,目前中小学已经有很多实用性强的教学工具,如用于课堂教学的智慧课堂教学系统和课堂组织管理工具,用于课堂分析的课堂视频分析工具和课堂教学观察工具,用于线上视频教学的希沃录播工具,用于线上课程教学的 UMU 和 Moodle 线上课程教学工具,用于学科辅助的思维导图工具、虚拟实验工具以及教学评价工具等。本章后续内容将从教学实际需要出发,介绍一些典型的信息化教学工具及其应用。

第二节 课堂教学工具

本节学习目标

通过本节学习,了解智慧课堂教学系统和课堂组织管理工具的概念,掌握课堂教学工具在教学过程中的应用,并尝试利用本节工具开展课堂教学。

教师利用各种课堂教学工具能将许多复杂的知识和教学过程简单、快速并直观地展现给学生,不仅能让学生更好地理解和掌握知识,提高学习兴趣,而且使课堂教学充满智慧和活力。随着信息技术的发展,课堂教学工具的功能也越来越强大,构建智慧课堂已是大势所趋。这要求信息时代的教师能利用各种课堂教学工具构建起丰富多彩的课堂,从而进一步提高课堂教学效率。

一、智慧课堂教学系统

智慧课堂是在崭新的智慧教育理念的指导下,以信息技术为支持,通过变革教学方式方法,将技术融入课堂教学中,构建个性化、智能化、数字化的课堂学习环境,从而有效促进信息素养培养的新型课堂。智慧课堂的特征包括个性协同化、智能跟踪化、工具丰富化和活动智慧化。[1] 其根本目的是促进"知识课堂"向"智慧课堂"转变,实现学生的智慧发展。[2] 智慧课堂的教学流程由课前、课中、课后三个环节组成。课前环节包括学情分析、预习测评、教学设计;课中环节包括课题导入、探究学习、实时检测、总结提升;课后环节包括课后作业、微课辅导、反思评价等。下面主要介绍基于平板电脑的智慧课堂教学系统和基于点阵笔的智慧课堂教学系统。

1. 基于平板电脑的智慧课堂教学系统

基于平板的智慧课堂教学系统是以平板电脑作为技术支撑,整合现代化的各类学习资源、学习工具和学习活动来开展教学的教学环境。其教学环节主要包括课前资源推送、课中数据分析和课后智能评价。

(1) 基于平板电脑的智慧课堂教学过程

课前,教师充分运用平板电脑所提供的丰富课程资源,便捷地推送上课所需要的学习素材给学生,满足不同层次学生的学习需求。通过平板电脑,学生也可以将预习成果分享到学习平台上,为教师调整教学提供一定的参考。同时,学生能根据需要通过网络及时更新下载

---

[1] 唐烨伟,庞敬文,钟绍春,王伟.信息技术环境下智慧课堂构建方法及案例研究[J].中国电化教育,2014(11):23-29+34.

[2] 刘邦奇."互联网+"时代智慧课堂教学设计与实施策略研究[J].中国电化教育,2016(10):51-56+73.

最新的学习内容,便于学生自主拓展学习。例如,在易课堂中教师通过希沃白板5快速制作交互式课件,将导学案、交互式学件、微课、习题、资料便捷实现分层推送,学生自主预习。教师可以实时收到学生学习时长对比、答题正确率详情、班级概况分析等数据反馈,帮助精准掌握个体学习进度和了解知识掌握情况。

> **技能学习**
>
> 请学习者扫码观看微课视频"易课堂的介绍和教学案例",了解"易课堂"的组成、基本功能,学习其教学应用过程。

扫描二维码
观看微课视频

课中,平板的教师端、学生端和教室的电子白板可以实现同步同屏,教师能依靠平板与学生随时随地沟通,随时关注学生学习状况,并借助大数据技术对学生学情进行全程的动态分析,使学情数据化,帮助教师及时调整教学策略,从而能够使课堂结构得以优化。在课堂开始时,教师通过平板教师端一键推送交互式课件,让每个学生都能参与到互动实践中,可以提升全员学习兴趣,更方便快捷地开展学情前测,并能直接应用到课堂教学中。在教学过程中,学生借助平板学生端参与学习活动,教师能够第一时间了解学生的学习效果,包括学生整体的完成情况、正确率及每道题错误答题情况等反馈数据,及时进行有效的指导,极大地增强学生融入课堂的主动性。基于平板的智慧课堂教学还支持学生进行小组合作探究学习,多个平板学生端能实时进行编辑,教师实时在教师端进行作品展示,提高团队协作能力,以交互平板为载体,让教师和学生的活动范围得到延展和连接。

课后,教师根据学生的完成情况和效果对学生进行分组、分层,更有针对性地向学生发

图3.1　易课堂的教室环境

布适合他们学习水平和能力的学习内容和训练题,更好地实现分层教学、因材施教。平板中的教学数据能多维度展示学生学习数据。与班级、个人历史数据对比,教师能够快速、准确地了解不同学生在学习过程中面临的困难,系统能自动为每一个学生提供具有针对性的诊断方案,实现个性化智能评价。同时,学生端可将学生的错题自动组建一本电子错题集,学生能利用平板电脑在课后重新进行复习,回顾知识重难点,实现个性化学习。完成学习任务的学生还可以利用平板自主探索课本以外的知识,真正实现智慧课堂的延伸。

(2) 基于平板电脑的智慧课堂教学案例

本节课的内容选自数学北师大版四年级下册的"认识方程",课型为新授课,主要内容是认识方程及了解方程的意义,并能通过列数量关系表示方程。课堂教学情况如表 3.1 所示,课堂结构清晰,可划分为四个部分:新课导入、新知讲授、巩固提高和课堂小结。在每个教学环节中,平板电脑作为主要的技术支撑,在师生对话、教师讲授、学生自学等活动中发挥重要作用,其应用贯穿于整个教学过程,高效辅助教师的"教"和学生的"学"。

表 3.1 基于平板的教学课例"认识方程"的课堂结构

环节	子环节	师生课堂行为	教 学 内 容	平 板 的 运 用
新课导入	创设情境	教师:呈示、推送案例、牵引式对话 学生:集体对话	利用电子白板展示一幅情景图,图中一个叔叔挑着担子,营造平衡和等量的情景,并提出问题:担子的哪边更重?已知一边的重量如何表示另一边的重量?	教师:同步屏幕,推送相关案例图片 学生:思考案例
新课导入	回顾旧知	教师:呈示、牵引式对话 学生:集体对话	回顾上节课的内容,以集体问答的形式回忆如何用字母表示数,一步步引导学生根据图片写出多个等式,提示学生有的等式含有未知数,开始帮助学生建立"方程"的初步印象	教师:同步屏幕,通过平板进行圈点勾画 学生:通过平板书写等式
新知讲授	概念建立	教师:推送任务、牵引式对话、个别指导 学生:集体对话、小组讨论、自主学习、个别对话	通过水果的主题案例,提问学生不同的总价可以购买多少斤水果,"苹果单价为 4.2 元,用 y 表示苹果的个数,120 元能买多少斤苹果?"期间教师没有直接讲解,而是布置了任务让学生自主列出等式并小组讨论,让学生能熟悉方程的表达式	教师:推送文档,通过平板进行圈点勾画,布置讨论任务并发送,随机点名 学生:学生端接收任务,观看教师书写的思路,通过平板进行方程的书写

续 表

环节	子环节	师生课堂行为	教学内容	平板的运用
新知讲授	知识迁移	教师：呈示、推送讨论任务、巡视指导、个别对话、集体对话、讲授 学生：小组讨论、个别对话、集体对话	先用学生熟悉的等式"总价÷数量＝单价"来提示学生，"同一种数量关系下可以列出不同的带有未知数的等式"，联系具体问题，让学生探究"什么是方程"，进行小组讨论，归纳出方程的特点	教师：同步屏幕，通过平板进行圈点勾画，推送思考题，随机点名 学生：学生端接收思考题，学生端协作编辑文档
	深入剖析	教师：呈示、推送任务、牵引式对话（集体）、讲授 学生：集体对话、小组讨论	在基本理解方程的基础上进一步探究并分析，教师在平板上呈现不同的等式，引导学生对方程进行辨析，并进行小组讨论，总结出方程要注意和强调的特点和规则：方程是一个等式，等式不一定是方程；含有未知数的等式才叫方程；列方程时未知数与已知数一样参与列式	教师：同步屏幕，通过平板进行圈点勾画，推送讨论主题 学生：通过平板圈点勾画、记录笔记、小组讨论
巩固提高	练习巩固	教师：布置习题、个别指导、个别对话 学生：自主学习完成练习	教师利用平板给学生端发送两道练习题，巩固前边所学知识，强化概念的学习；通过平板后台数据的统计和分析，初步了解学生学习情况	教师：发送练习题，通过平板数据分析学习情况 学生：学生完成练习并上传答案
	巩固提升	教师：推送讨论题、个别对话、布置习题、个别指导 学生：参与集体讨论、自主学习完成练习	通过习题在巩固所学知识的基础上，让学生先说出等量关系，再根据数学关系构建方程，使学生明白建立方程的关键是找出数量关系	教师：发送练习题，通过平板数据分析学习情况 学生：学生完成练习并上传答案
课堂小结	讲授	教师：呈示、讲授 学生：自主学习	教师利用平板重温本节课的重点知识，进行了整体的梳理，学生利用平板上的学习资源再次巩固重难点	教师：呈示学习总结 学生：通过平板复习和巩固

2. 基于点阵笔的智慧课堂教学系统

点阵笔是依托于数字光学点阵技术的一种新型书写工具（如图 3.2 所示），是对传统纸笔书写的信息技术赋能，它与传统课堂教学的融合能为当前信息化教学"屏幕过度依赖"带来的健康和教学问题提供新的解决方案，在保留传统纸笔书写行为、采集完整书写数据、实现远程共享书写空间等方面,比平板教学具有相对优势。① 基于点阵笔的新型智慧课堂教学形态将使课堂教学更加数字化和智能化,点阵笔能将学生答题过程实时传输到智慧课堂系统,还原学生的答题过程和思路。同时,基于点阵笔的智慧课堂还可以将学生的作答情况以大数据的方式呈现,让教师更直观、更清晰地了解班级学生的整体水平,从而重点突破、有的放矢,实现精准教学。

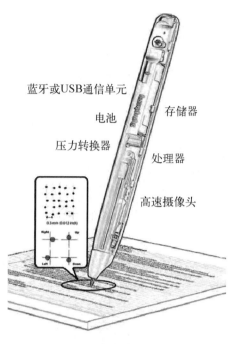

图 3.2　点阵笔内部构造

(1) 基于点阵笔的智慧课堂教学过程

课前,教师推送预习材料给学生,学生在预习后通过点阵笔进行习题练习,点阵笔实现线下书写数据的采集和数据的智能化处理,将学生预习情况远程同步到教师端,帮助教师在备课环节更好地了解学情。

课中,教师在发布测试后,学生的主观题书写笔迹和客观题正确率将自动同步到教师端,提高学生随堂测试的反馈速度。教师根据反馈的实际情况灵活变更教学策略,及时调整自己的教学计划,切实提高教学效果。学生可以通过点阵笔实时与教师进行互动,保持学习的积极性,提高学习效果。例如在习题课上,教师可调取学生笔迹,查看或回放书写过程,对答题思路进行细致点评,帮助学生答疑解惑。

课后,点阵笔将学生考试、测试和练习的书写数据进行智能化处理,可实现学生手写作业、考试中的客观题以及部分主观题的自动化批阅,并自动生成答题情况、学情分析等评价数据,还能生成基于学习行为的学习习惯、学习态度等动态评价,教师能够根据学生情况进行个性化评价和学习方案的制定,这在一定程度上也减轻了教师的教学负担。点阵笔在教学全过程中的应用,可以保留学生的纸笔书写习惯,还能采集师生在线下和课外的书写数据,使课堂教学数据与自主学习的数据实现互联互通,有助于搭建完整的教学大数据链条。

此外,点阵笔也为直播教学注入新的活力,提供了共同书写空间。它能支持教师和学生在互动过程中对同一书写空间进行异地书写、批阅或标注,提高师生沟通的效率。具体来说,教师可以一边讲解一边写下汉字、公式、函数和解题过程等,学生则可以一边观看教师直播一边同步观看教师的书写过程。同时,学生的答题过程也可以同时传输到教师端,教师可以及时做出批改和反馈,营造面对面的远程互动体验。这样有助于打破在线教学中授课教师"一言堂"的局面,促进学生主动参与到教学互动中。

---

① 张晓梅,胡钦太,田雪松,刘思琪.智慧课堂教学新形态:纸笔数字书写技术教学应用[J].现代远程教育研究,2020,32(01):77-83.

(2) 基于点阵笔的智慧课堂教学案例

① 点阵笔在小学语文教学中的应用。点阵笔最大的特点是信息反馈与显示的及时性，在点阵笔书写的过程中教师可以随时随地地观察到学生的书写情况，例如教师可以发现学生是否存在倒笔画的情况，从而实现一对一的"监督"。在传统的小学语文教学当中，教师往往会请一位同学在讲台黑板或白板上演示，导致部分不熟练的学生过度紧张，而影响课堂节奏或教学效果。因此，在教学当中应用点阵笔可以让学生更加自然地进行演示。例如，在苏教版小学语文二年级的识字教学中，在教学"猫"与"锚"的区别时，学生可以通过点阵笔在座位上进行书写，教师同步观看学生的书写过程，同时进行语言指导，这就能减少学生由于紧张而无法认真听讲、降低学习效果等不利影响。

② 点阵笔在小学数学教学中的应用。在教学"直线互相垂直"这一概念时，由于学生一般过直线外一点作垂线，也有水平方向画图的习惯，当直线的方向发生变化，学生就可能画错或者找错三角形的高。教师可以选出几个有针对性的图形关系，将其用点阵笔呈现出来，对它们的特点加以分析，然后在多媒体上就这几个图形的位置关系进行圈点勾画，向学生逐一进行讲解。通过点阵笔的笔迹呈现，让学生意识到直线垂直还可以有其他的形式，深入理解三角形高的作图方式，更正学生的认知偏差，充分发挥出点阵笔的教学实效性。

③ 点阵笔在生物教学中的应用。在复习课"生命的物质基础"中，学生活动是结合已经学习过的知识完成思维导图的填写，学生利用点阵笔完成填写，教师通过教师端屏幕实时查看学生的书写情况，从而了解每一位学生的知识掌握情况以及存在的问题。最后，学生作品通过白板投影展示，并作全班化点评。在点评的过程中，采取让学生互评、教师辅助的方式，通过集体分享的过程进行基础知识的复习和建构。在教学"伴性遗传"一节时，学生活动是分析色盲遗传病的几组遗传图，总结出父亲的色盲基因传给了谁、母亲的色盲基因传给了谁、红绿色盲中男性和女性的患病比例是否一样，以及红绿色盲的遗传特点。结合设问，学生各自利用点阵笔在自己先前书写的遗传图谱上进行圈画，寻找色盲遗传规律，共同参与问题解决。学生利用点阵笔将重要内容进行圈画和标注的同时，教师利用数码笔在文本中进行批注或划线解读，将重要内容突出。

> **案例研讨**
>
> 结合上述教学案例，从点阵笔的功能特点出发，思考并讨论点阵笔如何帮助教师提高教学效率，学习者可从收集学生信息的便捷性、学生学习过程的可复现性等角度进行分析。

二、课堂组织管理工具

课堂组织管理是教师采用对策与方法建立有利于全体学生学习的良好课堂氛围的过

程。良好的课堂组织与管理是课堂教学活动顺利进行的必要保证，也是提高教育教学质量的关键所在。课堂组织管理工具可以帮助教师管理课堂纪律、引导学生学习、提高学生注意力等，从而取得好的教学效果，建立和谐的教学环境，实现高效教学。教师在课堂教学和课后科学合理地运用课堂组织管理工具，将会有效优化课堂教学，进而有利于激发学生的学习兴趣，提升学生的学习效果。下面将从课前、课中和课后三个教学环节，介绍课堂组织管理工具在教学情境中的应用。

 技能学习

请学习者扫码观看微课视频"班级优化大师的基本操作"，学习"班级优化大师"的基本功能和操作。

扫描二维码
观看微课视频

1. 课前的组织管理

在课堂教学开始前的备课阶段，教师需要根据学情在教学设计时选择合适的组织管理工具，为课堂教学的组织和开展做好准备。例如，教师选择"班级优化大师"来帮助组织管理课堂，首先要熟悉"班级优化大师"的各种工具的功能，包括自定义点评内容、如何使用多元的奖惩方式等，应用各类工具合理激励和规范学生的课堂行为。

2. 课堂教学过程中的组织管理

课堂是学生的主要学习场所，教师要巧妙应用各种组织管理工具，支持丰富多彩的课堂活动开展，有效促进良好课堂秩序的形成，才能让学生充分投入到课堂教学中，展现每名学生的思维火花，促进学生的全面发展。

在课堂教学开始时，教师要将学生的注意力转移到课堂上，为后续教学的开展奠定基础。例如可通过"班级优化大师"中的电子考勤功能进行打卡，吸引学生参与到课堂中。在教学过程中，教师可通过组织管理工具辅助师生交互的高效实现。如教师可直接通过"班级优化大师"的"随机抽选"功能抽取学生回答问题，促进过程性评价的完成。对于学生的回答，教师要进行合理的正强化，如自定义评价类型，根据教学节奏实时发送点评，通过多元化评价活跃课堂氛围，调动学生在课堂上的积极性。对于特定的教学情境，如小组合作探讨，教师可通过"分组教学"小工具实现随机分组。在师生互动或小组学习过程中，教师要注意课堂的纪律和秩序，掌控住课堂的节奏，可通过适当的评价约束学生的违纪行为，如对表现好的同学发送"遵守纪律"的评价，及时给学生正强化，有效管理课堂秩序。教学完成后，教师也要关注学生在课堂上的表现，注意本节课在组织和管理上的不足之处。如"班级优化大师"中能将教学过程中的数据自动生成班级信息报表，使学生的课堂表现一目了然，智能评

测学生在课堂上的表现,帮助教师发现班级管理过程中的盲点,使课堂管理显现成效。

3. 课后的组织管理

在课后,教师要及时通过组织管理工具给学生正确的激励和个性化评价,让学生在反馈中正确认识自己的优缺点,激励学生持续成长,同时促进教师教学后的及时反思。比如,"班级优化大师"中的每周光荣榜能替代传统小红花和记分册,教师对学生的评价也将更加智能化。依据教师点评数据,每一位学生都将有专属的电子档案,让教师、家长能够直观了解和感知学生的每一次成长。

此外,教师还要对家校关系进行管理,减轻家长的负担,促进家长与学校合作的积极性,实现家校互通,共同为教育事业注入家校合作的力量。比如教师通过组织管理工具可将孩子的在校表现实时同步到家长手机端,家长就能了解孩子的情况,由微信、QQ的网状沟通模式转换为以教师为中心的星状结构,家校无须频繁沟通。同时,依据学生在校行为和家长的评价,这些工具能将表象行为数据转化为孩子的综合素质评估模型,帮助教师和家长为学生的个性化发展提供科学的培养建议。

4. 课堂组织管理工具的应用案例

福州一小学教师通过"班级优化大师"组织了班级"互帮互助"的管理,帮助后进生将注意力转移到学习上。首先,教师在班级里设置了"互助之星"的小奖项,只要优等生在课间活动帮助学习有困难的同学,双方都可以加分,并实现常态化的加分机制,在"每周光荣榜"中呈现,每周给予"互助之星"小奖励,鼓励学生主动帮助有需要的同学。其次,这一管理制度

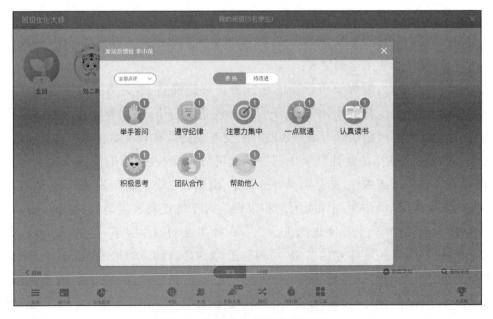

图 3.3　班级优化大师的多元评价

还包括个人和团队奖励,个人分数每满十分就有一次进化的机会,即可在"班级优化大师"中更改头像。而每周排名前三的队伍,所有人都可以获得团队成功5分奖励,让同学们在集体中一起进步、互相监督,在团结协作中共同成长。

> **拓展阅读**
>
> **"课堂派"的教学应用**
>
> "课堂派"是一款课堂组织管理平台,为教师提供班级组织和管理等方便快捷的服务,包括班级管理、作业在线批改、成绩汇总分析、课件分享、在线讨论等。比如教师可以利用平台的考勤功能对学生进行快速考勤,用随堂表现记录工具对学生的课堂表现进行记录和监测,利用班通知栏工具发布群体公告。除此之外,教师也可借助云端和移动设备,随时上传教学资源并对教学资源进行管理,学生也可以实时进行学习。请学习者访问教材的配套资源网站,观看微课视频"课堂派的教学应用",进一步学习课堂派的操作及教学应用。

第三节 课堂分析工具

本节学习目标

通过本节学习,了解课堂分析工具的概念,掌握课堂分析工具在教学过程中的应用,并尝试利用本节工具开展课堂教学分析。

在课堂教学研究中,传统的听评课与问卷评价办法依赖于参与者的记忆和有意识的行为,无法对课堂教学进行全面的观察思考与解读。随着信息化的发展,科学系统的课堂分析工具成为课堂分析的重要依托,它通过数字化技术研究课堂教学,创建相应的视频数据库,并进行高效的运行与管理。庞大的课堂视频蕴含巨大的教育教学改进价值,课堂教学研究承担了解释学生学习改变、教师教学质量提高与教育改革的责任,而挖掘课堂教学信息、提供教学反馈的实现方式和途径就是课堂分析工具。

一、课堂视频分析工具

课堂视频分析是教师对课堂视频中的师生行为进行数据分析和教育解释等,以解决教学问题进而总结教学规律的过程。课堂视频支持研究者反复观看,能获取教学活动中的直接、详细、全面的数据,特别是能让我们进一步对教学过程中影响学生学习的原因进行深度的分析[1],为教育教学改进、开展和规律性探索提供有价值的参考。

> **四 拓展阅读**
>
> 课堂视频分析的发展历程
>
> 　　视频分析应用于人类学、社会学、心理学和教育学等领域已经有较长的历史。早在1975年,著名人类学家玛格丽特·米德提出,人类历史发展过程中出现的诸多场景无法在实验室中复现,而借助视听资料能够复现这些场景并对其进行分析,因而有助于相关知识的增长。1990年,戈德曼-塞格尔等人率先采用视频分析的方法对数学和科学课堂进行研究分析。2007年,美国国家科学基金会组织专家小组发布《教育中视频分析的指导原则》。在如今的大数据时代背景下,基于数据挖掘和学习分析技术的课堂视频分析将还原课堂的更多教学细节,从而引导研究者更关注课堂本身。请学习者访问教材的配套资源网站,观看微课视频"课堂视频分析的发展历程",了解更多课堂视频分析的相关知识。

1. 课堂视频分析工具的介绍

课堂视频分析工具是通过对课堂教学视频中教师和学生的交互行为进行分类和量化处理,分析各种类别行为的出现次数、状态持续时间和迁移路径,对教学过程进行科学化分析的辅助工具。[2]

随着信息技术的发展,以智慧录播系统为代表的课堂视频分析工具应运而生。智慧录播系统以课堂为核心,依托互联网,通过人脸识别、行为分析、视频资源处理、大数据技术等,与教学深度融合。在建立的新教学环境中,录播系统通过线上智能考勤、智能录播、全方位教学分析等应用功能,开展对课堂教学情况的分析,实现可视化网上巡课督导、线上视频资源管理、课堂教与学行为分析等功能,充分满足教师、学生、管理者多角色的需求。通过以上功能的应用,能及时发现并解决课堂教学中存在的教师教学效果、学生学习效果、课堂管理情况等一系列相关问题,为教学反思、教学研究等提供支持。

---

[1] 郑太年,仝玉婷.课堂视频分析:理论进路、方法与应用[J].华东师范大学学报(教育科学版),2017,35(03):126-133+172-173.

[2] 张海,王以宁,何克抗.基于课堂视频分析对信息技术深层整合教学结构的研究[J].中国电化教育,2010(11):7-11.

> **技能学习**
>
> 请学习者扫码观看微课视频"希沃录播系统的视频分析原理",学习如何利用"希沃录播系统"进行课堂视频分析。

扫描二维码
观看微课视频

2. 课堂视频分析工具的教学应用

目前用于教育教学的录播系统种类较多,功能较强大,录播系统可在普通教室中快速搭建出简单易用、维护方便的录播课室,能满足班级日常的录课、教学行为分析、资源分享、听评课等需求,促进优质教育资源的开发、应用与研究。

在教学方面,录播系统具备课堂行为分析功能,能进行精细化课堂评价、数据化教学调整、科学化质量评估,以达到提升教学质量的目的。上课前,智能摄像机通过对教室里学生人脸进行不间断的抓拍,经过后台数据分析,确定学生出勤情况。上课过程中,通过采集音视频信号数据,录播系统能针对教师教学过程行为、教学内容、学生学习行为和学习状态,形成量化的视频图像和图形报表,直观反映课堂教学情况,为进一步分析课堂教学效果提供数据,为教师改进教学、学校管理提供依据。课后,录播系统具备的智能化资源管理平台能自动分类视频,教师还可将课件同步上传,让授课信息更完整。

在教研方面,其他教师可通过系统进行线上听评课。具体过程为,听课教师扫码填写自动生成的听评课模板,分数实时汇总。系统对教学视频的分析情况同步呈现,教师可定位到任意课件页和时间点,不仅可输入文字评价,也能选择点评标签,帮助教师便捷地完成在线评课。同时教师还能一键截图保存各路巡课的画面,让评价更具针对性,辅助学校精准教研,促进校内教师的教研交流与分享。通过录播系统后台数据,教师能更加客观、准确地分析每位教师在课堂上的教学情况,还能查看自己的课堂评课报告,帮助教师进行教学反思和改进。学校也能根据课堂平均得分变化、点评标签分布图,定期跟进教学变化,辅助教务质量评估,有计划地开展教学质量评比,促进课堂教学质量的提高。

在管理方面,录播系统能提供高效巡课功能,帮助学校高效进行课堂观察。智能摄像机把教室里的教学情况通过音视频信号同步传输到系统管理平台,管理人员通过"三个课堂"平台,可以在线上进行教学巡课,及时掌握课堂教学整体情况,了解课堂教学效果。课中,针对课堂行为表现情况,管理人员可以监督教师是否做到仪态端正、态度亲切,是否有体罚和变相体罚学生的现象等。针对课堂教学的组织纪律,巡课人员可以检查教师组织教学的情况,检查学生课堂听讲行为习惯的情况。课后,管理人员能够查看全校或全区域被点评的课程数据及教师的点评记录,还能查看一段时间内巡课评课应用情况和课程质量变化情况。对于管理人员来说,网上巡课及时方便、干扰小,详细的巡课结果记录方便相关教育工作者

图 3.4　录播系统的巡课功能

的管理和监督,实现管理数据的信息化、规范化,帮助教师提高课堂教学效率,打造高效课堂,实现学生全面发展。

> **思考讨论**
>
> 　　Nvivo 是一款功能强大的质性分析软件,能够帮助个人或者组织挖掘数据信息、进行可视化的管理和呈现,可以处理文字、音视频文件,其核心功能包括数据拆分、数据编码、节点编码整合和数据导出。在实际操作过程中,教师可将课堂视频导入 Nvivo,以一定的时间间隔对视频进行切片采样,观察和记录该时间切片内主要表现的课堂教学行为,并借助课堂教学行为编码指标体系(如 FIAS、ITIAS 等)对教学行为进行编码,结合曲线分析图、行为矩阵表等进行数据分析。
> 　　请学习者结合自身学习经历和网上资料,谈谈 Nvivo 软件在教育教学中的应用。
> 具体要求:
> 　　1. 从国家中小学智慧教育平台、基础教育精品课平台获取教学案例进行分析。
> 　　2. 从软件的特点、功能等方面进行思考。

二、课堂教学观察工具

课堂教学观察是研究者或观察者根据明确的目的,凭借自身的感官及相关辅助工具,直接或间接从课堂情境中收集资料,并依据资料作相应研究的一种教育科学研究方法。

> **思考讨论**
>
> 请学习者从目的、对象、工具和方法角度思考课堂视频分析和课堂教学观察的区别,并讨论与交流。

1. 课堂教学观察工具的介绍

课堂教学观察工具是在课堂教学观察中有目的地直接或间接记录课堂真实情况的辅助工具,是收集、记录课堂信息的重要载体,包括观察表、编码体系、视频录像等技术手段,能使观察者清晰捕捉、记录有用信息,提高观察的效率、效果,有助于诊断课堂教学问题、提炼课堂教学经验、探索教学规律。课堂教学观察常见的简单工具有弗兰德斯互动分析系统(FIAS)、学生-教师分析法(S-T分析法)、基于信息技术的互动分析编码系统(ITIAS)。

2. FIAS

FIAS(Flanders Interaction Analysis System)是美国明尼苏达大学的学者弗兰德斯在20世纪60年代提出的一种课堂行为分析技术,用于记录和分析课堂中师生语言互动过程及影响。它是在课堂观察的基础上,用于记录和分析教师在教学情境的教学行为和师生互动事件的分析系统。该系统运用一套代码系统记录在教室中师生互动的重要事件,用于分析研究教学行为,了解发生在教室互动情境中事件的影响,帮助教师了解进而改进其教学行为。

FIAS包括一套描述课堂互动行为的编码系统、一套关于观察和记录编码的标准、一个用于数据记录和分析以实现研究目的的矩阵表格。[1] 首先,教室中所有师生的语言互动情况分为10个类别,其中第一至第七类均为记录教师对学生说话的状况,间接影响学生的有4项即接受学生的感情、表扬和鼓励、接受学生的结论、提问,直接影响学生的有3项即讲授、指令、批评学生或为教师权威辩护;[2]第八和第九类则是记录学生对教师说话的情形,即学生对教师讲话做出反应和向教师提出建议;第十类是记录教室可能出现的静止状态(安静或混乱)。FIAS对观察和记录编码有详细的规定,在课堂观察中每3秒钟取样一次,对每个3秒钟的课堂语言活动都按编码系统的规定进行编码,以作为观察记录。一堂课大约记录800—1 000个编码,这些编码代表着课堂上按时间顺序发生的一系列事件,呈现出课堂教学的结构、教师的行为模式和教学风格等。最后,对记录数据的显示和分析是通过矩阵实现的,如表3.2所示。FIAS分析矩阵是一个对称矩阵,它的行和列的意义都由编码系统的规定编码所代表,矩阵的每个单元格中填写编码表现的先后连续的课堂行为出现的频次。

根据各种课堂行为频次之间的比例关系以及它们在矩阵中的分布,可以对课堂教学活

---

[1] 时丽莉.“弗兰德互动分析系统”在课堂教学中的应用[J].首都师范大学学报(社会科学版),2004(S2):163-165.
[2] 宁虹.“教师成为研究者”的理解与可行途径[J].比较教育研究,2002(01):48-52.

动做出量化分析,得出这节课的课堂效果。教师可以对自我的课堂教学行为做进一步提升,有助于优化教师的教学,提升课堂效率。

表3.2 某课堂的弗兰德斯分析矩阵图

	1	2	3	4	5	6	7	8	9	10	合计
1	6	6	2	5	7	9	0	2	0	0	37
2	5	15	1	10	14	5	1	3	0	3	57
3	0	1	2	5	7	1	0	0	0	0	16
4	4	5	0	24	16	16	0	53	0	5	123
5	5	4	0	42	151	8	0	6	0	8	224
6	2	3	0	16	9	14	0	11	0	11	66
7	0	0	0	1	0	0	2	0	0	0	3
8	10	20	9	15	9	5	0	131	0	11	210
9	0	0	0	0	0	0	0	0	0	0	0
10	5	3	2	5	11	8	0	4	0	103	141
合计	37	57	16	123	224	66	3	210	0	141	877

📝 **技能学习**

请学习者扫码观看微课视频"弗兰德斯矩阵分析方法",了解如何通过弗兰德斯互动分析系统进行教学行为的分析,并动手进行操作。

扫描二维码
观看微课视频

3. S-T分析法

S-T分析是对教学过程进行定量分析的典型方法之一。这里的"S"是"Student"(学生),"T"是"Teacher"(教师)。这种分析方法将课堂行为分为学生行为和教师行为两类,学生行为用S来表示,教师行为用T来表示。其中S行为主要表现学生发言、思考、计算、记笔记、做实验或完成练习以及沉默等,T行为主要体现教师解说、示范、板书、媒体提示、提问与点名以及评价与反馈等。

S-T分析法一般分为四个步骤:第一,准备需要观摩的材料以及S-T数据记录卡。第二,观摩教学过程,记录编码。按照相同的时间间隔进行采样并记录行为数据。在S-T分析法中,采样的时间间隔可以根据实际情况自行选定,一般选取15秒或者30秒。在S-T

分析中，只有两种编码，教师行为编码 T，学生行为编码 S。通过观察特定时间间隔内的教学行为并进行判定和编码，最后会得到 S-T 时序列统计数据表。这里观察的最好是教学视频，因为教学视频可以进行反复播放，保证采样和记录的准确性。第三，根据记录的数据建立反映 S 行为、T 行为随时间变化的 S-T 图（如图 3.5）以及反映教师行为占有率和转化率的 Rt-Ch 图（如图 3.6）。

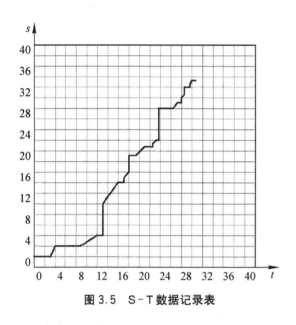

图 3.5　S-T 数据记录表

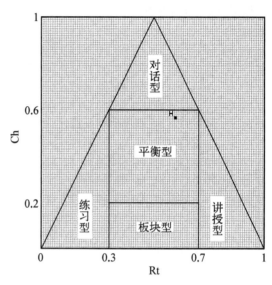

图 3.6　Rt-Ch 图

技能学习

请学习者扫码观看微课视频"S-T 分析方法"，了解如何通过 S-T 分析法进行课堂教学的分析，并动手进行操作。

扫描二维码
观看微课视频

4. ITIAS

随着信息技术与课堂不断地深入整合，弗兰德斯互动分析系统在对新型课堂进行分析时存在一定的缺陷，国内众多学者开始探索适合我国实际课堂的互动分析编码，其中影响力较大的是顾小清等学者提出的改进型弗兰德斯互动分析体系（Information Technology-based Interaction Analysis System，ITIAS）。他们在原有的弗兰德斯互动分析系统上增加了能够反映学生行为的内容以及能够反映信息技术与师生交互的内容。

改进型的弗兰德斯互动分析体系适合分析信息技术与课堂融合的教学，编码原则[①]如表

---

① 顾小清，王炜. 支持教师专业发展的课堂分析技术新探索[J]. 中国电化教育，2004(07)：18-21.

3.3 所示，一共有 18 个编码，其中 1—8 是教师言语，包括间接影响和直接影响两个方面，间接影响包括接受情感、鼓励表扬、采纳意见、提问开放性的问题、提问封闭性的问题，分别用 1—5 来表示；直接影响包括讲授、指示、批评，分别用 6—8 来表示。9—12 是学生言语，依次为学生被动说话（如回答教师提问）、学生主动对话、主动提问、与同伴讨论。13—15 是沉寂，分别是无助于教学的混乱、思考问题、做练习。16—18 是技术，依次是教师操纵技术、学生操纵技术、技术作用学生。

表 3.3 ITIAS 编码原则

教师言语	1	教师接受情感	以一种不具威胁性的方式，接纳及澄清学生的态度或情感的语气
	2	教师鼓励表扬	称赞或鼓励学生的动作或行为
	3	采纳意见	承认学生的说法；修饰或重述学生的说法；应用它去解决问题；与其他学生的说法相比较；总结学生所说的
	4	提问开放性的问题	以教师的意见或想法为基础，询问学生问题，并期待学生的回答
	5	提问封闭性的问题	
	6	讲授	就内容或步骤提供事实或见解；表达教师自己的观念，提出教师自己的解释，或者引述某位权威者（而非学生）的看法
	7	指示	指令或命令学生做某件事情，此类行为具有期望学生服从的功能
	8	批评	陈述的语句内容为企图改变学生的行为，从不可接受的形态转变为可接受的形态；责骂学生；说明教师为何采取这种行为；极端地自我参照
学生言语	9	应答（被动反应）	（对编码 4 的反应）学生为了回应教师所讲的话。教师指定学生回答问题，或是引发学生说话，或是建构对话情境。学生自由表达自己的想法是受到限制的
	10	应答（主动反应）	学生的回答超出了问题的答案，表达自己的想法；引发新的话题；自由地（主动反应）表达自己的见解和思路，如提出具有思考性的问题，开放性的架构
	11	主动提问	主动提出问题，自由地表达自己的见解
	12	与同伴讨论	讨论、交流看法
沉寂	13	无助于教学的混乱	暂时停顿、短时间的安静或混乱，以至于观察者无法了解师生之间的沟通
	14	思考问题	学生思考问题
	15	做练习	学生做课堂练习

续　表

技术	16	教师操纵技术	教师使用技术来呈现教学内容,说明观点
	17	学生操纵技术	学生使用技术来呈现教学内容,说明观点;学生课堂做实验
	18	技术作用学生	学生观察媒体演示

　　Flash light 软件需要在 Windows 操作系统环境下运行,能帮助我们更好地完成编码工作。首先,根据规定深刻理解每一个 3 秒的意义,然后为其赋予对应的编码,依次输入在课堂观察记录表中;其次,导入观察视频,在 Flash light 软件中设定每隔 3 秒钟视频停一次,根据视频画面选择相应编码选项,编码出现的次数由软件自动计数总结;最后,导出课堂观察记录表,以及弗兰德斯互动分析迁移矩阵,进一步对课堂教学中师生的交互进行分析。

　　① 课堂结构分析。IFIAS 把课堂结构分为教师言语(编码 1—8)、学生言语(编码 9—12)、沉寂(编码 13—14)和技术(编码 15—16)四个部分,通过将数据与国外常模值进行对比,可对课堂结构进行分析和判断。

　　② 教学风格分析。IFIAS 将教师的语言分为间接语言(编码 1—5)和直接语言(编码 6—8)两大类。[①] 教师间接影响语言频次与直接影响语言频次的比值更能直观、形象地投射出教师的教学风格。当比值小于 1,说明教师在教学中偏向以讲授、指导或命令为特征的直接控制课堂;当比值大于 1 时,说明教师在教学中是以接纳、表扬或鼓励、肯定学生主张和提问为特征的间接控制课堂。[②]

> 技能学习
>
> 　　请学习者扫码观看微课视频"Flash Light 编码操作",通过一个实际的课堂案例分析来了解如何采用 Flash light 这个软件来完成编码工作,并动手进行操作。

扫描二维码
观看微课视频

---

　　① 张屹,白清玉,马静思,周平红,范福兰. 交互式电子双板环境下的课堂交互性研究——以高校"教育技术学研究方法"课堂教学为例[J]. 电化教育研究,2014,35(03):83-87.
　　② 武天宏. 弗兰德斯互动分析系统在教学中的应用[J]. 现代教育科学,2018(02):101-108+135.

第四节 线上视频教学工具

本节学习目标

通过本节学习,了解线上视频教学的概念,熟悉线上视频教学过程,掌握线上视频教学工具在教学中的应用,并尝试利用本节工具开展线上视频教学。

随着互联网等技术的成熟和新冠疫情的催化,线上教育得到了前所未有的发展,线上教学包括线上视频学习、线上咨询答疑、论坛交流互动和线上统计考评等,突出学习方式、学习手段、学习环境、自学考评等教学环节的灵活性。线上视频教学打破时空限制,为教师实现远程教学和教研、学生开展网络学习提供有力支持,使知识传播形式得以革新,形成一种师生互动的良好教学环境,进一步推进互联网环境下的教学创新。

一、线上视频教学的介绍

线上视频教学是以学生个体习得知识为目的,配以教学视频、教学任务单、随堂测验、课后作业等教学资源,以时空同步或异步的方式,满足学习者需求的教学形式。从线上视频教学的特点和方式出发,在沿袭传统的线下教学模式基础上,突出直播和课堂互动的在线视频教学特征,延伸出直播教学、录播教学、慕课等模式。在线直播教学临场感强、互动性高,可在规定的时间内,面向广大的学习者开展同步教学与交流。[①] 基于录播课程开展录播教学作为传统在线教学模式的延伸,是在时空异步的情况下采取的教学方式。慕课指大型开放式网络课程,不仅打破了地域、时空的限制,还借助信息技术实现了优质教育资源的共享,保障了教育的公平性。

二、线上视频教学工具应用

目前已有大量线上视频教学相关工具,师生使用较广泛的有"希沃录播系统""腾讯课堂""腾讯会议""雨课堂""钉钉"等,本节重点介绍"希沃录播系统""腾讯课堂"和"钉钉"三种线上视频教学工具。

1. 希沃录播系统线上视频教学工具

希沃录播系统由触控录播主机、全向麦克风和摄像头等配套设备组成,可在普通教室中快速搭建出简单易用、维护方便的录播课室,在满足班级日常的录课、资源分享、录播教学基

---

① 刘佳.“直播+教育”:“互联网+”学习的新形式与价值探究[J].远程教育杂志,2017,35(01):52-59.

础上，响应"一师一优课，一课一名师"号召，助力精品示范课程、专递课程等录制，促进优质教育资源的传播。录播系统仅"一个屏幕"便承载所有繁琐设备和复杂操作。依托系统"扫码即登录、轻触即录课、所见即所得"的极简交互设计，教师无须任何特别准备，就能轻松录课。在线上教学中，教师在教师端无须调试便可一键开启课堂同步直播，学生在手机、电脑、平板端无须安装应用，微信扫码即可观看直播。录播系统支持多人同时观看直播，支持永久在线回看，学生能够随时随地巩固复习，方便学生的自主学习。例如，武汉七一华源中学仅用不到半天时间，就完成了同步课堂的全面开展，保障了疫情下的全员正常教学。极简的交互设计造就极低的学习成本，才有面对疫情的快速反应，教师在短短三天内累计直播六十多节课，三千多分钟，保障无法到校学生的正常学习。

随着"互联网＋教育"的发展，针对基础教育阶段促进教育公平、提升教育质量的现实需求，录播系统能够进一步加强"专递课堂"的常态化应用。录播系统中的远程互动助手为授课教师提供丰富的互动工具，除了音视频传输之外，还能满足教师远程板书同步、调动远端课堂氛围、远程讲评互动的需求，丰富课堂授课模式，在帮助偏远地区一线学科教师上起到显著作用。在课堂上，教师可以随时调用学科工具，还能开展有趣的班级竞赛，充分调动课堂教学气氛。在开展专递课堂时，教师能远程点评学生的作业，多个班级同时分享作业情况，实时掌握远程班级的学习进度。同时，听课端的学生也能上台书写答题，真实参与课堂，使异地的不同学生随时分享答题的思路，进行思维的碰撞，还原线下授课的体验，真正实现"公平"教学。如江西省赣州市兴国县曾开展系列"专递课堂"教学活动，思源学校三年级学生与广西、海南的教师在互联网支持下依托录播系统完成了远程同步课堂教学活动。通过远程拍照上传的功能，教师能查看远端学生的作品，乡镇教师使用手机扫码，拍摄的学生作

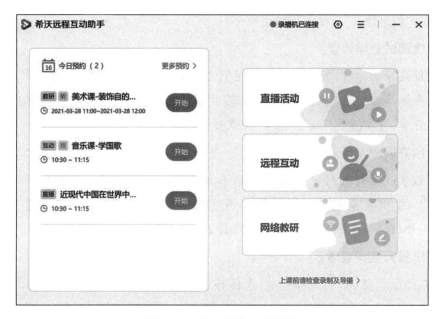

图 3.7 远程互动助手功能界面

品照片就能即时传递至主教室,让教师能够轻松实现异地讲评。城市的教师带领着本班学生与乡镇学生一同感受知识的启蒙,促进了优质教育资源的共享。

在教研方面,"互联网+教研"环境表现出具有"人—人、人—机、人—信息"互通性好的泛在教研空间特征。课前听评课模板一键生成,教师课中扫码填写,分数实时汇总,信息化的听评课方式让教研更简单。教师可以直播、点播课程视频,完成在线评课,促进校内教师的教研交流与分享,促进学校提高整体师资力量。教师点评可定位到任意课件页和时间点,规避笼统评价,提升点评针对性,辅助学校精准教研。例如福建省宁德市曾开展"互联网+教研"联盟活动,依托录播系统在线集合了四个县市校区同时上课,辐射范围广,包括校内外教师、同行、专家等,集聚群体智慧,共建优质的教育资源。①

技能学习

请学习者扫码观看微课视频"希沃录播系统的基本操作",学习并思考使用"希沃录播系统"开展线上视频教学的基本流程,以及其内部功能怎样助力教师开展线上视频教学。

扫描二维码
观看微课视频

2. 腾讯课堂线上视频教学工具

"腾讯课堂"是专业的在线教育平台,打造了教师在线上课教学、学生及时互动的在线直播教学课堂。教师可以通过"腾讯课堂"客户端创建一个课堂,并根据实际教学需要灵活选择教学功能。"腾讯课堂"直播教学过程如下。

(1) 创建调试教学课堂

教师注册登录后,点击"开始上课"按钮创建直播课堂,以二维码、链接等形式邀请学生加入课堂。在等待学生进入课堂期间,检查麦克风和摄像头状态,根据教学需求选择"演示PPT""屏幕分享""播放影片"或"摄像头"模式授课。

(2) 组织开展教学活动

在实际教学过程中,教师可使用签到、举手、画中画等多种形式与学生开展双向互动,增强在线教与学的"课堂"体验感。此外,教师还可以在讨论区组织学生开展主题讨论,展示学生以文字、图片、音频、视频、链接等形式上传的学习作品。

(3) 反思提升教学成效

课后,教师在课程 QQ 群发布作业,上传相关资料,完成作业批改,开展精准全面评价。

---

① 胡小勇,徐欢云."互联网+教研"形态研究:内涵、特征与趋势[J].电化教育研究,2020,41(02):10-16+31.

构建学生与教师的交互层次塔,既有利于促进教师及时调整教学方法、提升教学设计和教学水平,又有利于学生对教学内容进一步梳理和理解,并根据教学内容适当改进学习方法,切实保证在线学习效果。

> **技能学习**
>
> 请学习者通过网络搜索"腾讯课堂"的操作指南,学习并思考使用"腾讯课堂"开展线上视频教学的基本流程,以及其内部功能怎样助力教师开展线上视频教学。

3. 钉钉线上视频教学工具

"钉钉"是一款免费的沟通和协同平台,同时支持电脑端、网页端和移动端,集即时消息、直播、邮件、语音、视频、作业等一系列功能为一体。随着线上直播教学的开展,"钉钉"的在线提交和批改作业、数据统计分析等直播教学功能,逐渐得到更多师生群体的青睐。教师可以通过"钉钉"客户端创建一个课堂,并根据实际教学需要灵活选择教学功能。"钉钉"直播教学过程如下。

(1) 创建调试教学课堂

教师建立"钉钉"班级群后,点击"发起直播"按钮创建直播课堂,并完善相关课程信息。根据教学需求选择"摄像模式""屏幕分享模式"或"专业模式"授课。以二维码、链接等形式邀请学生加入课堂,在等待学生进入课堂期间,检查麦克风和摄像头状态。

(2) 组织开展教学活动

在实际教学过程中,要求教师"精讲、少讲",而学生要多练。学生大多是在手机上收看直播,回复信息比较麻烦,教师可以多设置一些选择题(用数字标示),这样学生就能在收看直播时快速地回复答案如"1""2"等。教师可以使用连麦功能,在举手的学生中点名发言,与学生展开双向互动,增强在线教与学的"课堂"体验感。此外,教师还可以在讨论区组织学生开展主题讨论,展示学生以文字、图片、音频、短视频、链接等形式上传的学习作品。

(3) 反思提升教学成效

直播结束后,教师可以查看直播统计,以数据衡量直播教学效果。对错过课堂的学生,教师可发布直播回放,提醒学生学习。课后,教师在班级群发布作业,在对作业统计分析,形成可视化的作业情况图表辅助下,开展精准评价。

> **案例研讨**
>
> 分析真实场景下的教学案例,结合"钉钉"软件提供的教学功能,思考"钉钉"中的教学功能怎样助力教学者开展线上视频教学,并交流与讨论。
>
> 学习者可通过国家中小学智慧教育平台搜索教学案例,也可以根据以上教学流程,实际操作,探索"钉钉"内部教学功能的应用场景。

第五节 线上课程教学工具

本节学习目标

通过本节的学习,能够了解线上课程教学的概念并区别于线上视频教学,掌握线上课程教学工具的基本功能和具体操作,提高师范生教学技能。

随着信息技术的飞速发展,在线教育迅速发展壮大,课程体系不断完善,课堂模式日趋人性化,除线上视频教学的新形式外,线上课程作为一种新兴的多媒体教学模式开始出现并迅速风靡全球。线上课程不仅不受时间与空间的客观条件限制,还有着极强的教学互动形式,给教育教学改革发展带来新的机遇和挑战。线上课程教学采用更灵活的教学组织方式,使师生互动、教学评价、课堂组织管理等都有了新的特征。将线上课程有效地与传统教育教学融合已经成为时代发展的需要。

一、线上课程教学的介绍

线上课程教学的流程一般包括教师备课、学生报名、教学活动进行、课程作业的布置、课外辅导、学科能力评价等环节。在线上课堂环境中,课程的开展表现为学生在学习平台签到、问答、多媒体互动等有别于传统课堂的形式,但因为线上课程本身的一部分制约因素,教学活动中需要采用正确的教学方法,使线上课堂活动的效率最大化。另外,教学评价在线上课程教学流程中占据着重要的地位,完整的教学评价系统结构包括师评、自评和互评三部分。在实际的线上课程中,学生完成课程学习后,还可以按以下几点评价指标进行教学评价:习题作业的完成情况、课程视频的观看情况、课程总体访问次数、学科考试成绩、讨论活跃度,以及其他非量化的质性评价指标,如对学习资源的有效利用、在讨论区的发言获赞次数等。

> **思考交流**
>
> 请学习者结合自身经历和网上资料,思考线上视频教学和线上课程教学的区别,并从概念、表现形式、实现工具等方面与同学展开讨论交流。

二、线上课程教学工具应用

线上课程的表现形式大致分为同步授课模式与异步授课模式两种类型,同步授课模式以直播课程的方式为主,异步授课模式则是以录播的方式为主。网络上提供了大量线上课程的相关平台,在上一节内容中已经讲解了在线直播教学工具,师生较广泛使用的以录播方式为主的线上课程教学工具有"UMU""Moodle""Canvas""Claronline"等,本节重点介绍"UMU"和"Moodle"两种线上课程教学工具。

1. UMU 线上课程教学工具

"UMU"是一款移动式互动学习平台,可供教师创建线上课程和开展教学,学生自主加入课程学习。教师运用 UMU 可以创建活动或者微课,以多种形式邀请学生加入,同时呈现互动结果与学习过程。UMU 微课具有传统微课的优点,以一个知识点为一节微课,将一个完整的课堂内容分解成多个微课小节。在实际教学过程中,教师可穿插问卷调查、提问、考试等多种形式的互动环节,了解学生对本小节微课中知识点的认知水平。此外,教师可以用手机随时组织互动微课,利用大屏幕同步展示学生学习作品,连接学习的各个要素,实现无缝学习的教学理念。

> **技能学习**
>
> 请学习者扫码观看微课视频"UMU 平台的基本操作",学习 UMU 软件工具的基本功能和操作,并尝试利用 UMU 平台开设一门线上课程。
>
>
> 扫描二维码
> 观看微课视频

教师可以通过"UMU"客户端新建一个微课项目,并根据课程需要设计微课环节。

(1) 录制并发布微课

教师可通过录制教学语音,配以相关的图片来完成 UMU 微课的录制,也可通过手机录制一段视频,制作某一知识点的"UMU"微课。对一线教师来说,"UMU"微课不仅简单易学,而且互动方式丰富多样,能节约很多时间,从而将更多的精力放在教学内容的设计上。

(2) 设计互动环节

教师可以在"UMU"平台上设置问卷调查、考试、提问等互动环节,然后根据不同的调查类型选择不同的调查方法。对于封闭式问题,"UMU"可将调查结果通过图表清晰地呈现,有利于了解学生的整体学习情况;对于开放性问题,"UMU"可呈现每位学生的答案,教师可通过筛选将较为优秀的或者有代表性的答案呈现在大屏幕上,让每位学生参与、学习和思考。

(3) 统计学习数据

在学生学习和师生互动的过程中,UMU 会自动处理各类数据,并以清晰、易懂的方式提供给教师,让教师及时了解学生的情况,使教学过程有的放矢,也有助于教师解决许多教学过程中的难题。教师对于微课播放情况、学生学习情况、学生的评价、问卷统计结果等都一目了然,然后更有针对性地安排课程内容和指导学生的学习。

2. Moodle 线上课程教学工具

"Moodle"(Modular Object-Oriented Development Learning Environment,模块化面向对象的动态学习环境)是一套基于社会建构主义理论的开源网络学习管理系统,最初由澳大利亚马丁·多基马(Martin Dougiamas)博士主持开发。"Moodle"能够帮助教师建立一个知识学习、全面互动、知识分享、在线测试、学习过程回顾的网络化教学平台,从而满足基于网络环境下课程教学的绝大部分需求,帮助教师高效创建与管理在线课程,促进学生的自主学习与知识协作建构,有效提高基于网络环境的教学效果。

> **技能学习**
>
> 请学习者扫码观看微课视频"Moodle 平台的基本操作",学习 Moodle 平台的基本功能和操作。
>
>
> 扫描二维码
> 观看微课视频

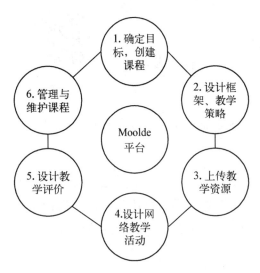

图 3.8 基于 Moodle 平台的教学设计

通过"Moodle"平台,教师可以很方便地创建网络课程、上传教学资源、设计网络教学活动,将其作为传统课堂教学的有效补充;同时,也可以应用"Moodle"平台开发网络课程,为学生提供各种选修课。"Moodle"平台强调以学习者为中心,注重学习内容的个性化呈现,强调学习过程中的活动设计以及学习结果的有效评价,有助于为促进学生的有效学习提供一个网络化的环境。

图 3.8 展示了应用"Moodle"平台实施教学的基本步骤。首先是创建课程,在"Moodle"网络教学环境下创建课程,然后在"编辑课程设定"页面

中对课程的概要、可访问性等进行设置，之后可进入新建课程的主页面，编辑每个单元的概要；其次是添加教学资源，制作文字、图片、表格等基本内容，也可以将其他文件或外部资料链接到网络课程内容中；然后是添加教学活动，添加活动模块按照功能可以分为协作、讨论、反馈和评价，教师利用该模块可以为学生自主学习安排灵活、多样的学习活动；最后是管理课程，"Moodle"平台的课程管理模块可实现管理课程参与者、管理课程资源、管理课程评价体系以及备份与恢复课程等功能。

> **思考交流**
>
> 请学习者结合自身经历和网上资料，谈谈其他的线上课程教学工具，积极与同学们讨论分享。

第六节　学科辅助工具

本节学习目标

通过本节学习，熟悉思维导图工具、虚拟实验工具以及教学评价工具在教学过程中的应用。

学科信息化辅助工具具有鲜明的学科特点、明确的针对性，有助于解决学科教学的重难点问题，提高学科的课堂教学效率，便于学生理解复杂的学科知识概念体系。本节重点介绍思维导图工具、虚拟实验工具及教学评价工具的教学应用。

一、思维导图工具

思维导图又称心智图，由英国记忆之父托尼·巴赞（T. Buzan）发明，是一种用于表达发散思维的图形思维工具。思维导图运用图文并茂的优势，把各级主题的关系用相互隶属与相关的层级图表现出来，把主题关键词与图像、颜色等建立记忆链接，充分运用左右脑的机能，利用记忆、阅读、思维的规律，协助人们在科学与艺术、逻辑与想象之间平衡发展。常见的思维导图工具有"MindManager""XMind""Freemind""MindMapper"和"iMindMap"等，下面我们以"MindManager"为例介绍思维导图工具的应用。

1. Mindmanager 的介绍

"MindManager"是一款思维导图制作软件，其直观、友好的用户界面和丰富的功能可以非常形象地表达抽象的思维及复杂概念之间的关系，帮助我们有序地组织思维、整理资料和安排工作进程。在"MindManager"中可以插入图片、Excel 等,也可以加入多媒体超链接。运用"MindManager"软件设计好的思维导图,能够以 Word、PowerPoint、PDF、HTML 等多种格式输出。

请学习者扫码观看微课视频"Mindmanager 的基本操作",学习 Mindmanager 的基本功能和操作。

2. MindManager 教学应用的案例

网络提供了海量的教学媒体资源,如何将众多的资源形成一个有效的体系,再系统、有条理地呈现给学生,是信息化教学需要解决的一个基本的问题。思维导图工具可以作为一个信息资源的组织工具,如借助"MindManager",通过节点创建与超链接功能,能够生动呈现知识点之间联系,并整合与知识点相对应的媒体资源,实现教师的教学设计与教学素材整合,这在课堂实践中具有很强的实用性。

例如,在开展"环境问题与环境保护"专题教学工作前,为了让学生对环境问题有一个感性的认识,加强学生的环境保护意识,教师搜集了大量的文本介绍、图片、视频、课件等信息化教学资源。如何将名目繁多、形态丰富的资源整合到一起,是摆在教师面前的一个最为关键的问题。将资源归类、条理化,能够减轻学生的认知负担,在一定程度上消除学生对海量资源的畏怯感。教师首先将采集到的资源整理为环保事件、环保视频、专题课件、环保图库四大类,并将各类资源进行细分,然后通过"Mindmanager"中的"超级链接"功能将资源合理地进行整合。

二、虚拟实验工具

运用基于计算机的虚拟实验工具,如虚拟实验室、模拟仿真工具、游戏化学习工具等开展教育教学活动是近些年来非常流行的一种教学方式,其目的是通过计算机的模拟环境来使得学生能够接触到知识的整个形成过程。在此过程中,学生在教师的部分帮助和指引下自主地进行学习,自己动手、自己动脑,这有效地培养了学生独立思考的能力。针对不同的学科,虚拟实验工具有很多,下面将重点介绍虚拟实验工具 PhET 的应用。

1. PhET 的介绍

"PhET"的全称是 Physics Education Technology(物理教育技术),来源于诺贝尔物理学奖得主卡尔·威曼在美国科罗拉多州大学里发起的物理学教育技术(PhET)计划。PhET 官方网站目前提供了一系列应用 Java、Flash 等技术开发的仿真互动虚拟实验工具供用户免费下载,涵盖了物理、化学、生物、地理以及数学等学科。这些虚拟实验工具以其逼真、准确、交互性强的特点,将信息技术与课程实验教学高度整合,为弥补传统实验教学的不足提供了广阔的空间。

2. PhET 教学应用的案例

"PhET"虚拟实验工具提供了仿真的实验器材和实验情境,便于师生的实践操作和趣味互动,有助于促进学生对抽象知识的理解和应用,以及增加学生学习的积极性与主动性。下面以"PhET"互动式仿真模拟实验室中的代表性教学案例——"能量滑板竞技场:摩擦力"实验为例,介绍该工具的教学应用。

> **技能学习**
>
> 请学习者扫码观看微课视频"能量滑板竞技场实验的基本操作",学习如何使用 PhET 开展滑板的摩擦力实验。

扫描二维码
观看微课视频

该实验是多参数、多器材、多耗时实验,因此,适宜采用模拟实验室进行教学。教师课前需做好教学设计,并下载互动式模拟实验文件,课上简明地讲解文件执行方法、实验原理和实验要求,而后可以指导学生进行模拟仿真实验。如图 3.9 所示为"PhET"的能量滑板竞技场实验工具,其展现的是有关人在滑板运动过程中因摩擦力而导致动力能量变化的知识,学生可利用该工具进行自主探究,直观地观察能量变化的过程。在物理能量滑板

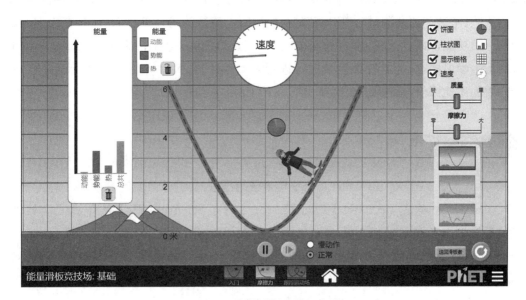

图 3.9　能量滑板竞技场实验

竞技场实验中,学生可以将滑板小人放置到预设位置,并调整一个或多个变量(例如小人的质量或质量与摩擦力的大小)的参数,在调整中体会控制变量法的意义,在趣味学习的同时又能启发思考。实验结束,师生共同交流总结,还可以下载存储"PhET"模拟仿真实验的源代码,根据自己的理解加以研究和改进。通过以上活动,教师可以根据学生的实验操作对学生进行客观评价,学生则可以对其感兴趣的内容进行自主学习和进一步的研究性学习。

> **思考交流**
>
> 请学习者根据自身经验,谈一谈虚拟实验工具能够怎样辅助教师开展实验教学,可从其提供的学习管理平台、素材库、操作便利性与安全性等角度进行分析。

三、教学评价工具

教学评价是教育教学过程中的一个重要环节,是指依据一定的教学目标,借助一定的技术与工具,采用相应的评价方法,对教学过程及其结果进行测量并作出价值性判断。教学评价对教学有导向、激励、诊断以及调控等作用,它有助于引导评价对象朝理想目标前进;能激发学生的主观能动性;支持教学问题的发现、分析与诊断,促进教学相长;还有助于教学的循环修正,促进及时有效的调控。

可以用于教学评价的软件工具有"Free Quizmaker""SPSS""电子档案袋"等。"Free Quizmaker"是一款免费、操作简单的测验创建工具,借助它可以在几分钟内创建出具有交互功能的测验、考试和评估测试。"SPSS"是目前国际上流行的统计分析软件,具有强大的数据管理和分析功能,可以帮助教师进行科学有效的教学评价。电子档案袋是以数字化的形式记录的学生学习档案,是对教育教学过程进行真实性评价,关注评价发展性、反思性功能的一种有效的质性评价方式。下面简单介绍一下"Free Quizmaker"。

> **拓展阅读**
>
> **SPSS 与电子档案袋**
>
> "SPSS"全称是 Statistical Package for Social Sciences,即社会科学统计软件包,是世界上最早采用图形菜单驱动界面的统计软件,操作界面简洁易懂、输出结果美观清晰是其突出的特点。"SPSS"能够通过其强大的数据统计与分析功能,对教学数据进行分析,为教学评价提供科学的参考与依据。

电子学习档案袋,简称"电子档案袋"。电子档案袋具有存储需求空间小、保存时间长以及使用便捷等特点,随着信息技术与教育的逐步融合,其在教学中的应用也日益深入。基于电子档案袋进行的教学评价是一种注重过程、真实性和发展性的评价方式,它注重学生的发展与成长,能够借助数据帮助学生在自我反思中得到成长。

(1) 管理和自定义测验

"Free Quizmaker"能将问题整理放入问题库中,并随机从问题库里选择问题,打乱答案顺序,以保证每个测试者有不同的测试题;可根据用户的回答组织分支结构情景,为每一个问题设置以结果为基础的自定义反馈信息,使问题和答案随机化;可控制测试时间和测试次数;支持快速浏览一个问题或整个测试,并可自定义文本标签和选择播放器配色方案;可为每一个测试制作独立的动画,也可将测验题打印出来以便用于纸质测试。

(2) 集图像、公式、音频和视频为一体

"Free Quizmaker"允许加入图像、数学公式、音频和视频等文件,使每一个问题内容更为丰富,并支持在保存时自动将这些文件打包到问题中。"Free Quizmaker"可以自由插入各种多媒体文件,支持多个题库随机抽题、限定考试次数及时间,可以插入PPT或者发布为Flash格式,也可以独立发布为符合SCORM-或AICC标准的文件。

技能学习

请学习者扫码观看微课视频"Free Quizmaker 的基本操作",学习"Free Quizmaker"的基本功能和操作。

扫描二维码
观看微课视频

思考交流

"Free Quizmaker""SPSS"与"电子档案袋"均为优秀的教学评价工具,请学习者结合自身学习经历和网上资料,从界面设计、操作难度与功能丰富度等方面谈谈三者的优势与劣势。

学习自评

评价内容	自评结果			
	优	良	中	差
理解信息化教学工具的概念和功能特点,熟悉信息化教学工具的分类				
了解智慧课堂教学系统和课堂组织管理工具,熟悉课堂教学工具的应用				
了解课堂视频分析工具和课堂教学观察工具,熟悉课堂分析工具的应用				
了解线上视频教学工具,熟悉腾讯课堂、钉钉等工具的应用				
了解线上课程教学工具,熟悉 UMU、Moodle 等工具的应用				
了解思维导图工具、虚拟实验工具以及教学评价工具在教学过程中的应用				
综合评价				

本章小结

1. 信息化教学工具的应用有利于帮助学习者理解、分析、建构知识。常见的教学工具有知识建构工具、信息检索工具、协作交流工具、情境探究工具、虚拟实验工具、统计评价工具等。信息化教学工具具有方便快捷、生动形象、针对性、趣味性、交互性的特点。

2. 课堂教学工具,如课堂组织管理工具、智慧课堂教学系统等,可构建数字化的教学环境,帮助教师将丰富的资源推送给学生,促进教学活动智慧化,促进学生对知识的自主探究。

3. 线上视频和线上课程教学工具,如"腾讯课堂""钉钉""UMU""Moodle"等,以时空同步或异步的方式,满足学习者需求,形成一种师生互动的良好教学环境,进一步推进互联网环境下的教学创新。

4. 各种虚拟实验工具,提供了仿真的实验器材和近似真实的实验情境,便于师生的实践操作和趣味互动,有助于促进学生对抽象知识的理解和应用,提高学生学习的积极性与主动性。

5. 基于信息技术的交互式教学评价能够给学生即时反馈,有利于实施形成性评价活动。借助于"Free Quizmaker""电子档案袋"等工具,可以对教育教学过程进行真实性评价,关注评价的发展性。

6. 教师和学生可以根据学科特点，选择针对性强、直观灵活的软件工具，提高课程教学的趣味性，为学生创设更多主动学习、探究学习、协作学习的机会。

实践与分享

请从实训部分选择一个信息化教学工具的训练项目，结合任意教学主题设计教学作品，并与老师、同学们交流分享。

拓展资源

1. 访问国家中小学智慧教育平台，观摩不同学科的课堂教学视频，了解更多信息化教学工具的应用案例。

2. 请到知网（https://kns.cnki.net）搜索下载以下文章并阅读。

《数字化学习工具的发展对信息化教学的作用分析》，作者张力，文章分析了信息化教学对数字化学习工具的需求，讨论了新的网络环境下数字化学习工具的发展，并提出了采用新的数字化学习工具推进信息化教学的策略。

《信息化工具切入教学的有效方式》，作者夏琪、曹梅、沈书生，文章选取了22个教学案例，基于扎根理论，深入地探讨了信息化工具切入教学的有效方式，研究结果认为主要包括以下三种：基于现实选择工具、教学并重活用工具、变革结构巧用工具。

《国际优质数字化教育资源典型案例研究——以 PhET 互动式仿真模拟实验室为例》，作者金鑫、王朋娇、赵希，文章介绍了 PhET 互动式仿真模拟实验室的适用情况、特点，并以"气球和浮力"实验为例介绍该工具的教学应用。

《充分挖掘信息技术在教学中的认知工具作用》，作者王旭卿，文章从信息技术的认知工具角度出发，介绍在学习和教学中使用的多种信息技术工具，并探讨利用认知工具进行有效学习的基本原理，以支持学生的有意义学习和知识建构。

第四章

信息化教学设计与实施

教学工作既需要精心将教学诸要素有序安排,又需发挥教师的教学智慧,在教学实施过程中根据学生反馈的实际情况活用教学设计方案,充分发挥教师教学智慧,坚持以素养为导向,体现育人为本理念,加强课程一体化设计。教学目标设计融入思想性,课程内容编排增强科学性、系统性和时代性,教学活动设计提升综合性和实践性,培育"有理想、有本领、有担当"的时代新人,帮助教师克服教学活动的盲目性,增强教学有效性和可控性。

本章学习目标

1. 理解教学设计的基本概念、基本原理和基本内容
2. 掌握课堂教学、在线教学与混合式教学设计的基本过程和方法
3. 掌握课堂教学、在线教学与混合式教学方案的评价方法

知识地图

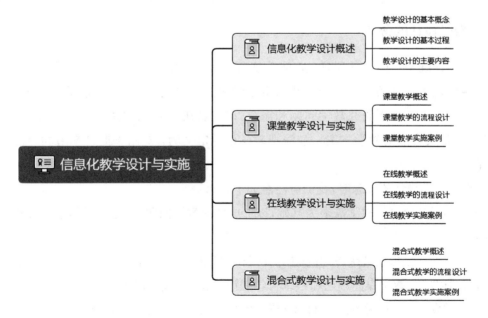

学习建议

1. 学习重点:教学设计的基本过程与基本内容,包括课堂教学、在线教学与混合式教学

(翻转课堂)方案的设计与评价方法和技能。

2. 课前活动：观看本章的导学微课视频，理解和把握课堂教学、在线教学的设计方法与技能。

3. 课后活动：完成本章的实践项目，独立完成一份课堂教学设计方案或翻转课堂教学设计方案，并在小组内展开交流与讨论。

扫描二维码
观看微课视频

第一节 信息化教学设计概述

本节学习目标

通过本节学习，了解信息化教学设计的概念，熟悉信息化教学设计的基本过程及主要内容。

教学设计是一门复杂的教学技术，是以解决教学问题、优化学习为主要目的的设计活动，既具有设计学科的一般性质，又必须遵循教学的基本规律，是教育学科体系中的核心课程，也是教育技术开发、运用、管理与评价的基础。

一、教学设计的基本概念

1. 教学设计的含义

教学设计既是一门设计科学，又是系统科学，它是教育技术学的核心内容，也是教育技术领域中较为重要的分支。教学设计是指根据课程标准的要求和教学对象的特点，应用系统科学的方法分析研究教学问题和需求，确立解决问题的方法和步骤，将教学诸要素有序安排，形成合适的教学方案。加涅把教学设计定义为：对用于促进学习的资源和程序的安排。

在理解教学设计的概念时，我们应注意如下几点：

① 教学设计以分析教学需求为基础，以形成解决教学问题、满足教学需求的步骤和方案为目的。

② 教学设计是形成解决教学问题的步骤和方案的过程，综合运用现代学习理论、教学理论、教育传播理论、教学媒体理论和系统科学理论等相关理论和方法。

③ 教学设计是一个系统地设计和开发教学材料的过程，有一套具体的操作程序，又称为教学系统设计。

④ 教学设计形成的方案或产物，必须按照程序进行检验、评价。

⑤ 教学设计的具体产物是经过验证的教学系统，这个系统是一种包含多种要素、能实现

某种目标、具有一定功能的综合体。它可能是一个教学方案、一款教学软件或一组教学资源等。

2. 教学设计的特点

教学设计是以解决教学问题、优化学习为目的的特殊设计活动。它既具有设计学科的一般性质，又必须遵循教学的基本规律。因此，它具有如下特征。[①]

① 教学设计应用系统方法研究，探索教学体系各要素之间、要素与整体之间的本质关系，在设计中全面考虑和协调其关系，使要素有机结合，形成教学体系。在教学设计中，如果不考虑影响教学效果实现的各种元素及其彼此之间的关系，则设计的教学方案将无法实现其预期目标。

② 教学设计的过程就是对影响教学效果的各个要素进行具体计划。其研究对象是不同层次的教与学系统，包括促进学生学习的内容、条件、资源、方法、活动等。

③ 教学设计的目的是将诸如学习理论和教学理论等基础理论的原理和方法转换成解决教学实际问题的方案，它不是为了发现客观存在的、尚不为人知的教学规律进而去创造性地解决教学中的问题，而是运用已知的教学规律去创造性地解决教学中的问题。教学设计的成果是经过验证的、能实现预期功能的教学系统实施方案，包括教学目标以及为实现一定的教学目标所需要的教学活动、实施计划及其相关的支撑材料。

④ 教学设计具有动态性和开放性。教学设计本身就是一个动态发展的概念，在不断走向成熟和完善，因为它不断吸取相关学科和领域的研究成果，拓展自己的研究和实践领地。除此之外，教学设计过程中处处体现动态和开放的特征，"反馈—修正"的不断循环就是最好的例证。正是基于这种兼收并蓄、包容宽阔的视域，教学设计才能够日臻完善。

3. 教学设计的基本原理

根据认知学习理论、教育传播过程的特点和系统科学的原理，我们可以把教学设计的基本原理归纳为目标控制原理、要素分析原理、优先决策原理和反馈评价原理。[②]

(1) 目标控制原理

在教学过程中，教师是教学信息的传递者，学生是教学信息的接受者，媒体和信息资源是教学信息的载体。但教师的活动、媒体和信息资源的选择、学生的反应都是要受到教学目标控制的。它们之间的关系如图4.1所示。

① 教学目标控制教师的教学活动。它规定了教师教学活动的内容和方式，并要求教师的教学活动与教学目标相符合。

② 教学目标控制学生的学习活动和学习反应。教学目标指导学生对知识的选择吸收，

---

① 谢幼如，尹睿. 网络教学设计与评价[M]. 北京：北京师范大学出版社，2010：9.
② 李克东. 新编现代教育技术基础[M]. 上海：华东师范大学出版社，2002：296.

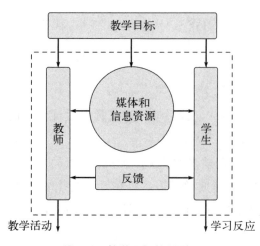

图 4.1　教学目标控制原理

并作为评价学生学习效果的准绳。

③ 教学目标控制媒体和信息资源的选择。在教学过程中，教师通过媒体传递教学信息，学生通过媒体接受教学信息。教学设计者必须按照教学目标的需要，确定有效传递教学信息的媒体类型与媒体内容，使媒体发挥最大的效能。

④ 学生通过考试、回答提问等途径进行反馈，教师以教学目标为标准评价学生的学习状况，从而调节和控制整个教学过程。

根据这一原理，教学设计必须首先确定教学目标，包括总体目标和具体目标两个层次。总体目标就是优化教学的总要求，具体目标则依照各门学科、各个教学单元的内容和学生的原有状态确定。

(2) 要素分析原理

我们可以把教学过程看作一个开放系统，环境对学习者作用(输入部分)，使学习者对环境作出反应(输出部分)。在设计教学时，教学设计者必须对构成这个系统的各个组成部分进行分析，找出其中对系统性质、功能、发展和变化有决定性影响的系统要素并加以研究，忽略次要的因素，如图 4.2 所示。

我们把刺激输入部分(X)、学习者(O)及反应输出部分(Y)看作三个子系统，每个子系统又各由不同的要素构成。刺激输入部分(X)包括教师、学科内容、媒体、资源和方法等要素；反应输出部分(Y)则包括学习态度、学习行为和认知效果等要素；学习者(O)则属于一个"灰色系统"，我们无法完全了解其内部结构和思维过程，但应对其年龄、基础知识水平、非智力因素等要素有一定的了解。

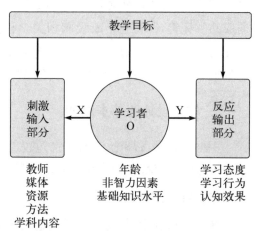

图 4.2　教学过程系统要素

由于学习者是一个灰色系统，因此在该系统中输入与输出的关系是一种不确定的关系，即便输入方式(包括输入的因素及其联结方式)是已知的，我们也未必能精确地知道其输出状态。但这并非表示系统的"输入—输出"关系是完全不可知的，我们可以作出某种预测，并以概率统计的方式分析预期的输出结果。

根据这一原理，教学设计的一项重要内容就是教学策略的设计，这实际上是对输入部分(X)这一子系统的设计，包括媒体、信息资源的选择与教学过程结构的设计。其中，教学过程结构设计实际就是对这一子系统中各个要素的组成及其联结方式的分析与设计。

(3) 优先决策原理

教学设计以分析教学需求为基础,以确立解决教学问题的步骤为目的。解决教学问题的步骤就是教学策略,主要包括媒体、信息资源的选择与教学过程结构的设计。在设计教学策略的过程中,我们可以使用系统方法中的模型化方法、优选方法与决策技术等,对各种设计方案进行分析、比较和评价,从而选取最佳的策略。

根据这一原理,在教学设计的实际操作中,我们可以使用媒体选择概率公式、媒体选择坐标判定决策模型、流程选择方法、等级综合评判方法等优选决策方法,使教学策略更符合教学需求。

(4) 反馈评价原理

反馈控制是系统科学的重要方法,是指利用反馈信息,将系统的反应输出状态与预期目标相比较,然后根据比较的结果对输入值进行修正,以达到系统输出状态与目标要求相一致的目的。

根据这一原理,教学设计必须重视反馈信息的收集,即必须设计各种测量输出反应的工具,确立学习评价指标体系,进行学习评价,以获得反馈信息,控制和调整教学过程。

二、教学设计的基本过程

1. ADDIE 模型

教学设计的基本过程可以用经典通用的教学设计模型——ADDIE 模型来表示。ADDIE 模型教学设计是一套系统地发展教学的方法,包含学习(教学)目标的制订、学习(教学)策略的运用和学习评价的实施等方面,主要包括分析(Analysis)、设计(Design)、开发(Development)、实施(Implement)和评价(Evaluation)五个部分。[1]

ADDIE 模型各部分的具体内容如下:

① 分析,对教学目标、教学任务、学习者、环境等进行一系列的需求分析。
② 设计,对将要实施的教学活动、教学支架等进行设计。
③ 开发,针对已经设计好的活动框架、评价方法等,进行相应的教学内容撰写、教学资源开发等。
④ 实施,利用开发好的教学内容和资源实施教学。
⑤ 评价,对已经完成的教学活动及学习者的学习效果进行评价。

2. ASSURE 模型

ASSURE 模型是指导教学的具体操作方法,包括分析学习者(Analyze Learners)、陈述教学目标(State Objectives)、选择方法、媒体和资料(Select Methods, Media and Materials)、

---

[1] (美) R. M. 加涅,等. 教学设计原理(第五版修订本)[M]. 王小明,等译. 上海:华东师范大学出版社,2018:21-22.

使用媒体和资料（Utilize Media and Materials），要求学习者参与（Require Learner Participation），评价和修改（Evaluate and Revise）六个部分。作为教学设计的一种具体应用模型，ASSURE模型对课堂教学有着比较强的实践指导意义。

ASSURE模型各部分的具体内容如下：

① 分析学习者。学习者可以是学生、受训者，或者是公司、俱乐部、社会团体等群组中的成员。进行教学之前必须首先了解学习者，以便更好地选择媒体和技术来完成教学的学习目标。

② 陈述教学目标。确立的形式主要包括通过教学，学习者将能够做什么，学习者将在什么条件下来实施知识的掌握程度等。

③ 选择方法、媒体和资料。由教师在学习者与教学目标之间建立一个桥梁，你需要决定到底使用什么样的方法：一个报告、小组学习、室外旅行或其他；使用什么样的媒体：图片、录像、计算机多媒体或其他；如何提供所使用的材料：自己购买、向学校和社会机构租借、整理自己已有的、自己制作或其他。

④ 使用媒体和资料。首先，预演这些材料和练习实施，不要使用任何没有经过彻底检验的媒体和材料；其次，准备课程和准备必需的设备和设施，确定已经具有所有教学所需要的设备；再次，准备环境和学习者，确定你要进行教学的教室，给学习者一个预览，使他们知道如何通过这些媒体获得信息；最后，提供学习经验，教室其实是一个戏院，主角的艺术技巧很大程度上决定了表演的成功与否，教学和学习其实就是一种经验。

⑤ 要求学习者参与。学习者可以通过自主学习、游戏、小组学习、个别化学习来应用媒体和材料，也可以应用复印或者是通过网络获得材料。为了更有效地教学，需要学习者积极的智力参与。其中允许学习者练习知识或者技能，并且对于他们的努力在正式的评价之前能够得到反馈。练习包括学习者自我检查、计算机辅助教学、通过网络进行相关的活动或者小组游戏，反馈可以由教师、计算机、其他的学习者或者自我评价提供。

⑥ 评价和修改。判断教学目标是否实现、所使用的媒体和材料在教学中是否有效。

三、教学设计的主要内容

教学设计的基本内容主要包括教学目标分析、学习者特征分析、教学过程设计、教学环境与资源设计、教学评价设计五个部分。

1. 教学目标分析

教学目标是指希望通过教学过程，明确学生在思维、情感和行为上发生改变的阐述。教学目标决定着教学的总方向、学习内容的选择、教与学活动的设计、教学策略的选择等，不仅是教学活动的导向，也是教学评价的基础。对教学目标的分析，首先要了解教学目标的分类，进而在此基础上更好地制订教学目标，教学目标一旦确定下来，就要用可评价的方式表述出来，以指导教学策略选择与活动设计、教学评价设计等环节。这里主要介绍布卢姆（B.

S. Bloom)的教学目标(教育目标)分类和我国新课程改革的教学目标分类两个教学目标分类方法。

(1) 布卢姆的教学目标分类

布卢姆等美国学者将教学目标分成三个领域,即认知领域、情感领域和动作技能领域。在 20 世纪 90 年代,布卢姆比较早期的学生洛林·安德森(Lorin W. Anderson)和大卫·克拉斯沃尔(David R. Krathwohl)对布卢姆的教育目标分类理论进行修改,并于 2001 年出版《学习、教学和评估的分类学:布卢姆教育目标分类学(修订版)》一书。

布卢姆认知目标分类如图 4.3 所示。在修订后的布卢姆认知目标分类中,认知领域按智能特性的复杂程度分为记忆、理解、应用、分析、评估、创造六个水平等级,如图 4.4 所示[1];情感领域分为注意、反应、价值判断、组织化和价值五个水平等级;动作技能领域则按肌肉与神经所要求的动作协调程度分为模仿、操作、精确和连接四个水平等级。表 4.1 是认知领域六个水平等级及其相对应的描述中常用的行为动词(组)。

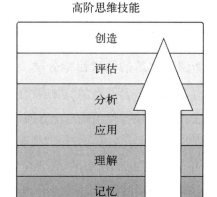

图 4.3　布卢姆认知目标分类　　图 4.4　修订后的布卢姆认知目标分类

表 4.1　认知领域的教学目标分类[2]

认知水平等级	描述中常用的行为动词(组)
记忆(remembering):对个别事物和同类事物的记忆,对有关方法和过程的记忆,或对形式、结构和背景的记忆	指出、列举、描述、确认、想起、指明、定位、找出、指出重点、强调、添加书签、添加社会网络书签、添加星标、搜索

---

[1] (美)L. W. 安德森,等.学习、教学和评估的分类学:布卢姆教育目标分类学(修订版)[M].皮连生,主译.上海:华东师范大学出版社,2008:28.

[2] (美)L. W. 安德森,等.学习、教学和评估的分类学:布卢姆教育目标分类学(修订版)[M].皮连生,主译.上海:华东师范大学出版社,2008:59-60.

续　表

认知水平等级	描述中常用的行为动词(组)
理解(understanding)：对知识的掌握,将知识内化和系统化	阐述、总结、推断、释义、分类、对比、解释、举例说明、高级搜索、逻辑搜索、发表博客日志、分类和加标签、批注、注释、订阅
应用(applying)：在各种特定的、具体的情境中使用抽象的概念、原则和理论	实施、实行、使用、执行、运行、读取、播放、操作、破解、上传、分享、编辑
分析(analysing)：将知识分解为各个因素或部分,使得各相关层次更为清楚、各部分关系更为清晰	对比、组织、拆析、归因、找出要点、发现、建构、整合、混合、链接、反编译、破解程序、媒体剪辑和绘制思维导图
评估(evaluation)：能对用来达到特定目标的材料和方法进行价值判断	检查、假设、评论、实验、判断、测试、察觉、监督、博客评论、评述、发表、仲裁、合作、建立网络关系、反馈、测试软件、验证
创造(creating)：将各个元素或部分加以组合,形成一个整体,包括安排和结合各个片段、部分或元素,以构成一种新的形式或结构	设计、建构、计划、生产、发明、制作、规划、拍摄、动画模拟、发表博客、发表视频、视频合成、编辑视频、发表作品、发表播客、指导/制作、创建网站

(2) 新课程改革的教学目标分类

教育部 2001 年 6 月发布的《基础教育课程改革纲要(试行)》将教学目标分为知识与技能、过程与方法、情感态度与价值观三个方面,构成了课程的"三维目标"体系,其强调每一门学科,都要在课程的总体目标上落实知识与技能、过程与方法、情感态度与价值观三个维度的目标。

2014 年 3 月,教育部发布的《关于全面深化课程改革落实立德树人根本任务的意见》首次提出了"核心素养"的概念。2016 年 9 月,中国学生发展核心素养总体框架正式发布。它以培养"全面发展的人"为核心,从文化基础、自主发展、社会参与三个方面,凝练出人文底蕴、科学精神、学会学习、健康生活、责任担当、实践创新六大素养。2017 年底,基于学科核心素养的高中新课程标准发布,核心素养开始进入课程,走进中小学教学实践。2018 年 8 月,教育部将指导学校积极探索基于学科核心素养的教学策略和评价方式列为重点任务之一。2019 年 4 月,教育部发布《教育部关于做好 2019 年普通高校招生工作的通知》指出需深化考试内容改革,以立德树人为鲜明导向,推动核心素养在教学和考试中的落地落实,助力高中育人方式改革。

核心素养是对三维目标的传承与超越,也是对三维目标的提炼与整合——把知识、技能和过程、方法提炼为能力,把情感、态度、价值观提炼为品格。能力和品格的形成即三维目标的有机统一。核心素养来自三维目标又高于三维目标,核心素养是内在的,是从人的视角来界定课程与教学的内容和要求,三维目标是由外在走向内在的中间环节。[①]

---

① 余文森.核心素养导向的课堂教学[M].上海:上海教育出版社,2017:50-52.

2022年4月教育部印发《义务教育课程方案和课程标准(2022年版)》,介绍新修订的义务教育课程方案和语文等16门学科的课程标准,强调在课程建设上以核心素养为导向,体现正确价值观、必备品格和关键能力的培养要求,转变将知识和技能的获得等同于学生发展的目标取向,整合知识、技能、态度于核心素养之中,超越三维目标,落实核心素养,培养"有理想、有本领、有担当"的时代新人。

从"双基"走向"三维目标"再到如今的"核心素养和学科核心素养",是课程目标从1.0迈向2.0再到3.0的升级,是遵循教育教学规律,体现国家意志,落实立德树人根本任务,坚持与时俱进,反映经济社会发展新变化、科学技术进步新成果的迭代升级。

2. 学习者特征分析

教学设计的最终目的是有效地促进学习者的学习,而任何一个学习者都会把他原有的知识、技能、态度带入新的学习过程中。因此,设计的教学系统是否与学习者的特征相适应或在多大程度上适应学习者的特征,是衡量一个教学设计成功与否的重要标志。

对学习者特征进行认真分析是实现个别化教学和因材施教的重要前提。分析学习者特征,既需要考虑学习者之间稳定、相似的特征,又要分析学习者之间变化、有差异的特征。在教学设计实践中,教学设计者不可能考虑所有的学习者特征,也不是所有的学习者特征都具有设计意义。有些特征是可干预的,有些特征是不可干预的。对于教学设计者而言,应主要考虑那些对学习者的学习能够产生最为重要的影响,并且是可干预、可适应的特征要素。

例如,在进行"生活中的统计应用"教学设计前,教学设计者需要进行基本的学习者特征分析,主要是针对学习者初始能力的分析,因为根据其掌握的初始能力可以更好地设计教学策略和教学活动。"生活中的统计应用"教学的主要对象是小学五年级至六年级的学生,教师在开展教学工作之前首先要对他们进行学习者特征分析:① 学生已学习过非数据处理的方法,包括象形图、方块图、棒形图、直线图、折线因和饼状图等;② 由于所学的统计图种类多,学生不知在何种情况下选用何种统计图;③ 学生合作的经验不足,但渴望与他人进行协作交流;④ 学生已具备在教师的指导下进行探究、思考的能力。

3. 教学过程设计

教学过程设计主要包括教学活动的设计、教学策略的选择、教学媒体的选择、学习情境的设计等环节。

(1) 教学活动的设计

教学总是以一定的活动方式展开的,教学目标也是在开展一个个教与学活动的过程中实现的,为此它是教学过程设计的核心环节,其设计要以实现教学目标为导向。

教学活动通常指的是以教学班为单位的课堂教学活动,是师生为了达到教学目的而采取的行为系统,包括教学活动设计行为、教学活动实施行为和教学活动反思行为。教学活动是学校教学工作的基本形式。它是一个完整的教学系统,由一个个相互联系、前后衔接的环节所构成。而教学活动设计主要指在既定的教学情境中,师生围绕既定的教学内容,在课堂层面生成教学目标、整合教学内容、有序安排教学实践、反思与调整教学进程,形成可行的教学方案。在具体的课堂教学设计中,教学活动的设计主要包括两个方面:

一是根据教学目标和内容的排序,确定教师与学生的行为序列。教学活动是为教学目标的达成而设计的,为此,教学活动的设计首先需要根据教学目标和内容的顺序确定教学活动中教师与学生的行为序列。加涅出版的教学设计经典著作《教学设计原理》提出了"教学事件"(Instructional Events)的概念。加涅认为,学习的内部过程可以分为九个方面:警觉、期待、恢复工作记忆、选择知觉、语义编码、接受与反应、强化、暗示提取与概括,从这九个方面可以推导出促进学习的九个外部因素——教学事件,如表 4.2 所示。

表 4.2 教学的外部事件[①]

事 件	目 的
引起注意,激发动机	建立一个学习定势,把学习者的注意力引到教学目的或与教学相关的方向上
呈现学习目标	建立对预期行为表现的期望
回忆先决条件或相关知识	为新的学习提供固着点,把将要学习的与学生已知的内容联系起来
呈现新的内容	呈现将要学习的新信息、程序、过程或问题解决任务。这通常是演讲与书面文本关注的焦点。把这些与先前习得的知识联系起来,可有助于将其编码到长时记忆中
为学习者提供指导	对事件 4 中呈现的内容进行精加工。可用例子、故事、描述、讨论或其他任何形式来使内容更容易记忆。这一步促进了编码和丰富知识结构的建立
提供练习	引出学习者的反应。这与根据线索提取所习得的内容有关。其目的更多地不是为了评价,而是为了发现不确定性与误解
提供反馈	为学习者提供其理解正确性的信息
测量行为表现	检验习得的知识或技能的延迟保持情况
提供保持与"迁移"	通过间隔练习强化所学内容。"迁移"意味着能将所学的内容应用于不同的情境

二是根据教学进程的变化,准备教学事件预案。教学始终处在变化之中,有效的教学刺激进入到教学过程中,教师与学生会有所反应,有些反应是可以预设的、在情理之中的,而有些反应则是意料之外的、即时生成的,教师需要灵活处理突发事件。

[①] (美) R. M. 加涅,等. 教学设计原理(第五版修订本)[M]. 王小明,等译. 上海:华东师范大学出版社,2018:29-30.

(2) 教学策略的选择

教学策略是教学设计的灵魂,也是最能体现教育教学观念的内容。教学策略是教师在教学过程中,为达到一定教学目标而采取的一系列相对系统的行为。无论在国内还是在国外的教学理论与教学实践中,绝大多数教学策略都涉及如何提炼或转化课程内容的问题。在教学过程中可运用的教学策略多种多样,主要有:讲授法、启发式教学法、先行组织者策略、演示法、谈话法、讨论法、操练法、示范—模仿法、操作—反馈法、协作法等。

(3) 教学媒体的选择

媒体是指承载、加工和传递信息的介质或工具。当某一媒体被用于教学时,作为承载教育信息的工具,则被称为教学媒体。教学媒体是教学内容的载体,是教学内容的表现形式,是师生之间传递信息的工具,如实物、口头语言、图表、图像以及动画等。教学媒体往往要通过一定的物质手段实现,如书本、板书、投影仪、录像以及计算机等。信息技术环境下的教学离不开多媒体的支撑,要根据教学目标和教学内容,依据媒体最优选择决策模型、最小代价和媒体选择原理等选用合适的教学媒体。

(4) 学习情境的设计

学习总是与一定的"情境"相联系的,学习情境主要指在学习获知过程中通过想象、手工、口述、图形等手段创设出来,使得学习者获得更高效学习的情境,通常这种情境伴随时代的发展会有不同程度的创新。在"情境"中,只有那些生动、直观的形象才能有效地激发学生联想,唤起学生原有认知结构中有关的知识、经验、表象,从而促使学生利用有关的知识与经验"同化"或"顺应"学习到的新知识。在教学设计与实施过程中,教师要尽可能创设真实、完整的教学情境。

(5) 教学过程设计案例

教学过程的设计是一个综合复杂的过程,其一般以教学目标为依据,以教学活动为主线,辅以相应的教学策略、教学媒体、学习情境开展教学活动,以此组合形成完整、合理的教学过程。例如,在小学四年级语文"颐和园"的教学设计中,其将教学过程设计分为创设情境、激发兴趣,设疑导思、理解课文,总结方法、创作作品,汇报作品、评价反馈,反思学习、交流感受五个部分,以流程图的方式呈现整个教学流程及教学活动,融入了所选择的教学媒体、所采用的教学策略和所需创设的学习情境等内容。教学流程一般可以用"Word"绘制,也可以用"Inspiration""Mindmanager"等软件工具制作。

4. 教学环境与资源设计

环境与资源对于教学任何活动来说都必不可少,它为学生顺利开展学习提供支持与保证。教师要善于给学生提供适当的硬件、软件环境以及各种与学习有关的资源。如何去辨别各类资源的特点,以及根据资源对学习效果产生的作用来选择设计合适的教学资源显得尤为重要。

在实践应用中,并不存在一种万能的资源形式,各类资源具有不同的教学特性。在教学设计中,教学设计者要对教学资源进行合理的选择。首先,必须明确它们的使用目标(即教学资源在教学中起到的作用:呈现事实、创设情境、提供示范、解释原理、探究发现等);其次,需根据教学目标、教学内容、教学活动、学生的特征来选择恰当的资源或资源的组合;最后,依据媒体最优选择的决策模型,按照教学内容的类型和学生的特征,选择最合适的形式来表现教学内容,以充分发挥资源的长处,取得良好的效果。

选择和设计信息化教学资源还应该注意:① 若现成资源已有合用的,应尽可能地选取和运用现有资源,这样可以节省时间、经费和精力;② 当现有资源不太合适时,可先考虑对资源进行修改,以满足教学需要;③ 如果选取、修改都不行,就要设计、开发新的、符合要求的教学资源。选择和设计教学资源应遵循以下基本原则:内容符合原则、目标控制原则、最小代价原则、对象适应原则。

5. 教学评价设计

教学评价是指依据一定的教学目标,借助一定的技术与工具,采用相应的评价方法,对教学过程及其结果进行测量,并作出价值判断的过程。教学评价对教学有导向、激励、诊断以及调控等作用。教学评价按照不同的分类标准,有不同的评价类型。其中常见的分类方式有:按照评价功能分为诊断性评价、形成性评价和总结性评价;按参与评价的主体不同分为自我评价和他人评价。

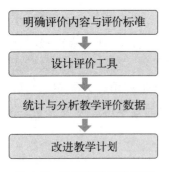

图 4.5 教学评价设计步骤

在实际教学工作中,应开展多元化的教学评价,如在"教"前进行诊断性评价,"教"中进行形成性评价,"教"后进行总结性评价,并且在教学的任一时期可以根据实际需要开展自我评价与他人评价。教学评价设计可按图 4.5 所示步骤进行。

(1) 明确评价内容与评价标准

教学评价的内容与标准同教学目标关系密切,因而要进行教学评价的设计首先需要明确教学目标,并根据教学目标确定学生需要掌握的知识、技能与方法等,而评价标准则要根据教学目标中的行为动词来确定学生需要掌握知识内容的程度,并通过科学的转换,将这种程度转换成可供测量或衡量的标准,最后将标准融入相应的评价工具中以便测量评价。

(2) 设计评价工具

通过上面的叙述,我们可知教学评价一般是以客观资料为基础的,因此要设计好各种评价手段,以便收集学生的学习情况。常用的教学评价工具有结构化观察表格、态度量表(问卷调查)、形成性练习、总结性测验等。

结构化观察表格是人们为认识事物的本质和规律,通过感觉器官或借助一定的仪器,有目的、有计划地对自然条件下出现的现象进行考察的一种方法。这种方法,主要用来收集学生的学习行为反应信息。如表 4.3 是用于观察记录学生在课堂中出现不集中注意行为的表格。

表 4.3 学生出现不集中注意行为的观察记录表

学生	时间段/分钟							
	0—5	5—10	10—15	15—20	20—25	25—30	30—35	35—40
S_1								
S_2								
S_3								
S_4								
…								

态度量表实际上是针对某件事物而设计的问卷,通过被试对问卷所作的选答反应,从而了解被试对某事物的态度倾向。态度量表主要用来收集学生的学习态度反应信息。

形成性练习是按照教学目标而编制的一组练习题,它以各种形式考核学生对本学习单元的基本概念和要素的掌握程度。在课堂教学过程中,教师常常会采用这种方法来检测学生对学习内容的掌握情况,如表 4.4 是一个形成性练习设计实例。

表 4.4 小学"三角形单元复习"的形成性练习设计实例

知 识 点	学习水平	题 目 内 容
什么是三角形? 三角形的面积计算性质是什么?	识记	判断题(对的请打√) A. 由三条不同的线段首尾顺次连接所组成的图形叫作三角形。( ) B. 两个面积相等的三角形,它们的底和高一定相等。( )

总结性测验主要用来检查学生对学习内容的认知效果,即检查预期的教学目标实现的程度。总结性测验主要适用于单元考试、期中考试和期末考试等。由于各单元的教学重点不同,要求达到的教学目标也有所区别,为了使试题具有代表性,覆盖面广,应设计好测验内容与测验目标双向细目表。

(3) 统计与分析教学评价数据

教学评价的数据统计与分析是指借助一定的工具技术(试卷、问卷、在线评价系统等)获取学生的学习数据,并进行数据的统计和分析(通过人工计算、Excel 统计、SPSS 统计、在线评价系统自动统计等方式),最后根据统计得出的数据(分数、合格率、优秀率等)分析教学效果并获得教学反馈信息。

(4) 改进教学计划

根据上一阶段数据统计与分析的结果,明确促进学生发展的改进要点,并根据教学反馈信息,反思教学实施过程,对接下来的教学计划进行修改完善,使得教学设计方案更加具有针对性和实操性。

> **拓展阅读**
>
> 授导型教学的设计
>
> 从教学的角度出发,分为以讲授、启发为主的授导型教学和以主动探究发现为主的探究型学习。目前授导型教学是中小学日常教学中使用最为广泛的教学方式之一,它具有知识传播高效、直接、操作简单等特点。授导型教学设计方法是每位教师必须掌握的。

第二节 课堂教学设计与实施

本节学习目标

通过本节学习,了解课堂教学设计的基本概念,熟悉课堂教学设计的基本流程,观摩课堂教学设计案例,尝试设计并实施一堂课堂教学。

课堂教学是学校教育最重要和最基本的活动形式,是实现学校育人功能的核心环节。目前大部分课堂教学采用班级授课制的教学组织形式,把年龄和知识程度相同或相近的学生编成有固定人数的班级集体,按照各科课程标准规定的目标,组织课程内容和选择适当的教学方法,根据固定的时间表,向全班学生进行集体授课。课堂教学包含教师给学生传授知识和技能的全过程,常见的课堂教学活动有教师讲解、学生问答、操练与练习、教具与技术手段应用等。

一、课堂教学概述

课堂教学是学校教育的主阵地,2019 年中共中央、国务院发布的《中共中央国务院关于深化教育教学改革全面提高义务教育质量的意见》明确指出要"强化课堂主阵地作用,切实提高课堂教学质量",坚持教学相长,注重启发式、互动式、探究式教学。教师课前要指导学生做好预习,课上要讲清重点、难点知识体系,引导学生主动思考、积极提问、自主探究;要综合运用传统与现代技术手段,重视情境教学;要探索基于学科的课程综合化教学,开展研究型、项目化、合作式学习;要精准分析学情,重视差异化教学和个别化指导。

有效的教学设计是保证课堂教学质量的基础,因此,熟悉教学设计的基本原理与方法,按照课堂教学目标要求进行科学的教学设计与资源准备,是每一位教育工作者必须掌握的基本技能。课堂教学设计一般要做到:

① 教材与学情分析细致、准确;教学目标明确、具体、可操作,体现指向核心素养教学目标的整体设计;重点、难点处理符合学生认知规律。

② 教学环节结构清晰;课堂容量恰当,时间安排合理。

③ 教学方式多样,教学方法有效,合理引导学生开展自主、合作、探究学习活动。

④ 教学活动设计要面向全体、注重差异,情境与任务设计应指向问题解决,突出学生主体性和教学互动性。

⑤ 能合理选用信息技术设备,促进学生学习、课堂交流和教学评价活动。

⑥ 能恰当应用数字资源呈现教学内容,帮助学生理解、掌握和应用知识。

二、课堂教学的流程设计

1. 编写设计方案

教师在实施课堂教学前的核心任务是进行教学设计与教学资源准备。教学设计活动的最终成果是编写完整的教学设计方案。编写教学设计方案的过程,就是以教学内容为核心,根据教学目标,合理选择和设计教学策略、教学活动、教学资源与教学评价,并最终通过教学设计方案得以体现。表 4.5 提供了课堂教学设计的模板以供参考。

表 4.5 课堂教学设计模板

一、概述
说明学科(数学、语文、英语等)和年级。
教学所需课时。
教学内容。
二、教学目标及重难点分析
从学科核心素养角度提出该教学预计要达到的目标,并提出教学重难点。
三、学习者特征分析
说明学生的认知水平、学习起点、学习风格、学习动机与兴趣等。
四、教学活动设计
1. 课堂教学的基本环节、设计意图、师生行为等,图 4.6 提供了一个样例。

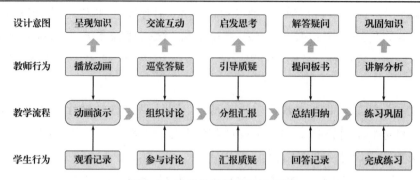

图 4.6　课堂教学活动设计样例

2. 活动说明。
步骤 1：
步骤 2：
步骤 3：

五、教学策略选择与设计

说明设计的基本理念、主要采用的教学与活动策略，以及这些策略实施过程中的关键问题。选用的教学策略可以是：① 启发式教学；② 探究式教学；③ 情境教学；④ 训练与练习教学；⑤ 演绎教学；等等。

六、教学环境与资源设计

说明设计选用的具体的教学环境及教学资源。一般的教学环境可以是：① 多媒体教室；② 计算机教室；③ 智慧教室；④ 创新教学实验室；等等。教学资源形式可以是：PPT 课件、学科工具、虚拟实验工具、评价工具等。

七、教学评价设计

说明教学评价的形式、内容等。评价形式可以是课堂提问、当堂练习、网络测试、作品评价等，评价内容可以是练习题、小组作品、学习档案袋等。

2. 评价设计方案

教学设计方案的评价可以从教学设计的各要素展开，包括方案总体结构、教学目标及重难点分析、学习者特征分析、教学活动设计、教学策略选择与设计、教学环境与资源设计、教学评价设计等几个方面，如表 4.6 所示。

表 4.6　课堂教学设计方案评价量表

内容	优	良	中	互评	自评
方案总体结构	包含教材分析、教学目标及重难点分析、学习者特征分析、教学活动过程设计、教学策略选择与设计、教学环境与资源设计、教学评价设计等要素，条理清晰，可调控	包含基本要素，条理基本清晰，但调控性不够	缺乏某些要素，条理欠清晰，调控性不够		

续 表

内 容	优	良	中	互评	自评
教学目标及重难点分析	依据课程标准,全面、准确分析教学目标,准确把握重难点	较完整、合理地分析了教学目标,基本能围绕教学目标把握重难点	简单分析了教学目标,对教学内容的把握不够全面,未能体现教学重难点		
学习者特征分析	对学生的认知水平、学习起点、学习风格、学习动机与兴趣进行了全面、准确的分析	较全面地分析了学生的认知水平、学习起点、学习风格、学习动机与兴趣等	对学生的分析不够全面		
教学活动设计	教学环节清晰,能够依据教学目标与教学内容合理设计教学活动;所设计的教学活动能够充分调动学生学习积极性,满足学生学习需求	教学环节比较清晰,基本能够依据教学目标设计相关教学活动,基本满足学生学习需求	教学环节不清晰或教学活动单一,未能满足学生学习需求		
教学策略选择与设计	能够体现课程标准的要求,并根据教学目标及学生特点,采用灵活多样的学习策略	采用的教学策略基本合理,符合学生特点	教学策略单一,在调动学生学习积极性方面需要改进		
教学环境与资源设计	能根据教学内容与教学策略合理选择教学环境与资源,有效解决重难点	适用的教学环境与资源恰当,能支持教学策略与教学活动	未能充分考虑教学环境与资源的作用,或未能充分考虑教学环节与资源同方法之间的关系		
教学评价设计	能够针对教学目标进行准确评价,评价方式多样、灵活	能够针对教学目标进行评价,以测试为主要评价方式	评价方式单调,对教学目标体现不准确		
合计得分					

在实践过程中,可以采用自评与小组互评的方式开展教学设计方案的评价,并根据评价结果修改完善教学设计方案。

三、课堂教学实施案例

一、概述

授课教师:霍老师　北京大学附属小学石景山学校。

学科:数学。

教材:人教版义务教育教科书。

学段:小学六年级下册第三单元。

续　表

二、教学目标分析

1. 学生经历观察、操作的认知过程能够从实际情境中抽象出圆柱,认识圆柱的各部分名称和基本特征。

2. 学生利用信息技术操作,通过图形的空间运动,经历圆柱从静态观察到动态运动的认识过程,感受二维平面图形到三维立体图形的联系。

3. 学生通过课堂学习活动积累活动经验,逐步发展空间观念。

三、教学重难点分析

1. 教学重点:从实际生活中常见的圆柱形物体抽象概括出圆柱的几何图形,然后通过观察和实验让学生在理解的基础上掌握圆柱的特征。

2. 教学难点:建立空间观念,使学生弄清圆柱侧面展开得到一个长方形,这个长方形的长和宽与圆柱的关系。

四、学习者特征分析

本单元是学生在小学阶段学习几何知识的最后一部分内容,学生在之前的学习中已经认识了长方形、正方形、平行四边形、三角形等平面图形以及长方体、正方体等立体图形,具备了一定的空间观念。圆柱又是一种学生生活中常见的形体,因此教学时从直观入手,帮学生形成表象。此阶段的学生已具备了初步的独立解决问题的能力,教学时指导学生采用动手操作、合作学习的方式,引导学生进行观察、讨论,探索圆柱的特征,认识圆柱的侧面展开图。

五、教学活动设计

1. 课堂教学的基本环节。

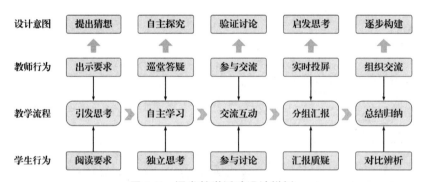

图 4.7　课堂教学活动设计样例

2. 活动说明。

步骤 1:"唤起旧知、情境引入"。从实际情境中抽取圆柱体,唤起学生对已有知识的认知,辨认圆柱体,并在操作的过程中初步感受圆柱体的特征,认识各部分名称。

步骤 2:"Pad 拍照、生生互动"。经历从二维平面图形转化为三维立体图形的过程,经历猜想、验证、反思的过程,初步发展空间观念。

步骤 3:"Pad 验证、小组合作探究"。通过动手操作,初步感受圆柱高相等、上下底面相等的特征,感受二维平面图形与三维立体图形之间的联系。

步骤 4:"分层练习,感受应用"。目的是让学生回归生活,感受数学在生活中的价值。

六、教学策略选择与设计

通过教师演绎教学,唤起学生对已有知识的认知,辨认圆柱体。在操作的过程中,初步感受圆柱的特征,认识各部分名称;通过探究式教学,让学生使用 Pad 亲身实践感受圆柱高相等、上下底面相等的特征,感受二维平面图形与三维立体图形之间的联系。

七、教学环境与资源设计

教学环境:多媒体移动录播教室。

资源的类型:卡纸、Pad、几何画板、云平台。

资源的设计：预学提纲、交互式课件。
八、教学评价设计
1. 知识性检测，课后的练习检测
(1) 下面哪些物体是圆柱体？为什么是？为什么不是？

(2) 判断题：
① 圆柱体的高只有一条。（　）
② 上下两个底面相等的圆形物体一定是圆柱体。（　）
③ 圆柱体底面周长和高相等时，沿它的一条高剪开，侧面是一个正方形。（　）
2. 其他评价
课堂中，以小组为单位进行汇报展示，以小组合作完成任务的情况进行评价。

案例研讨

结合上述课堂教学设计案例，请学习者扫码观摩课堂教学视频。从课堂教学设计的基本环节出发，结合其实施效果，评价上述课堂教学案例在教学设计上的优缺点，思考一门优秀的课堂教学设计应该具备什么特点。结合实际，设计一节课堂教学，并开展实践。

扫描二维码
观看微课视频

第三节　在线教学设计与实施

本节学习目标

通过本节学习，了解在线教学设计的概念，熟悉在线教学设计的基本流程，观摩在线教学设计案例，尝试设计并实施一堂在线教学。

在线教学是远程教育的一种形式，是一种师生时空分离，基于网络媒介开展的教育教学实践活动。在线教学形式多样，包括师生应用直播类教学工具进行在线同步直播教学、应用国家中小学智慧教育平台开展在线课程异步教学、应用网络学习空间进行教学资源分享与交流讨论、应用智能终端和网络测试系统进行学情数据的收集与分析等。本节主要介绍中小学师生在无法开展面对面教学的情况下，如何借助互联网开展班级式课堂教学。

一、在线教学概述

互联网具有连通性、即时性等突出优势,以网络为基础的在线教学拓宽了课堂教学的边界。与传统课堂教学相比,在线教学突破时间和空间限制,支持优质教育资源的高效共享,拓宽师生互动渠道,为广大师生提供崭新的教与学体验,推动教育教学方式的创新。在疫情期间,依托各级各类在线课程平台,开展在线教学,保证了教学进度和教学质量。以疫情期间在线教学实践为契机,进一步巩固拓展在线教学成果,推动人工智能、5G等现代信息技术助力在线教学全过程,将是未来学校教学发展的重要趋势。

在线教学采用了更灵活的教学组织方式,使得师生互动、教学评价、课堂组织管理等都具有了新的特征。在线教学设计也应充分考虑教与学各要素,依照"以学习者为中心"的原则以及直观性、协同性等在线教学原则,选择适切的在线授课工具,提供丰富的教学资源,设计有效的教学活动,提供灵活的在线学习支持服务,以激发学生的学习兴趣,保障学生的学习效果。在线教学的设计需要考虑以下方面。

① 选择适切的在线授课工具。应充分考虑学生的年龄与学科特点,选择有效的授课工具与互动平台,如面向低年级学生应尽量采用在线同步直播教学以进行实时互动,面向高年级学生则可以采用微视频自学和在线辅导相结合的在线课程异步教学方式,同时要避免在一节课中频繁切换不同的教学工具与平台。

② 提供丰富的教学资源。除提供网络教学视频等资源外,教师还需考虑为学生提供其他类型的教学资源,以满足学生开展在线自主学习、任务驱动式学习与个性化学习等在线学习的需求,培养学生的自主学习能力。

③ 设计有效的在线教学活动。在线教学不是传统课堂教学的简单"搬家",也不是"自由发挥",更不是"操作表演"。在线教学活动设计强调线上参与、交互和协同,需要依据教学目标,有效组织多种课堂活动,引导学生深度学习,提升学生的学习体验。

④ 设计基于数据分析的教学评价。在线教学评价要充分发挥智能学习终端的优势,面向学生设计有效的教学评价方式,并通过智能终端记录与收集学生学习过程数据和测评数据,实现精准化教学分析与决策,为学生提供即时反馈和针对性的指导。

⑤ 设计家校互动的教学管理策略。充分利用各种社交网络工具,引导家长参与班级教学管理,按课表时间提醒学生进行线上学习,配合学校与教师的教学要求按时完成作业等,实现校内校外、课内课外教学的无缝衔接。

二、在线教学的流程设计

1. 编写设计方案

在线教学是在师生时空分离基础上,借助互联网技术开展多样化教学活动的过程。在线教学需要根据教学目标,对教学内容、教学结构、教学流程和教学活动进行重构与创新,并提供有效的在线学习支持服务。在线教学设计应包括教学内容分析、教学目标及重难点分析、学习者特征分析、网络授课策略与工具选择、教学活动设计、教学评价设计与在线学习支持服务设计等内容。表4.7提供了在线教学设计模板以供参考。

表4.7 在线教学设计模板

一、概述
说明学科(数学、语文、英语等)和年级。
教学所需课时。
教学内容。
在线学习规则(如关于师生课中摄像头打开规定、作业提交规定、课前签到规定、连麦通话规则等)。
二、教学目标及重难点分析
从学科核心素养角度提出该教学预计要达到的目标,并确定教学重难点。
三、学习者特征分析
说明学生的认知水平、学习起点、学习习惯、学习风格与在线学习能力等。
四、网络授课策略与工具选择
在线课堂的教学方式多种多样,如视频直播教学、异步录播教学、任务驱动式教学或混合式教学等。如果是同步视频授课,一般可以选择QQ群课堂、腾讯会议、钉钉等工具;如果是异步录播教学或教师线上答疑,可以选择网络教学平台或社交网络工具等。

序 号	教 学 内 容	教 学 方 式	工 具
1	知识点讲授	实时视频互动	腾讯会议
2	课堂练习	在线测试	问卷星
……	……	……	……

五、教学活动设计
1. 在线教学的基本环节主要包括网络授课、课后在线辅导等(如图4.8所示)。

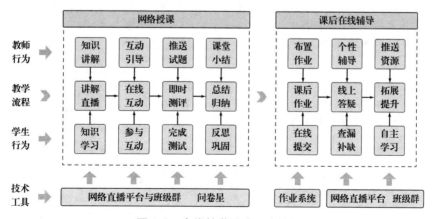

图4.8 在线教学活动设计样例

2. 活动说明。
步骤 1：
步骤 2：
步骤 3：
六、教学评价设计
说明教学评价的形式、内容和标准等。评价形式可以是在线测试、在线讨论、作品评价、学习过程数据分析等，评价内容可以是测试题、作品、讨论内容、学习过程数据等。
七、在线学习支持服务设计
在线学习支持服务设计关注如何为学生提供有效的在线学习指导和支持，通过在线导学、督学、促学和助学等多类方式，以确保在线教学的有序开展。
导学：课程介绍、学习目标、学习指南、常见问题、课程推荐等。
督学：学习进度提醒、课程信息提醒等。
促学：以赛促学、以评促学等。
助学：线上讨论、问题反馈、集中答疑视频或帖子等。

2. 评价设计方案

在线教学方案的评价可以从方案总体结构、教学目标及重难点分析、学习者特征分析、网络授课策略与工具选择、教学活动设计、教学评价设计、在线学习支持服务设计等维度出发，采取教师互评与自评相结合的方式，从不同角度展开全面、客观的评价，如表 4.8 所示。

表 4.8　在线教学设计评价量表

内容	优	良	中	互评	自评
方案总体结构	包含教材分析、教学目标及重难点分析、学习者特征分析、网络授课策略与工具选择、教学活动设计、教学评价设计与在线学习支持服务设计等基本要素，条理清晰，可调控	包含基本要素，条理基本清晰，但调控性不够	缺乏某些要素，条理欠清晰，调控性不够		
教学目标及重难点分析	教学目标及重难点分析清晰、准确，符合在线教学要求，重视学生学科核心素养培养	教学目标及重难点分析基本准确，基本符合在线教学要求	教学目标及重难点分析不全面，未体现在线教学特点		
学习者特征分析	能以在线教学为背景，对学生认知水平、学习起点、学习习惯、学习风格与在线学习能力等学习特征进行全面、准确分析	能对学生的认知水平、学习起点、学习习惯、学习风格与在线学习能力等学习特征进行分析	对学生的认知水平、学习起点、学习习惯、学习风格与在线学习能力等学习特征分析不够全面、不准确		

续 表

内 容	优	良	中	互评	自评
网络授课策略与工具选择	策略工具应用灵活,能够有效支持知识讲授、实时互动、合作探究、随堂测试等在线授课活动顺利开展,符合学生的信息素养水平	能够支持部分在线授课活动的顺利开展,基本符合学生的信息素养水平	不能支持各类网络授课活动的顺利开展,不符合学生的信息素养水平,各类技术工具应用且切换频繁		
教学活动设计	以学生为中心,符合学生在线学习规律;教学活动形式丰富,满足交流、反馈等教学互动需求;提供课后答疑活动	能够设计基本的教学交流活动,满足学生在线学习的一般需求	教学活动设计未能遵循学生在线学习规律,未能满足学生在线学习需求;未能提供课后答疑活动		
教学评价设计	评价方式丰富,包括过程性评价与总结性评价等,能实时监测学生在线学习状态,利用在线学习数据全面诊断学生的知识、技能掌握与情感态度等情况,检验学生的在线学习效果	能够基本反映学生的知识、技能掌握与情感态度,在线学习效果等情况,但评价方式较为传统单一	未能全面掌握学生的知识、技能掌握与情感态度,在线学习效果等情况,评价方式单一		
在线学习支持服务设计	能够设计各类在线学习支持服务,满足教师网络授课、学生在线学习、教师课后辅导等需求;能够通过导学、督学、促学和助学等服务,确保在线教学顺利有序开展	能够提供必要的在线教学支持服务,基本保证网络授课与课后在线辅导活动的顺利开展	缺少各类在线学习支持服务,未能满足网络授课与课后在线辅导的基本需求		
合计得分					

三、在线教学实施案例

一、概述

"功"这一节课选自人教版高中一年级物理必修二第七章第二节,是"机械能守恒定律"一章中重要的知识点和后续课程的基础,也是高考常考的内容。能量是当今社会的热点话题,而功是能量转化的量度,直观表现就是一个力对物体做正功(负功),使这个物体的能量增加(减少)。功能关系问题是高考必选的内容,所以本节课不仅仅是本章教学的重点,也是高考考查的重点。

二、教学目标分析
1. 理解功的概念,了解做功的两个要素。
2. 明确功是标量,能够应用功的公式进行相关计算。
3. 理解正功和负功的物理意义。

三、核心素养分析

1. 物理观念：理解功的概念，了解功的两要素，理解功是标量及其正负含义。
2. 科学思维：通过实例体验功的概念形成过程及功的实际意义，理解功是时间空间积累的过程量。
3. 科学探究：功的表达式与概念的建立及其意义。
4. 科学态度与责任：使学生养成具体问题具体分析的习惯和严密的思维。

四、教学重难点分析

1. 重点：理解功的概念及正、负功的意义；用功的计算式解决实际问题。
2. 难点：公式 $W = Fl\cos\alpha$ 的推导方法及适用条件，正、负功含义的理解。

五、学习者特征分析

学生在初中已初步学习了功的有关知识，包括功是能量转化的量度、功的定义、力做功的两个必要因素以及功的计算。经过高中一段时间的学习，学生对物理的理解和思考能力有所增强，但主要以抽象思维为主，所以对正、负功比较难以理解。本节课主要是在现有知识的基础上进行深化、细化，侧重于通过模型建构和理论分析，培养学生的思维能力，同时对摩擦力做功的情况进行拓展分析，提升本节课的内容深度。

六、网络授课策略与工具选择

本节课主要借助钉钉开展线上直播教学，通过连麦功能实现教师与学生的互动交流，利用在线统计功能实现对学生课堂练习结果的即时统计。

依据教学内容，本节课主要采取探究式教学法，让学生亲身参与课堂教学并成为学习的主体；同时借助生活实例，使学生对知识由感性认识上升到理性认识。

序 号	教学内容	教学方式	工 具
1	新课引入	视频直播	钉钉
2	新课教学	实时视频互动	钉钉
3	课堂练习	在线测试	钉钉
4	拓展提升	在线测试	钉钉
5	课堂小结	视频直播	钉钉

七、教学活动设计

1. 在线教学的基本环节。

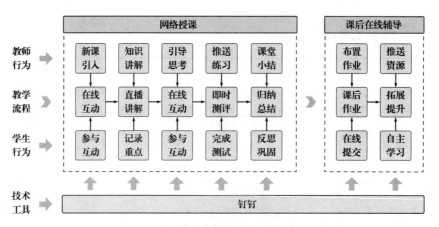

图 4.9 在线教学活动设计样例

续　表

2. 活动说明。

步骤1：新课引入。通过生活例子加深学生对功的两个要素的理解。

步骤2：知识讲解。引导学生推导功的一般表达式，锻炼学生理论推导能力和合作探究学习能力；加深学生对功计算公式的理解，以及对夹角α的理解；通过三种情形的分析，引导学生总结力做正功和负功的各种情况，锻炼学生分析综合能力。

步骤3：课堂练习。使学生掌握并能灵活运用公式求功；锻炼学生快速判断正负功的能力；强化学生对功计算式的理解。

步骤4：拓展练习。让学生理解滑动摩擦力和静摩擦力的做功。

步骤5：课堂小结。回顾总结，加深理解。

八、教学评价设计

本节课主要通过课堂在线测试、在线讨论、个别提问回答等形式开展学生评价，学生可通过申请连麦或在聊天区发言等形式回答问题，借助钉钉在线统计功能对学生课堂练习的结果进行即时统计，以检测学生新课的掌握情况。

九、在线学习支持服务设计

本课布置了课后作业，并要求学生通过钉钉工具提交，且本课的教学过程将借助钉钉工具进行全程录制，以支持学生随时回放查看或复习，更好地帮助学生开展线上学习。

案例研讨

结合上述在线教学设计案例，请学习者扫码观摩线上教学视频。从线上教学设计的基本环节出发，结合其实施效果，评价上述线上教学案例在教学设计上的优缺点，思考优秀的线上教学设计应该具备什么特点。结合实际，设计一节线上教学课，并开展实践。

扫描二维码
观看微课视频

第四节　混合式教学设计与实施

本节学习目标

通过本节学习，了解混合式教学设计的概念，熟悉混合式教学设计的基本流程，观摩翻转课堂教学设计案例，尝试设计并实施一堂翻转课堂。

混合式教学是指将面对面（Face to Face）教学和在线（Online）学习两种学习模式有机地整合，以达到降低成本、提高效益的一种教学方式。混合式教学可以优化教学时间分配，拓宽教学空间，丰富教学手段，同时也有利于培养学生的信息素养与数字化学习能力。混合式教学可以应用于一堂课的教学，也可以应用于一门课程的教学，近年来中小学广泛开展的翻转课堂就是一种典型的混合式教学。

一、混合式教学概述

混合式教学充分整合了在线教学与传统面授教学的优势,重新设计教学要素,使二者在相互渗透中达到无缝切换、多样对接。面对面课堂直接高效,师生便于交流互动,且能充分发挥教师的引导、启发和监控教学过程的主导作用。而在线教学由于不受时空限制,增强了学习者的自主性、灵活性和创造性,能够弥补课堂群体化教学的不足,从而实现规模化教育与个性化培养的有机结合,以及多样化学习情境中个性和深层次学习的有机结合。

翻转课堂作为一种典型的混合式教学模式,以现代教学信息技术为支撑,以学生为中心,通过转换知识传授和知识内化所发生的场所和时间,改变了传统教学中的师生的角色定位,促进了学生对知识的内化,提升了学生的学习效果和教学效益,实现了对传统课堂教学的革新。同时,它也对教学设计提出了新的要求。下面针对翻转课堂混合式教学进行阐述。

① 以"先学后教"理念为指导,重视课前学习资源的准备。为了取得更好的课前自主学习效果,翻转课堂混合式教学除了为学生提供微课资源外,还提供与微课资源配套使用的学习任务单和科学的学习指导[1],并公布教师整个课程的教学计划以及各个阶段的教学计划,以便引导和帮助学生开展自主观看教学视频、完成学习任务单与基础知识的学习等课前学习活动。

② 精心设计线上、线下相结合的教学活动。教学活动是翻转课堂教学的核心组成部分,翻转课堂的有效实施需要建立在设计良好的教学活动基础上。在翻转课堂教学过程中,课前主要进行以知识传授为主的线上自主学习活动,取代传统课堂教学中教师课中讲授新知识的模块,这种变换的课程形式显然为师生争取了更多的课堂互动时间。课中教师要充分利用好课堂时间组织讨论、交流、答疑或是培养学生实践能力和创新精神的小组协作研究课题,促进学生对知识的内化,这是翻转课堂能否成功实施的关键。

③ 实施传统教学评价和在线教学评价相结合的混合式教学评价。翻转课堂的教学评价除了应用传统的课堂教学评价手段外,还应充分运用基于在线教学的学习分析技术。教师利用翻转课堂网络教学环境收集学生的学习过程数据,并利用学习分析技术对数据进行解释和分析,以有效诊断学生的学习问题,形成立体化的学习评价体系,评价学生的学习效果,甚至评价学生的高阶能力,如批判性思维、协作交流与问题解决能力等。

二、混合式教学的流程设计

1. 编写设计方案

混合式教学结合了课堂教学与在线教学的特点,因此其教学设计需要考虑的要素更多,复杂度更高。混合式教学设计除了要遵循课堂教学设计和在线教学设计的基本原则外,还

---

① 余胜泉,路秋丽,陈声健.网络环境下的混合式教学——一种新的教学模式[J].中国大学教学,2005(10):50-56.

要综合考虑如何结合两者的特点设计"混合式教学策略",充分发挥不同形式教学的优势,实现线上线下教学内容、教学方式与教学评价等多种要素结合的最优化。表 4.9 提供了翻转课堂混合式教学设计模板以供参考。

表 4.9　翻转课堂混合式教学设计模板

一、概述
说明学科(数学、语文、英语等)和年级。
教学所需课时。
教学内容。
二、教学目标及重难点分析
从学科核心素养角度提出该教学预计要达到的目标,并确定教学重难点。
三、学习者特征分析
说明学生的认知水平、学习起点、学习习惯、学习风格与信息素养水平等。
四、课前学习设计
1. 微课视频的设计

课前学习目标	
重点难点突破策略	
教学过程	

2. 微课学习任务单
姓名:_____　开始学习时间:_____　结束时间:_____
(1) 学习思考

序　号	视频暂停时刻	思考问题	自己的想法
1	几分几秒	需要思考的问题	问题答案
2	…	…	…

(2) 自主练习
提供练习题,或指明课本第几页的练习。
五、课堂教学活动设计
1. 课堂教学的基本环节、设计意图、师生行为等(如图 4.10 所示)

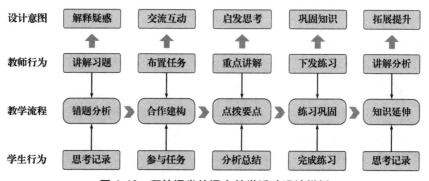

图 4.10　翻转课堂的课中教学活动设计样例

续 表

2. 活动说明
步骤 1：
步骤 2：
步骤 3：
六、教学策略选择与设计
说明设计的基本理念，主要采用的教学与活动策略，以及这些策略实施过程中的关键问题。如教学方法使用：讲解，演示，个别指导，操作与练习，自主学习，小组讨论，全班交流，合作学习等。
七、教学环境与资源设计
翻转课堂的授课环境一般包括：网络学习空间，计算机教室，智慧教室，创新教室实验室等。教学资源形式可以是：微课、学习单、认知工具、PPT 课件、学科工具、虚拟实验室工具、评价工具等。
八、教学评价设计
说明教学评价的形式、内容等。如评价形式可以是课前学习诊断、课中汇报、当堂测试、作品评价等，评价内容可以是学习单、汇报内容、测试题等。

2. 评价设计方案

翻转课堂混合式教学设计方案的评价围绕方案总体结构、教学目标及重难点分析、学习者特征分析、课前学习设计、课堂教学活动设计、教学策略的选择与设计、教学环境与资源设计、教学评价设计等几个方面开展，如表 4.10 所示。

在实践过程中教师可采用教师自评与互评相结合的方式开展教学设计方案的评价，并根据评价结果修改完善设计方案。

表 4.10 混合式教学设计评价量表

内 容	优	良	中	互评	自评
方案总体结构	包含教学目标及重难点分析、学习者特征分析、课前学习设计、课堂教学活动设计、教学策略选择与设计、教学环境与资源设计、教学评价设计等基本要素，条理清晰，可调控	包含基本要素，条理基本清晰，但调控性不够	缺乏某些要素，条理欠清晰，调控性不够		
教学目标及重难点分析	依据课程标准，全面准确分析教学目标，准确把握重难点	依据课程标准，较全面分析教学目标，基本把握重难点	简单地分析了教学目标，但表述不够全面，未能准确把握教学重难点		
学习者特征分析	全面准确分析学生的认知水平、学习起点、学习习惯、学习风格与信息素养水平等内容	较全面分析学生的认知水平、学习起点、学习习惯、学习风格与信息素养水平等内容	对学生的分析不全面，缺乏某些要素		

续 表

内 容	优	良	中	互评	自评
课前学习设计	提供的微课视频与学习单等预习资料具有指导性和针对性,能够有效引导和帮助学生完成课前学习	提供了基本的微课视频与学习单等预习资料,但针对性与指导性不强	未提供基本的课前学习资料和学习指导		
课堂教学活动设计	活动设计合理,能够衔接课前学习,教学流程完整,教学组织形式多样,能够引导学生开展自主、合作、探究学习,学生主体性和教学互动性突出	具备基本的教学活动流程,衔接课前学习,基本满足教师教学与学生学习的需求,但学生主体性和教学互动性不突出	未能有效衔接课前学习环节,教学活动单一,未能体现学生的主体性和教学的互动性		
教学策略选择和设计	能够依据教学特点、教学需求,选择恰当的线上线下教学策略,并具有较强的针对性	采用的教学策略适度,大致符合线上线下的教学特点、教学需求,但针对性不强	未能依据线上线下的教学特点、教学需求选择合适的教学策略		
教学环境与资源设计	能够依据学生的认知特点与能力水平选择合适的教学环境与资源,辅助线上线下教学活动顺利开展,满足教师教学和学生需求	选用的教学环境与资源基本符合学生的认知特点,能够支持基本的线上线下教学活动	未能明确各类资源与媒体作用,所选择的资源未能符合学生的学习特点或未能支持线上线下的教学活动		
教学评价设计	针对教学目标,评价方式多样、评价主体多元,并结合传统课堂教学评价手段与在线学习分析技术开展全面的教学评价	针对教学目标,但未能结合传统课堂教学评价手段与在线学习分析技术进行全面评价	未能设计相关教学评价或教学评价未针对教学目标,评价方式与评价内容不合理		
合计得分					

三、混合式教学实施案例

一、概述

《夜间飞行的秘密》是部编教材语文四年级上册,第二单元的第二篇课文,是一篇讲读课文。第二单元的课文以"大自然的启示"为专题,是对以前所学习的观察大自然、保护环境等专题的延伸与发展,并有新的内涵。在第二单元的课文教学中,教师要做到让学生了解一些新的科学知识,引导学生进一步关注自然、了解自然,在对自然的观察、了解、发现中受到有益的启示,同时发展学生的观察、想象等思维品质并提高语文综合素养。

《夜间飞行的秘密》是一篇讲述科学常识的说明性的文章,介绍了仿生学的运用——科学家通过对蝙蝠飞行情况的研究,找出了蝙蝠能顺利飞行的原因,并从中受到启发,给飞机装上雷达,保证了飞机夜间安全飞行。告诉人们,研究生物可以对人类的创造发明有所启示。

续 表

二、教学目标分析
1. 学会从不同角度提问。
2. 能借助问题理解课文内容。
3. 通过参与小组讨论交流和汇报,提升表达能力与合作能力。
4. 通过文中三次实验的学习,体会说明文语言简洁、详略得当的表达特点。
5. 通过飞机夜间安全飞行与蝙蝠夜间探路之间的联系等其他仿生学的课外知识了解人与自然的关系,激发学生对大自然的热爱。
6. 启发学生留心观察周围事物,激发学生探索科学的兴趣。

三、教学重难点分析
1. 教学重点:学会从不同角度提问,能借助问题理解课文内容。
2. 教学难点:能够尝试从内容、写法、联系生活等不同的角度去思考,提出问题,并对问题进行归类。

四、学习者特征分析
1. 起点能力水平:学生在此前已经学习过说明文的相关知识,掌握了阅读说明文的基本方法。此外,学生在第二单元的导读中,已经明白了本单元的学习重点是尝试从不同角度去思考,提出自己的问题。在本篇文章的第一课时学习中学生已基本掌握生字词,了解了课文大意,因此学生在学习本篇课文时会自然而然有重点偏移。
2. 学习风格:四年级的学生开始从被动的学习主体向主动的学习主体转变,愿意主动表达和展现自我,因此在教学过程中应该增加多种教学交互活动,提升学生参与度,提高积极性和主动性。
3. 信息素养:四年级的学生对平板电脑的基本功能已经了解,愿意且能够使用平板开展教学,故可以利用翻转课堂教学手段来创新课堂形式,提供更多的学习资源类型,丰富学习诊断手段,让学生更加充分地参与教学互动。

五、课前学习设计
姓名:_____ 开始学习时间:_____ 结束时间:_____

预习目标	(1) 自主朗读课文,读准字音,读通句子。 (2) 观看微课,进一步回顾第五课的提问方法。 (3) 尝试运用第五课的提问方法,针对第六课进行提问。
知识链接	(1) 微课视频:《针对课文内容从局部和整体提问题》 (2) 课本:部编版语文四年级上册第二单元第六课《时夜间飞行的秘密》
预习导航	(1) 我识记、我理解 　① 认真读课文两遍,在"朗读训练"里完成测试。 　② 观看微课明确第五课的提问方法:我发现有的问题是针对课文_____提的,有的问题是针对_____提的。 (2) 我思考、我质疑 　默读课文,边读边思考能否运用第五课的提问方法尝试对第六课进行提问,并完成以下表格: 个人问题清单 | 针对课文局部内容提问 | 针对全文提问 | |---|---| | | |

预习导航	(3) 我收获，我评价 ① 我能把字词读准，课文读通顺。 ② 我掌握了第五课的提问方法，并能尝试运用。 (4) 我质疑，我提问 在朗读训练、观看微课视频以及完成学习任务单的过程中，我产生了以下疑问：_____

六、课堂教学活动设计

1. 课前

步骤1：课前检测，学情诊断。学生通过观看微课，结合课前导学单的任务学会尝试从不同角度对课文进行提问；通过课前流利有感情地朗读课文来加深对课文的印象。

2. 课中

步骤2：分析教材，引出课题。通过齐读课文使学生初步了解课文内容，加深理解，提高学生参与度；通过单元学习任务单，使学生尝试从不同角度提出问题。

步骤3：复习旧知，查漏补缺。通过"畅言智慧课堂"里的随堂检测功能检验学生对上节课生字词的掌握情况；利用统计功能呈现清晰结果，发现学生易错点，及时灵活地调整课堂教学内容。

步骤4：解决问题，理解课文。通过屏幕推送功能将题目推送到学生的平板电脑上，清晰地呈现出要解决的问题；通过随机挑人功能，保证教学公平以及课堂的参与度；通过奖励，提高学生的学习积极性；通过微课，加深学生对课文的理解。

步骤5：理清角度，梳理问题。通过在平板上圈画批注提高学生课上专注度；通过思考课前学生从不同角度提出的问题，了解思维角度的差异性；通过抢答、教学游戏等功能提高学生课堂活跃度，激发学生学习兴趣。

步骤6：小组合作，多维提问。通过准备小组问题清单，梳理小组提出的问题，方便拍照上传；通过拍照上传功能，将小组合作交流结果清晰呈现给教师，方便教师挑选典型问题进行讲解；通过展示功能，提高学生课堂参与度，锻炼学生语言表达能力。

步骤7：总结所学，拓展延伸。通过游戏化教学方式活跃课堂氛围，检验学生学习水平；通过总结本节课所学的课程内容，理清思路，深化主题，强化记忆，内化知识。

3. 课后

步骤8：探索发现，学以致用。通过引经据典拓展学生学习宽度，发散学习思维；通过拍照上传功能完成课后习题，检验本节课的学习效果。

七、教学策略选择与设计

1. 探究式教学：在课中，通过提出问题，让学生通过自主思考、小组合作的方式探究问题，以理解可以从内容、写法、联系启示等角度对课文提出多种多样的问题。

2. 任务驱动式教学：在课前，通过给学生推送任务单的方式，让学生带着任务去思考阅读文章，去理清蝙蝠与雷达的关系，锻炼学生边阅读边思考的能力。

3. 翻转课堂混合式教学：在本课的教学活动中，就教学资源来说，既运用了智慧课堂教学系统推送微课、课前导学单等资源，又运用了线下个人问题清单、课本等资源；就教学活动来说，既有课堂小组合作交流，又有线上互评、抢答等活动。这些线上与线下的混合不仅丰富了课堂的教学形式，也提高了学生的学习兴趣。

八、教学环境与资源设计

1. 硬件：希沃白板5、希沃智能交互平板(教师机、学生机)。

2. 软件：希沃易课堂。

3. 资源：微课，个人问题清单，课前导学单，教学课件。

九、教学评价设计

依据评价的教学阶段，可以分为诊断性评价、形成性评价和总结性评价。

1. 课前：首先就学生微课学习与课前导学单的完成情况进行诊断性评价。

续　表

2. 课中：通过随堂检测、课中汇报、作品评价等评价形式对学生学习成果进行形成性评价，以及时调整课堂教学策略和教学方法，进行个性化的教学。

3. 课后：对学生整节课的学习情况进行总结性评价，同时对本节课的知识点进行总结，以加深学生对知识点的印象，并让学生对自己的学习成效进行自我反思。

案例研讨

结合上述混合式教学设计案例，请学习者扫码观摩翻转课堂教学视频。从混合式教学设计的基本环节出发，结合其实施效果，评价上述混合式教学案例在教学设计上的优缺点，思考优秀的混合式教学设计应该具备什么特点。结合实际，设计一节混合式教学课，并开展实践。

扫描二维码
观看微课视频

学习自评

评价内容	自评结果			
	优	良	中	差
理解信息化教学设计的概念和特点，明晰信息化教学设计的基本原则				
辨析信息化教学设计的 ADDIE 模型和 ASSURE 模型，熟悉信息化教学设计的主要内容				
了解课堂教学设计要点，熟练运用课堂教学设计模板和教学设计评价模板开展教学				
了解在线教学设计要点，熟练运用在线教学设计模板和教学设计评价模板开展教学				
了解混合式教学设计要点，熟练运用混合式教学设计模板和教学设计评价模板开展教学				
综合评价				

本章小结

1. 教学设计是指根据课程标准的要求、教学目标和学习者的特征，应用系统科学的理论和方法分析研究教学问题和需求，合理组织安排教学各要素，确立解决教学问题的方法和步骤，形成合适的教学方案。

2. 教学设计的基本原理主要包括目标控制原理、要素分析原理、优先选择原理和反馈评价原理。

3. 教学设计的基本内容包括：教学目标分析、学习者特征分析、教学过程设计、教学环境与资源设计和教学评价设计。

4. 经典的教学设计过程包括分析、设计、开发、实施和评价五个部分（ADDIE 模型），以及分析学习者、陈述教学目标、选择方法、媒体和资料、使用媒体和资料、要求学习者参与、评价和修改六个部分（ASSURE 模型）。

5. 课堂教学设计应细致分析学生学情，依据教学目标，合理制定教学策略，培养学生核心素养和高阶思维；在线教学设计要注重创设交互情境，鼓励教师积极学习借鉴平台提供的优质课程案例、资源工具，有机组合或创造加工各类优质资源，优化教学设计；混合式教学设计在"先学后教"理念的指导下，充分发挥线上、线下教学的优势，促进学生知识内化，对教育教学过程进行真实性评价，并关注评价的发展性。

6. 教师和学生可以根据学科特点，选择针对性强、直观灵活的信息化教学工具，提高课程教学的趣味性、针对性，为学生创设更多自主学习、探究学习、协作学习的机会，依托教学数据开展多维度、多主体的教学评价。

实践与分享

请选择一个教学场景开展信息化教学设计，依据教学设计评价量表，与老师、同学们交流分享，实施并改进教学设计方案。

拓展资源

1. 请检索并阅读以下文件（http://www.moe.gov.cn）：

教育部 2022 年 4 月发布《义务教育课程方案（2022 年版）》，新修订义务教育课程方案和语文等 16 个学科的义务教育课程标准，强调在教学中全面落实立德树人根本任务，进一步深化课程改革。

2. 请检索并阅读以下文章（https://kns.cnki.net）：

《基于翻转课堂理念的教学应用模型研究》，作者董黎明等，文章详细分析了翻转课堂理念在课程教学中的应用模式，提出了基于翻转课堂理念的课程教学应用模型，并分析该应用模型的特点和发展的影响因素。

《信息化环境中基于翻转课堂理念的教学设计研究》，作者钟晓流等，文章系统介绍了翻转课堂产生的背景与缘起、含义与特征、当前的研究进展等，将翻转课堂的理念、中国传统文化中的太极思想、布卢姆的认知领域教学目标分类理论进行深度融合，构建出一个太极环式的翻转课堂模型，并根据模型的组成和流程给出了实施的关键要点。

《建构主义的教学模式、教学方法与教学设计》，作者何克抗，文章分别分析建构主义的教学模式和方法，总结了一种能与建构主义学习理论相适应的全新的教学设计理论与方法体系。

《混合式教学的理论基础与教学设计》，作者李逢庆，文章构建了 ADDIE 教学设计模型，阐释了混合式课程的教学设计，并对混合式教学实施过程中课前、课中、课后三个阶段的师生活动进行了深入探讨。

第五章

信息化教学管理与研修

　　信息化教学管理是目前学校管理创新的重要途径，信息化教学研修是当下教师专业发展的主要方式。学校发展STEM、项目式和线上线下融合等教育教学新模式，需要学校管理者在国家教育政策引导下形成新时代背景下的育人观，并在教学管理中应用教育信息化的新理念与新技术，推动学校教育管理模式的深层次变革创新。

本章学习目标

1. 了解信息化教学管理的内涵、分类及应用工具
2. 了解网络教学研修的内涵、分类及应用工具

知识地图

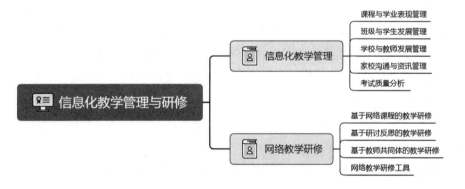

学习建议

　　1. 学习重点：课程与学业表现管理、班级与学生发展管理、学校与教师发展管理、家校沟通与资讯管理、考试质量分析以及三种网络教学研修的概念及其工具的使用。

　　2. 课前活动：观看本章的导学微课视频；观看信息化教学管理与研修概述视频，深刻把握本章介绍的各种信息化教学管理和网络教学研修的特点及其教学工具的功能特点，指出其优缺点与适用性；观看各种教学工具的操作演示微课视频，熟悉各类教学工具的操作。

　　3. 课后活动：完成本章的实践项目。

扫描二维码
观看微课视频

第一节 信息化教学管理

本节学习目标

通过本节学习，了解信息化教学管理的内涵，熟悉信息化教学管理工具的功能特点及其应用方法。

信息化教学管理作为教育信息化的重要组成部分，是以信息系统、数据资源、基础设施为基本要素，利用信息技术转变教学管理理念、创新教学管理方式、提高教学管理效率，支撑教学决策、管理和服务，推进教学变革的进程，具体包括信息技术支持的课程与学业表现管理、班级与学生发展管理、学校与教师发展管理、家校沟通与资讯管理和考试质量智能分析等内容。

一、课程与学业表现管理

1. 课程管理

课程管理一般指在现代课程理念和管理理念的指导下，充分结合课程内外需求，有目的、有计划地进行建设和实施，对各种要素妥善安排，使之达到预定教学目标的过程。其管理主体包括国家和地方教育行政部门、学校领导者、普通教师等，范围覆盖从课程目标、内容、实施到评价等全环节。2019年教育部印发的《义务教育学校管理标准》中指出，"要根据学生发展需要和地方、学校、社区资源条件，科学规范开设地方课程和校本课程，编制课程纲要，加强课程实施和管理"。规范有效的管理是建设适合学生发展课程的保障，形成适合学校发展的课程管理模式是发展趋势。

学校的课程管理需要结合学校办学实际，注重多维化的课程培养目标，尊重课程实施的客观规律，不断提高教师参与课程管理的积极性，促进学生的个性化发展。信息时代的校本化课程管理在管理者角色、管理方式、课程设置和教学理念等方面都发生了转变，虽然在一定程度上给学校和教师等主体带来更大的工作压力和负担，对教师的专业素养也提出了更高的要求，但对于学校创新课程实施、教师的专业发展和学生的综合素质培养等都起到一定的助推作用。

思考讨论

请学习者结合自身经历和网上资料，谈谈有哪些信息化教学管理工具可以对课程进行管理。学习者可从国家中小学智慧教育平台、基础教育精品课平台获取教学案例进行分析，也可从教学适应性、创新性、操作性角度讨论教学管理工具的功能和特点。

2. 学业表现管理

学业表现是学生在课业学习中表现出来的学习能力、学习行为、考试成绩、作业完成情况等可测量的行为结果,综合反映出学生知识、技能、情感态度价值观等学习情况。有效的学业表现管理能够促进学生更好地进行学习活动,增强学习动机,提升学习质量,改善个人学习行为。本书主要介绍以下两类学业表现管理:学生作业管理、学生学习动机管理。

(1) 学生作业管理

作业是学校课程教学的必要环节,是帮助学生巩固课堂所学知识、检测教学效果,提升学生认知诊断、问题解决、创新实践等学科素养的重要手段。2021年中共中央国务院发布的《关于进一步减轻义务教育阶段学生作业负担和校外培训负担的意见》明确提出要全面控制作业总量与时长,减轻中小学课业负担过重等问题,并协调好学业减负与课堂增效、作业减量与作业提质、知识学习与全面发展的关系。在此背景下,当务之急是对学生的作业情况进行有效管理,扭转"题海战术""同质化"等作业设计理念,实施合理的学生作业管理策略。学校一方面要控制作业总量,另一方面必须提高作业设计水平,突破传统全体学生统一的机械性"刷题"模式,依据学生特点积极探索设计分层作业、项目式作业、协作式作业、个性化作业等多种形式。同时,要兼顾作业设计质量与教学评价标准的统一,严格遵循课堂教学评价标准,保障作业设计符合各学段学生的认知特点、学习规律与课标要求,借助智能化手段打造作业的设计、布置、批改、反馈、辅导等完整闭环,避免作业内容的机械性和低效性,以及盲目"减"作业后带来教学质量下降的风险,最大程度满足教师精准化教学与学生个性化学习的双重需求。[①]

近年来,平板电脑、点阵笔等技术融入课堂教学,为学生作业的信息化管理提供了良好的技术支持。信息化作业管理平台一方面能够支持教师自定义的文字、语音、视频等多媒体形式的作业布置与可视化管理,突破了传统纸笔作业的形式,使作业更具个性化、多样性与趣味性;另一方面能够突破时间与场地限制,兼顾个人与班级整体学习进度与学习能力,更加实时化、自动化、智能化,能大规模地进行作业设计、布置、批阅、反馈与优化,大大提高了教师工作与学生作业效率,帮助教师提高作业设计水平和帮助学生定制更加贴近个人需求的作业,从而提升教学效果与质量。

(2) 学生学习动机管理

学习动机是指学生引起并维持学习行为及其倾向的心理状态,它是学生学习需要、学习倾向、学习兴趣的根源。学生的学习动机包括学生的兴趣、好奇心、学习归因、求知欲等因素,这些因素驱使着学生从事学习活动。学习动机管理通过预判、维护、激发和监管学生的学习动机,探究学生学习动机的影响因素,采取一定的措施对学生积极的学习动机加以强化,以提升学生的自主学习和终身学习能力。

---

① 柯清超,鲍婷婷,林健."双减"背景下数字教育资源的供给与服务创新[J].中国电化教育,2022(01):17-23.

大数据时代,如何发挥学生的学情数据优势,结合新一代信息技术进行学习动机管理成为研究热点。提高学生的学习动机可通过维持学生学习过程、学习成果的满足感等途径实现。为提升学生在学习过程中的满足感,可以基于师生的教与学现状和需求提供个性化、多样化的优质教学资源,丰富学生的学习体验;同时教师可借助智能教学评价系统对学生进行多元评价,学生可以及时查看自己的优势和不足,从而提升学习的满足感,增强学习动机。在学生学习动机的测量方面,传统的测量方法多以量表或者注意力检测任务来实现。随着脑电技术的进步,基于BCI的认知负荷、注意力水平、情绪状态等高级思维的测量技术逐渐成熟,从而更好地赋能学生的学习动机管理。

> **思考讨论**
>
> 请学习者结合自身的学习经历,分享教师利用信息化教学管理工具进行课程与学业表现管理的过程,谈谈自己会如何使用信息化教学管理工具进行学业表现管理。

二、班级与学生发展管理

1. 班级管理

班级管理是一个动态过程,是指教师根据教学目标和管理要求,对班级中的各种资源及活动等进行计划、组织、协调、控制,以实现育人目标的组织活动。班级管理既涉及课堂教学活动、课后实践活动、班级组织的课外活动、学生安全保障等显性因素,也包括学校校风、班级班风、学生心理健康、人际关系等隐性因素。[①] 其目的是凝聚班级力量,帮助学生从班级集体生活走向社会公共生活,融入公共生活场景,以实现学生身心全面健康发展。

随着信息技术的快速发展,信息化班级管理模式在信息技术的加持下实现了班级管理的数字化、智能化,极大提高了班级管理的效率,也为传统班级管理带来新的思路。本书主要介绍以下两类班级管理模式:班级评价管理和班级学生行为表现管理。

(1) 班级评价管理

以往的班级评价管理多为班干部、班委会成员决策,评价的公平性难以保证。而在大数据的技术支持下,学生强弱科目、喜好、兴趣、日常活动表现等丰富的、多元的过程性数据能够被记录,智能算法能够对班级评价数据进行精准分析,从而可以更客观、全面地反映班级个体与整体的真实情况,为班级提供透明的、公平的、个性化的评价与管理方案,有效提升班级评价管理水平和效果。

---

① 张林. 小学班级管理的现状分析及改进对策[J]. 教学与管理,2017(03):80-82.

(2) 班级学生行为表现管理

传统的班级学生行为表现大多依据教师对学生平时的行为观察和班级活动记录,这种管理具有一定的主观性。借助于信息化管理平台,可以全面记录学生日常行为活动,定期统计学生行为表现数据,及时发现班级管理的盲点,有效改善班级管理的策略,提高班级学生行为表现管理的水平和效率。

2. 学生发展管理

学生发展管理是在教师进行教学活动的过程中,对学生的学习、生活等发展方面进行系统监测与管理,对学生的学习情况、身心发展情况进行评估,分析影响学生发展水平的因素,提出改进方案,监测学生各学科领域的发展水平及核心素养,系统挖掘影响学生发展质量的关键因素,精准服务教育质量提升。《国家义务教育质量监测方案(2021年修订版)》等文件指出,需要"坚持问题诊断和示范引领并重,建立监测问题反馈和预警机制,督促问题改进;围绕学生全面发展要求,重点监测学生德智体美劳教育质量状况。德育主要监测学生的理想信念、道德行为规范以及基本国情常识掌握情况等。语文主要监测学生掌握语文基础知识情况、阅读能力和书面表达能力等。数学主要监测学生掌握数学基础知识和思维方法情况、运算能力、问题解决能力等。英语主要监测学生掌握英语基础知识情况,阅读、写作等综合语言运用能力等。科学主要监测学生掌握科学基础知识和思维方法情况、科学探究能力等。体育与健康主要监测学生身体形态、机能、体能状况以及健康生活习惯等。艺术主要监测学生掌握艺术基础知识情况,通过艺术作品和活动感受美、表达美的能力,审美趣味和审美格调。劳动主要监测学生劳动观念、劳动知识和能力、劳动习惯和品质等。心理健康主要监测学生情绪、人际交往等发展状况以及常见的心理行为问题等"。

为更有效地对学生发展进行管理,很多学校引入了学生电子成长档案,通过记录学生在校学习成长数据,包括考试成绩、作业情况、课堂表现、课程学分、考勤记录、个人健康情况及社会实践综合活动等,为教师针对学生实际情况进行因材施教提供了数据支持,同时也为家校互通提供了参考数据。[①]

> **思考讨论**
>
> 请学习者结合自身的学习经历,分享教师利用信息化教学管理工具进行班级与学生发展管理的过程,谈谈自己会如何使用信息化教学管理工具进行班级与学生发展管理。

---

① 黄利华,周益发,程晓杰. 智慧校园IS服务平台应用探索与分析——以南昌大学附属中学IS平台为例[J]. 中国电化教育,2017(09):98-103+110.

3. 班级与学生发展管理工具

信息化工具为班级与学生发展管理提供了新的思路。"云班牌"等新型的信息化设备能够代替传统的黑板报与橱窗展板等形式，进行班级班风的展示。教师可以引导或与学生共同在软件后台设计属于自己班级的海报，彰显班级的优良特色，协同发挥创新思路，增强班级凝聚力。此外，"云班牌"还能支持获奖荣誉榜单的自动生成，通过评选优秀班级，让学生在积极的氛围下共同为班级争夺荣誉。在班级评价管理方面，相较于传统的主观评定和结果性评价学生表现，"云班牌"可以通过数据可视化和评价实时化来创新评价形式，随时随地地开展教师评价与学生自评互评等多角色评价，并由系统自动汇总评分数据，将评分结果推送至学校管理者、教师、学生等，从而可视化地针对班级情况进行管理的查漏补缺与学生的行为改善。在学生发展管理方面，"云班牌"可以将学生的成长动态数据、学生的德育行为上传到班级荣誉榜，营造积极、热烈的德育氛围，鼓励、引导学生向榜样看齐，正向发展。

请学习者扫码观看微课视频"希沃云班牌的基本操作"，学习"希沃云班牌"的基本功能和操作。

扫描二维码
观看微课视频

三、学校与教师发展管理

1. 学校管理

学校管理指学校管理者以学校自身的办学特点与办学需求为依据，制定教育目标，组建管理队伍，制定管理制度，统筹学校人力、财力等办学资源，在教师、学生以及其他学校员工的共同努力下，不断努力、反思总结经验并调整工作安排，最终实现学校教育目标，促进学校教育高质量发展的活动。教育部发布的《义务教育学校管理标准》强调了育人为本、促进公平、科学治理等管理理念，要求从保障学生平等权益、促进学生全面发展、引领教师专业进步、提升教育教学水平等方面开展学校管理工作。随着未来学校和智慧校园等概念的提出，未来学校管理将面临更大的挑战，同时也对学校管理者、教师和学生等提出了更高的要求。

2. 教师发展管理

教师发展是每位教师从初出茅庐的新手转变为专业教师的必经之路，指的是教师在教学、研讨、培训等过程中,通过交流学习、教学研究与教学反思等,不断促进自身专业发展,提高教师素养,锻炼自身教学能力,从而逐渐成为一名专业教师的过程。教师教学能力发展是学校教学质量建设的重要途径,也是高等学校教学改革的基本保障。[①]

为保证教师能力的可持续发展,应对教师发展进行及时评价与反馈跟踪,帮助教师形成自我反思的意识与习惯。通过大数据构建教师成长档案袋,教师专业能力水平能够得到多元化的评估,职业能力欠缺的教师能够及时得到相应的培训建议与支持,并且大数据还能够根据教师存在的问题,为其提供个性化的发展建议、培训项目与课程资源。

① 教师发展全程数据化。基于区域教师发展管理平台,学校可以通过可视化数据以及对教师应用能力的跟踪,为教育管理者提供教师发展的数据支持和决策依据。通过平台,教师可以实时查看区域内各层级教师以及自身的培训情况,基于可视化数据了解发展趋势、横向对比自身发展信息。同时,平台通过自动采集教师信息化应用数据,反映教师真实能力水平,以数据助推教师信息化水平提升。

② 教师发展全程可视化。教师的研修、培训与教学实践等过程都能够通过可视化数据进行展示,以此解决传统教师培训"实施不落地,过程不透明,过程不可控"等问题,帮助教师在提升信息化水平方面突破瓶颈,呈现教师信息化教学能力的真实水平。同时,基于数据分析的教师发展管理平台能够掌握不同区域的教师发展情况,对每位教师的专业发展问题准确归因并提出针对性策略,提升区域内教师发展管理的合理性与科学性。

3. 学校与教师发展管理工具

学校与教师发展管理工具,如"发展管理平台",作为基于发展性教学评价的数据服务平台,能够通过教学数据分析,为教学管理者提供客观性评价依据与决策性建议,从而在数据驱动下优化全校教学管理。

(1) 功能特点

① 教学决策科学化。"发展管理平台"提供师生互动、课件制作、互动教学等多维度数据,并进行智能分析,让管理者对学校信息化综合情况一目了然,更高效地做出教学决策。

② 教师备课精准化。"发展管理平台"可采集教师教学过程产生的数据,包括课件制作、授课、学生点评、教学互动数据等,为教师发展性教学评价提供数据支持。教师制作课件时,能在信息化教学平台上协同批注、在线研讨、多人协同批注课件,合力创设浓厚的研讨氛围。与此同时,平台会将教师教研的过程性数据自动收集,校本资源库自动存档,形成集体备课成果。教师能在线将自己的备课成果进行多稿内容的横向对比,批注研讨过程数据回溯,提升自身的教学水平。

---

① 沈文淮,谢幼如,柯清超,尹睿. 高校教师教学发展中心促进教师教学能力发展的机制与模式[J]. 中国电化教育,2012(12): 66-70.

③ 发展数据可视化。在教学过程中,教师的教学教研过程数据,包括教师个人备课数据、教师个人教研数据、教师个人听评课数据以及班级管理数据都能在信息化教学平台上一一展现,而平台还能根据线上、线下支持教师培训的数据积累教师研修数据,搭建全国教师研修数据看板,综合展现各省、市、区、校的教师研修数据。学校管理者可以通过数据池随时掌握全校师生的过程性行为评价数据,并针对此数据做更精准有效的管理。

④ 听课评课数字化。"发展管理平台"支持信息化听评课,具备汇总教研评价、跟踪教师活动记录等功能。学校领导者、新手教师可以通过手机等移动端发起评课,并由后台自动生成评课报告,为校级常态化教研、新教师跟岗学习、跨校区学习研讨等提供便利。

> **技能学习**
>
> 请学习者扫码观看微课视频"希沃信鸽的基本操作",学习"希沃信鸽"的基本功能和操作。

扫描二维码
观看微课视频

(2) 应用案例

"希沃信鸽"为教师发展提供了一个很好的发展教学评价平台。2022 年 5 月,遵义市汇川区教育体育局开展"基于教学改革融合信息技术新型教与学模式实验区"精准备课(集体备课)活动,教师按照《遵义市汇川区"基于教学改革融合信息技术新型教与学模式实验区"实施方案》要求结合学校教学特色,完成教案、课件、微课、作业等。参与活动成员需根据主要负责人所备的教案、课件,在线提出具体的修改建议,集体备课完毕后,由主要负责人修改完善教案与课件,形成"共案",待上课前根据自己班级学生学习情况再次修改完善,形成"个案"。通过教学数据可视化呈现,管理者可以实时了解每个班级、每位教师的教学情况,教学管理者可以通过"希沃信鸽"观看教师的课件制作、听课评课、师生互动、家校沟通等课内外备课授课情况,同时教师之间也可以相互学习、相互借鉴。基于信息化教学的便利,教师对自身的教学效率和教学质量提出更高的要求,在相互学习的过程中向优秀的教师看齐学习,无形中也提升了自身的能力素养。

> **案例研讨**
>
> 结合上述应用案例,从教师发展的特点出发,思考并讨论信息化教学管理工具如何帮助教师实现自我成长,学习者可从收集教师发展数据的便捷性、教师备课过程的可复现性等角度进行分析。

四、家校沟通与资讯管理

1. 家校沟通与资讯管理的基本内容

家校沟通是教育不可缺少的一部分,它是促进家校良好协作与学生身心发展的桥梁。以往的家校沟通倾向于采取学生带口信、学校发放通知、教师发送短信、教师与家长电话或面谈等形式,容易导致信息不对等、信息接收滞后和重要信息遗漏等问题。与此同时,家长难以及时掌握最新教育资讯,也不利于家长对学生学习的监督与指导。如今,得益于家校沟通的数字化,教师可以利用现代通信工具发送相关的视频、图片、文字等多媒体资料,一方面,能使家长及时了解学生学习动态,以此实现学校教育与家庭教育协调统一;另一方面,教师也可以更加直接便捷地收集家长的意见与建议,为开展课外实践活动、优化教学内容奠定基础。数字化转型后的家校沟通更加丰富、多样化,能够将教育教学服务真正地延伸到社区和家庭中,突破学校教育的时空限制,打造出兼具技术支持精细化管理与人文关怀的家校沟通生态。

在沟通平台和工具方面,各地区各学校涌现了使用"家校通"增强家校沟通的热潮。"家校通"是集计算机技术、互联网技术、无线通信技术和考勤信息化技术于一体的现代信息化管理系统。通过"家校通"平台,家校双方可以实时传递学生信息,有效解决学生的问题,让家长了解自己的孩子在班级的位置,从中发现孩子提升的空间,对孩子进行相应的监督和教育;在学生安全上,"家校通"也能记录学生进出校园的情况和学生考勤情况,让家长及时了解自己孩子的在校情况,为家校沟通提供了一个更方便、快捷的平台。创建者借终端技术搭建家校沟通平台,预想基于数字化信息进一步拉近家校社交圈,让家校沟通变得直观,增加可视化程度。家长与教师间的沟通也变得有针对性,它构建了高效促进家校合作的双向系统。

2. 家校沟通与资讯管理的工具

家校沟通工具能促进学校与家长良好沟通,共同为学生身心发展提供有效方案。在家校互动方面,家校沟通工具能提供家校互动应用,家长可以在平台上查看学校发布的相册、视频、资讯、课表,也可以在平台上了解学生在校的课堂表现、考勤情况,还能在平台上提交学生的作业、学生的请假申请和体温打卡,进行多维度、深层次家校互动。

在沟通交流方面,家校沟通工具提供基于文本、图片、语音、表情包、视频通话等信息的多种沟通方式。学生可以通过平台在学校给家长留言,也能在平台上跟家长沟通交流,平台会及时将信息推送给家长。在资讯推送方面,家校沟通工具能及时推送信息,包括所有与学生相关的动态内容、学习资讯,与安全相关的安全守护、校园考勤,与学校事务相关的作业、公共投票,与设备应用相关的电量、绑定、通话记录等信息。

技能学习

请学习者扫码观看微课视频"希沃魔方的基本操作",学习"希沃魔方"的基本功能和操作。

扫描二维码
观看微课视频

3. 应用案例

自 2021 年开始,广东广雅中学花都校区依托"希沃云班牌"开展家校协同育人。本着以家校互动为突破口让更多师生家长享受信息惠民服务的目标,学校利用"班牌"为广大的学校师生和家长提供一个基于移动互联网的家校沟通平台。经过探索和实践,师生和家长能够熟练掌握其应用操作,构建了和谐的家校关系,有效帮助双方了解学生的学习和身心状况,从而制订并实施有针对性的家校共育方案。在考勤方面,教师和家长可在"班牌"上查看学生的出勤、缺勤等情况;在家校沟通方面,教师和家长、家长与学生以及教师与学生可在"班牌"上实时交流,为家校沟通搭起了一座桥梁;在资讯发布方面,各级教育行政部门和学校通过"班牌"不定期推送与师生和家长息息相关的教育法规、政策制度、教育动态、通知公告等内容,师生和家长使用智能手机等移动终端就可以便捷掌握权威的教育资讯;而在学生成长方面,"班牌"用于辅助学校的德育工作和班级建设,潜移默化中促进了集体凝聚力的增强和学生成长。

案例研讨

结合上述应用案例,从教师发展的特点出发,思考并讨论信息化教学管理工具如何帮助教师实现自我成长,学习者可从收集教师发展数据的便捷性、教师备课过程的可复现性等角度进行分析。

五、考试质量分析

考试质量分析是对学生考试测评表现的质量分析,它可以作为学生学习、考试试题质量和教师教学情况的判断方法,也是教师调整教学和提升专业发展水平从而促进教学质量提升的重要依据。

1. 考试质量分析的基本内容

考试质量分析的基本内容一般包括试题质量分析、学生成绩分析和试卷质量分析等三部分。其中,试题质量分析的主要目的是判断试题是否符合课程教学大纲中关于教学目标与计划等的具体要求,包括分析不同知识点与不同知识掌握程度下的题目数量与分值等;学生成绩分析的主要目的是检验学生对于课程知识与技能等目标的掌握程度,包括及格率、优秀率、平均分、标准差、偏度和峰度等;试卷质量分析的主要目的是判断试卷的试题难易程度、不同水平学生的成绩区分程度、考试结果的可靠性及有效性,即试题难度、区分度、信度和效度。

2. 考试质量分析工具

当前的考试质量分析一般都借助"智能阅卷系统"的信息化产品来完成。"智能阅卷系统"一般会有题库系统、试卷扫描识别(客观题)与批改、学生成绩分析等模块,支持从考试命题到质量分析的全过程。

"智能阅卷系统"是一套服务于基础教育阶段,对学校日常作业和考试数据进行识别、采集、分析的教育智能系统。由智能阅卷平台、扫描客户端、移动阅卷 APP、学生端四个部分组成,真正支持对学生试卷数据进行多维度数据分析,能自动生成各类统计分析报表。可以准确了解不同学生对各知识点、知识模块、学科的掌握情况,对症下药提高临界生的转化率。其基本功能包括:

① 考试管理。智能阅卷系统具备快速创建考试、关联答题卡、设置答案、问卷设置、批量扫描答题卡等功能。

② 题库组卷。智能阅卷系统通过精选题目归纳分析组卷,支持个人题库建设与校本题库建设。

③ 阅卷中心。智能阅卷系统的阅卷中心能够智能扫描批阅试卷,进行在线评分批注与快捷打分,并对数据进行收集、统计与分析。

④ 成绩分析。智能阅卷系统能够对学生试卷数据进行多维度数据分析,及时追踪学生学习情况并自动生成学生档案。

⑤ 精准教学。智能阅卷系统能够多元化、多角度地呈现教学数据,生成个性化诊断报告与个性化错题集,并精准推送等价题。

通过智能阅卷系统的应用,有利于推动考试评价的改革实践:

① 减轻教师负担。智能阅卷系统同时支持纸质批改以及在线批改,自动生成教学评估报表和学生个性化学业档案,减轻教师的工作负担。

② 精准定位错误。采用先进的"留痕识别"技术识别老师原笔迹赋分情况并自动完成分数统计,保留教师批改笔迹,方便学生查看错误。

③ 阅卷方便快捷。随时随地阅卷,大幅提升阅卷速度,试卷电子档的存储模式方便课堂讲解,一键完成成绩单的发布。

④ 实时掌握学情。及时掌握学生学业情况,精准定位薄弱环节,有效改进教学策略。

⑤ 全方位数据统计。针对每个班级生成成绩分析报告,帮助任课老师精准定位,高频错题当堂讲评指导。

⑥ 生成个性化作业。针对每个班级的共性错题生成加强训练作业,帮助每个学生生成个性训练作业。

⑦ 学科精准解析。学生可以看到自己单科和综合的精准学习报告、精准解析。

⑧ 实现大数据教学。量化教学目标，兼顾个体差异，真正实现大数据教学。

> **思考讨论**
>
> 请学习者结合自身的学习经历，分享教师利用信息化教学工具进行考试质量分析的过程，谈谈自己会如何使用信息化教学管理工具进行教学管理。

第二节　网络教学研修

本节学习目标

通过本节学习，了解网络教学研修的概念、模式、环节以及网络研修工具的功能特点。

网络教学研修是教师研修中不可或缺的一部分，而不同形式的网络教学研修为教师提供了丰富多样的研修途径。在研修的过程中运用网络教学研修工具，可以提升研修的便捷性，提供丰富的学习资源，促进教师实现精准、有效的自我提升。

2014年教育部发布了《中小学教师信息技术应用能力标准（试行）》，并随后启动了全国中小学教师信息技术应用能力提升工程，其目的是提高广大中小学教师的教育技术能力和水平，促进教师的专业发展。近年来，随着大数据和人工智能等新技术变革对教师信息素养提出了更高的要求，教育部于2019年3月发布《关于实施全国中小学教师信息技术应用能力提升工程2.0的意见》，指出"信息技术应用能力是新时代高素质教师的核心素养"，对教师研修方式和组织形式等提出了相应要求，并强调了网络研修在整校推进开展教师信息技术应用培训中的重要作用。现阶段教师研修以互联网条件下的线上线下混合研修为主要形式，通过提供不同形式的混合学习活动，有效支持教师的继续教育与专业发展。

一般而言，网络教学研修环境由数字资源内容、教师协作平台和教师发展共同体等要素构成。网络教学研修模式的核心理念包括：① 应用网络平台实现自定步调和自主学习的网络课程；② 开展面对面的教师主导学习与小组学习，促进知识建构；③ 在线协作形成教学设计方案、教学课件等研修制品；④ 形成基于网络的教师研修共同体，通过网络进行协作扩展研修学习与教学实践。根据研修活动与研修组织形式，可将网络教学研修模式分为以下三类：① 基于网络课程的教学研修，强调研修课程资源的学习；② 基于研讨反思的教学研修，强调协作研讨活动的开展;③ 基于教师共同体的教学研修,强调共同体的组织形式。

一、基于网络课程的教学研修

基于网络课程的教学研修为教师提供了以系统学习课程资源为核心的研修路径,研修内容可以是在线开放课程、视频公开课、资源共享课、系列化优质教学案例等,有助于教师提升自身专业素养,并通过借鉴和模仿优秀案例优化自身教学。

1. 基于网络课程的教学研修内涵

用于教学研修的网络课程是基于不同学科的教学特点,面向教师必须掌握的教学知识、技能和职业素养等开设的在线课程。课程内容涵盖各学段教育理论与学科教学知识的系统讲解、优秀教学实录与教学设计等教学示例、名师与学科专家的专题解读分析等。课程以在线开放课程或微课程等不同形式呈现,具有共享性、多元性、跨区域性、针对性等特点。

基于网络课程的教学研修是教师通过网络等自组织学习形式,进行自发的、自我导向的研修活动。常见的形式有网络自主学习、网络小组协作学习、网络自主学习与协作学习相结合等。基于网络课程的学习是集体化教学与个别化学习、自定步调与实时协作、结构化与非结构化学习的综合。网络课程平台会根据教师的职位、岗位、教龄以及喜好的不同,自动推送个性化课程,共享跨区域的优秀教学资源,满足教师的个性化研修需求。例如在爱课程网站开设有专门的中国教师教育 MOOC(https://tmooc.icourses.cn/)板块,专门为教师网络研修提供了包括教学方法、教学能力、信息化教学、职业素养、班主任等多个系列的在线开放课程,如图 5.1 所示。

图 5.1 "爱课程"网面向教师的教育教学类网络课程

2. 基于网络课程的教学研修基本环节

基于网络课程的教学研修可以采取"理论＋实践"的形式，一般包括明确目标、课程学习、课后实践和分享反思等基本环节。

图 5.2　基于网络课程的教学研修基本环节

在明确目标阶段，教师需要综合考虑岗位需求、学科教学需求、个人发展需求等，选择合适的网络课程进行学习。在课程学习阶段，教师应带着专业发展中的疑点和教学实践中的难点等问题展开学习。带着问题的学习是有目标的学习，能够有效提高学习的效率，促进教师专业技能发展。在课后实践阶段，教师应将研修知识与技能应用于实际课堂教学情境中，尝试去解决教学实践中遇到的真实问题。只有将理论知识用于解决真实教学问题，才能帮助教师将专业理论知识与技能内化和落地，深刻理解理论知识与技能，最终做到有效应用并解决实际问题。在分享反思阶段，教师可在讨论区分享网络课程学习内容和课后实践心得，也可以提出自己对课程内容的疑问并与其他教师共同研讨。

3. 基于网络课程的教学研修案例

（1）案例简介

2020 年 3 月，教育部"国培计划"名师领航工程海淀进校基地的学员和导师们探索线上教学，利用"领航名师之声"系列微课开展网络教学研修。

（2）案例解读

该案例立足于疫情期间教师如何利用网络资源进行教学设计以及如何开展线上教学等问题，邀请名师通过 5 分钟的微课分享自己的做法和经验，在解决线上教学问题、提升教师线上教学能力等方面，起到了有效的示范与引领作用。其中，河南省济源市济水一中的孔冬青老师针对线上教学中教师如何实现学生的主体地位、如何培养学生思维能力的问题，提出了"把教师的微课变成学生的微课"等观点；江西省抚州实验学校的王文娟老师针对线上教学如何体现学生的主体性与参与性、激发学生学习的热情等问题，提出了"线上学习'小鬼'来当家"等观点。

> **教师网络课程观摩与研讨**
>
> 请学习者登录爱课程网,选择"教育教学"类课程,挑选一门感兴趣的课程进行学习,交流研讨学习心得。

二、基于研讨反思的教学研修

在参与专题研讨、观摩名优课堂与系统学习课程资源等研修活动的过程中,教师通过不断地进行观察、对比、总结与反思,完成对自身教学问题的剖析与重构,从而调整和优化自己的教学设计与实施,并获得实践性知识的发展、教学行为的改进和教学理念的创新。基于研讨反思的教学研修为教师提供了以实践经验反思为核心的研修路径。本节主要阐述其三种形式,分别是自我反思、同侪互助和专家引导。

1. 自我反思

自我反思是促进教师能力提升与专业发展的重要途径,指的是教师以自身的教学活动为反思对象,对教学行为、教学策略与教学结果等进行持续的审视、分析、改进与实践的过程。通过自我反思,教师能够及时发现自身存在的问题,改善自己的教学策略与教学行为,不断更新教学观念,提升专业水平。通过不断的思考,教师能够逐步对教育教学过程中存在的问题形成自己独到的见解,真正成为教学的研究者,从而提升教学工作的自主性与科学性。自我反思的过程一般可以归为如图 5.3 所示的几个环节。

(1) 观察教学,发现问题

教师通过课堂录像、音频等观察自己的教学过程,结合教学平台的学生学习数据以及评价反馈,梳理出教学过程中存在的问题。

(2) 收集资料,明确根源

借助先进的信息技术,教师对于资料的收集将会更加迅速和准确,可以根据所收集的资料以理性、严谨的态度分析自身的教学观念与教学行为,对梳理出的问题进行确认和剖析,明确问题出现的根本原因。

(3) 综合分析,形成方案

明确问题的根源之后,教师可以通过阅

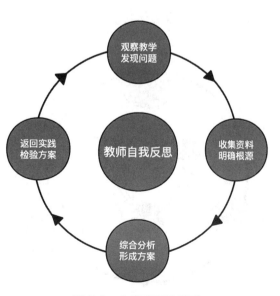

图 5.3　自我反思流程图

读资料、请教同行和专家等方式,探索解决问题的理论依据与具体方法。同时借助先进的信息技术,教师能够从"国家中小学智慧教育平台"等网络平台获取优秀教师的示范课程视频,学习视频中教师的教学智慧,结合实际教学经验与教学需求,形成具有针对性的问题解决策略,制定相应的教学方案。

(4) 返回实践,检验方案

教师将制定的教学方案付诸实践,以检验所形成的教学方案是否有效,并根据新的教学过程继续反思,不断修改自己的教学方案,在反思与改善的过程中不断锻炼自身的教学能力与研究能力,提升自己的专业水平。

2. 同侪互助

同侪互助是指教师以结对或组成学习小组的方式,针对教学问题开展对话、互动与合作等,在集体研讨反思中相互补充与改进教学策略,提高教学质量,共享教学思维成果,在解决问题的过程中完成知识的意义建构,是建构主义学习理论在教师研修中的应用。常规教研活动的同侪互助模式受限于时空地域等因素,无法及时针对现实中的教学问题开展研讨与反思,也难以开展校际和区域互助。同时,线下的同侪互助无法将教研活动贯穿于教学设计、教学实施和教学反思等各个环节,在一定程度上影响了教研效果及教师发展。而基于网络研修的同侪互助模式则能够打破时空界限,借助网络平台开展随时随地的教学研讨和反思活动,常见的形式有网络集体备课和网络观课评课两种。

(1) 网络集体备课

网络集体备课是指教师借助网络平台,实现校本、校际和区域等教师间的集体备课。教师同侪在备课过程中根据教学经验,对教学进度、教学内容和教学方式等环节进行线上讨论,最终形成符合集体共识的完整教案。教师进行网络集体备课能记录教师备课的过程数据,增强管理者对教研核心环节的把控,方便了解每个教师、备课组、教研组的备课情况,以及对教师的备课数据进行统计与追溯。网络集体备课的基本过程如图 5.4 所示,具体可分为: ① 个人初备。教师针对教学计划、教材内容和以往的教学实施评价等,初步形成个人的教学设计。② 集体研讨。借助网络平台,各地域的教师提出自己的教学设想和依据,在线研讨,多人协同批注课件,开展集体交流。③ 资源打磨。教师根据组内同侪的反馈和建议修改原教案,借鉴网络平台的优秀教学课例进一步丰富多媒体课件等信息化教学资源,并通过集体研讨迭代完善。④ 形

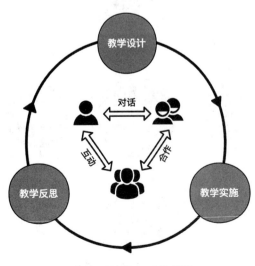

图 5.4 同侪互助流程图

成共案。经过组内同侪集体备课、研讨打磨，形成集体研讨的备课共案，备课共案可供各位教师在以后的教学中借鉴模仿。⑤ 教学反思。教师借助网络平台完成本轮教学的个人反思，对自己的多稿课件进行对比，并与同侪进行沟通交流，形成较为结构化的要点，以作为未来集体备课的参考依据。

(2) 网络观课评课

网络观课评课是指教师通过网络观看讲课视频，并围绕讨论主题发表评课意见的教研活动。网络观课评课的优势在于不受教师人数和时空的约束，每位参与观课的教师都能发表看法，改变了以往评课活动只能由少数骨干教师点评的情况。网络观课评课一般有两种形式：① 线上直播评课。教师参与优秀课例的线上直播观课，不仅能够实时感受课堂氛围，还能够与讲课和听课教师互动，提高评课质量。② 观看录像议课。教师通过网络平台能够同时观看多节优秀教学课例，提高评课效率。

3. 专家引导

在自我反思或同侪互助过程中，教师研修效率可能受到教师本身的理论知识、实践能力和研究水平等限制，致使瓶颈问题阻滞研修进展，并最终影响教师专业发展的有效提升。而通过专家引导，专业研究人员能够将先进的教学理论和多年的研究结论与教师进行分享，在教师陷入瓶颈时，为教师带来新思路，提供新的可能性，推动教师研修的可持续发展。

专家引导是指教师在教研人员、专家型教师等专业研究人员的引领和指导下，通过问题指导、课例借鉴与模仿等方法，不断提升自身专业能力的研修方式。相对于一线教师而言，专业研究人员对于教育理论的认识更加深入与系统，因此，专家引导实际上是先进的教育理论对于教学实践的指导，是理论与实践的相互促进，通过相互沟通交流的方式，促进教师与专业研究人员的共同成长。在学校距离较远或者数量较多的情况下，专业研究人员难以在短时间内满足学校接受指导的需求，而先进的网络条件则为解决此类

图 5.5　专家引导流程图

问题提供了新的途径。在先进的网络条件的帮助下，专业研究人员能够突破时间与空间的限制，为多所学校的多名教师提供远程指导，将先进的教学理论与教师遇到的实际问题相结合，一方面弥补教师在理论层面上的不足，另一方面切实解决教学问题，开拓教师的视野，提升教师的专业水平。对于专业研究人员而言，基于网络的专家指导为教师的问题反馈带来了便利，研究人员能够更加清晰地了解一线教学情况，为教学研究带来更加真实的依据。

4. 基于研讨反思的教学研修案例

（1）案例简介

长沙市某学校在 2021 年 12 月利用"希沃信鸽"组织开展关于"英语写作教学交流"的在线集体备课活动。该学校教师在"希沃信鸽"平台上在线互动，积极研讨，对教案不断打磨，借助大数据等技术助力教学设计、教学实施和策略优化。基于"希沃信鸽"平台，教师的评论研讨、数据统计、访问记录等数据——呈现在集体备课页面，便于管理者对教师的备课过程精细把控。该学校在集体备课中充分尊重与发挥教师教学经验优势，并在此基础上综合数据分析方法，实现了教师研修质量的有效提升。

（2）案例解读

基于"希沃信鸽"的网络集体备课相比传统的备课模式，其特点在于将教师备课的过程公开，把备课过程——分解，鼓励教师在备课过程中实时发表自己的教学见解，以共同研讨备课的细节并修改不足之处。同时，"希沃信鸽"的多稿件对比功能，有效提升了"备课后"时期的教师自我研究和学习效率，通过将集体研讨的结果与自己的备课稿件进行对比，从而更加准确、直观地优化教学方案，进而提升教学质量。此外，学校层面还可以依托这一智能研修平台，开展线上线下、同侪互助和专家引领等方式的研修，支持校内、跨校和跨区域的确定研修主题、资源配置和人员分配、专家论证和组员反思等研修全流程。

基于"希沃信鸽"的网络集体备课形式，是在教师进行自我反思的基础上，利用网络集体备课的方式提高备课质量。该模式形成了"实施集体备课—非主备教师二次备课—案头备课—教学反思—网上研讨跟帖交流"的集体备课流程，具有以下特点：① 基于实证的备课研修，促进从研教到研修的内容转型。通过教学视频观察和解构课堂，精准诊断学情，提供策略改进方法。② 基于数据的备课研修，促进经验教研向精准教研转型。通过后台数据分析，实现从教师主观备课到结合教师经验和数据分析的精准教研的转变。

> **案例研讨**
>
> 结合上述应用案例，从基于研讨反思的教学研修特点出发，思考并讨论基于研讨反思的教学研修如何帮助教师提升自身教学素养，学习者可从研讨反思的平台、研讨反思的内容和教师研修中研讨反思的过程等角度进行分析。

三、基于教师共同体的教学研修

教师的专业成长离不开教师个体的持续学习与实践反思，也离不开教师群体的互相交流、协作与知识分享。在此过程中,教师之间建立起人际的联结,从而形成了特定社会文化背景下的组织团体,即共同体。"互联网+"环境下,基于教师共同体的教学研修模式备受关注,并在教育均衡发展与教育帮扶等背景下的校本、跨校和跨区域研修等场景中得到了较为广泛的应用。

1. 基于教师共同体的教学研修基本特征

2018年10月,教育部办公厅发布《关于做好2018年度教育信息化教学应用实践共同体项目推荐遴选工作的通知》,提出探索"以实践共同体的组织形式协同推进信息化教学应用……并形成高水平信息化教学应用骨干队伍"的建设目标,在"教育信息化教学应用实践共同体"的界定中,强调了其"不同成员单位组织起来"的形式特征及"共同开展研究和实践"等内容特征。2020年3月,教育部发布《关于加强"三个课堂"应用的指导意见》,提出"组建网络研修共同体"这一网络环境下教研活动的新形态,以达到强化教师研训的目标。

相较于基于网络课程与研讨反思的网络教学研修模式,基于教师共同体的教学研修具有以下特征:① 更强调教师个体拥有共同的专业发展目标或认知;② 更强调共同体组织在目标达成过程中的自发性、持续性和平等性;③ 更强调在成员的协同合作下,通过不断地互相影响与促进而形成的文化氛围。

2. 基于教师共同体的教学研修基本结构

随着活动理论等理论研究的深入及一线教师在实践层面的不断探索,"学习共同体""实践共同体""教研共同体"等不同类型的共同体带着其特有的资源学习、经验反思或群体合作等倾向性,生成了相应多样的共同体结构与实践路径。不论何种共同体,只有在资源共享、反思交流与集智创新等活动中,以及平等交流与协同合作的文化氛围下,才能实现个人与群体的专业成长。

一般而言,网络研修教师共同体的结构要素如图5.6所示,主要包括以下几个部分:① 目标愿景,比如提升小组合作学习的效率等课堂教学问题,或者教师信息技术应用能力提升工程中的若干微能力点等教师发展问题;② 人员组成,比如某校一线新手教师、区域内教学名师和相关学科专家等;③ 活动内容,包括某一研修主题或课例的协作学习、专家讲座与课堂听评等,一般的研修活动可以按照"问题/专

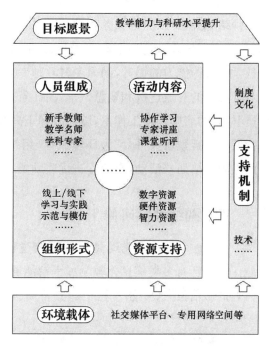

图5.6 教师共同体基本结构图

题准备—确定活动团队—积累实践经验—实践观察反思—解决方案总结"五个阶段进行；④ 组织形式，包括线上与线下、学习与实践、示范与模仿等；⑤ 资源支持，包括如课堂实录与教学设计等数字资源及录播教室、虚拟培训室等硬件资源，教师与专家等智力资源；⑥ 支持机制，指为服务或帮助各教师成员进行持续有效的研修的各项机制，包括研修活动积分等约束与激励制度、开放包容的文化氛围、企业技术支持服务等；⑦ 环境载体，指支持和管理网络研修过程与各类生成性资源的信息化载体，比如钉钉、微信和QQ等通用社交平台和"粤教翔云"等专用网络空间等。

3. 基于教师共同体的教学研修案例

(1) 案例简介

为推动义务教育优质均衡发展、着力缩小城乡教育差距，浙江省在全省推进新时代城乡义务教育共同体建设，鼓励拥有优质教育资源的城镇学校与资源薄弱的乡镇学校结对形成办学共同体，要求通过常态化开展教师网络研修等方式提高乡村教师的专业能力。

(2) 案例解读

2021年1月，浙江省教育厅等四部门发布《关于新时代城乡义务教育共同体建设的指导意见》，争取实现全省域开展城乡教育共同体建设，并建立浙江省教育共同体智慧服务平台（http://dkb.zjer.cn）。通过这一平台，桐乡市春晖小学与石门镇羔羊中心小学形成并升级为共建型教育共同体结对学校。在学校共同体内部，双方学校发挥春晖小学的优质师资优势，构建了"教研—教学—教研"的研训模式，教师成员之间也形成了"名师骨干＋新教师"的双师结对关系，以促进义务教育优质均衡发展为共同愿景，在网络环境下共同备课、共同上课、共同布置作业、共同研讨、共同改进，促进乡村教师教育理念的革新以及信息素养、课堂教学实践等能力的提升，助力乡村教师专业发展。① 为帮助农村和海岛地区青年教师实现与名师群体的有效连接和智慧共享，浙江省构建了"1位名师＋10位学科带头人＋N名骨干学员"模式的名师网络工作室，以特级和正高级名师为中心组建网络研修共同体，以"浙江省教育共同体智慧服务平台"为环境载体，组织开展主题研讨、教改教研与教学磨炼等多样广泛的教师网络研修活动，有效促进优质师资与数字资源向乡村流动。

四、网络教学研修工具

网络教学研修通常遇到诸如研修过程不清晰、交流互动不畅通、数字资源多而杂等问题。目前已有多类信息化教学或平台能够为解决上述难题提供帮助与支持：① 社交通信工具，如"微信群""QQ群"等工具，具备简单的数字资源传输与管理，文字、表情等交流互动功

---

① 数字化赋能教育 桐乡学校入选浙江省城乡义务教育共同体典型案例[EB/OL]. (2022-01-21)[2022-10-12]. https://zj.zjol.com.cn/news.html?id=1798690.

能。② 企业开发的互动工具与研修平台,如"钉钉""腾讯会议""UMU"等互动平台工具。它们本身并不专用于教师网络研修,但其提供的成员与资源管理功能更加贴合培训活动需求,有助于研修中各类生成性资源的整合更新,以及教师学员对资源内容或讨论话题的集中异步讨论。而如"希沃学苑"等专门的研修平台相较于互动工具能够提供更多的课程类资源,供学员自行选修。③ 官方资源和服务云平台,包括国家中小学智慧教育平台、浙江省教育共同体智慧服务平台、中央电化教育馆智能研修平台等各级各类专用教育资源和服务云平台的教师研修专区,研修过程与资源的内容科学性、运行安全性、体系与课标的匹配度等都相对较高。

以下以"基于研讨反思的教学研修"模式为例,对网络研修工具的应用进行介绍。在基于研讨反思的教学研修过程中,教师需要搜索优秀的教学资源进行借鉴学习,但搜索的资源往往针对性不强、较为分散,同时还会遇到平台的交互性不强等问题。而"国家教育资源公共服务平台""希沃学苑"等各级平台提供覆盖多个学段、多门学科、多版本教材的优秀教学资源,教师只需登录平台的教师研修模块,选择自己所在的学段、学科以及教材版本,便可以根据所教内容以及教学问题,准确地获取符合自身需求的教学资源,从而提升资源搜索与自我反思的效率。同时,各平台为教师线上研讨创设了交互性较强的空间,通过设置专区、广场和学习等功能模块,组织教师热议话题、投票等内容,开展与教师日常教学、工作生活息息相关的话题讨论等活动,引导教师在讨论活动中发表想法建议,并碰撞出思维火花。在同侪互助中,传统的校本互助模式难以精准匹配教师的学科发展需求,且一定程度上限制了教师建立互助队伍的范围。基于此,"国家教育资源公共服务平台"为教师提供了专题教育社区,教师能够根据个性化的教研需求,选取或者搜索合适的教育社区,通过参与社区活动、共享社区资源、开展社区讨论等,与其他教师共同研讨教学问题,促进教师的共同发展。而网络教学研修平台能为教师提供符合个性化教学需求的专题教育社区,以及包括教育部门、学校、名师工作室和教师个人等各级网络空间服务,成为教师继续教育、专业进修、特殊时期培训等智慧支撑环境。在专家引领中,教师基于具体的教学问题需要寻求专业研究人员的指导,但由于缺乏专门的沟通平台,专家难以根据不同的教师遇到的不同问题进行一一解答,网络教学研究平台能够提供针对性更强、研究问题更集中的"学科专家团队工作室""在线会客室"等版块。教师可以根据需求选择相应的学科专家及团队工作室,在学科专家的带领下,与其他教师共同交流,通过积极的反思与实践解决教学问题,促进成员的共同发展。也可以通过在线会客室与专家进行在线交流,进一步深化自己对于教学的见解,获取宝贵的经验。

技能学习

请学习者扫码观看微课视频"希沃学苑的基本操作",学习"希沃学苑"的基本功能和操作。

扫描二维码
观看微课视频

学习自评

评 价 内 容	自 评 结 果			
	优	良	中	差
了解信息化教学管理的基本概念与分类				
掌握信息化教学管理工具的应用,熟悉相应工具的使用方法				
了解网络教学研修的基本模式与内容				
掌握网络教学研修工具的应用,熟悉相应工具的使用方法				
综合评价				

本章小结

1. 常见的教学管理有课程与学业表现管理、班级与学生发展管理、学校与教师发展管理、家校沟通与资讯管理、考试质量分析等。信息化教学管理工具的应用有利于帮助学校管理者、教师、学生便捷、高效、精准地管理课程、班级、师生自身发展等教学管理内容。信息化教学管理工具具有方便快捷、精准有效、数据可见、增强交互等特点。

2. 网络教学研修,如基于网络课程的教学研修、基于研讨反思的教学研修、基于教师共同体的教学研修等,可构建数字化的教学研修环境,突破时间和场地的限制,帮助教师在教研和研修的过程中通过不同的形式提升自身的教学素养、专业素养,提高教学质量。

实践与分享

访问希沃学苑(https://study.seewoedu.cn),在"在线学习"频道选择感兴趣的课程进行学习,或进入"专区"参与教学经验交流。

拓展资源

请在中国知网(https://kns.cnki.net)搜索下载以下文章并进行自主阅读。

《教师继续教育新模式:网络研修》,作者马立、郁晓华、祝智庭,文章介绍了信息时代背景下教师网络研修模式的要素框架以及促进教师利用网络进行混合式研修的有效策略。

《有效教师培训的七个关键环节——以"国培计划——培训者研修项目"培训管理者研

修班为例》,作者余新,文章分析了"国培计划——培训者研修项目"培训管理者研修班的培训实践,提出有效把握教师培训管理的七个关键环节。

《促进教师专业发展的校本教学研修》,作者顾泠沅、王洁,文章提出以课例为载体的"三个阶段,两次反思"行动教育模式,创新学校教研制度。

第六章

信息化教学新模式

5G、大数据和人工智能等现代信息技术与教育教学融合的不断深入,推动着课堂组织形态与教学模式朝着智能化、精准化和个性化的方向发展。"互联网+"环境下的学校人才培养正逐渐摆脱标准化与应试教育的思维,以翻转课堂、STEM教学和项目式学习等信息化教学模式的常态化应用为重要路径,向提升学生核心素养的方向不断迈进。

本章学习目标

1. 了解翻转课堂的基本理念,掌握翻转课堂的教学设计流程
2. 了解项目学习、STEM教学的概念,掌握STEM项目的设计流程
3. 了解大单元主题教学的基本理念,掌握大单元主题教学设计流程
4. 了解智慧作业的基本概念,掌握智慧作业模式的实施流程

知识地图

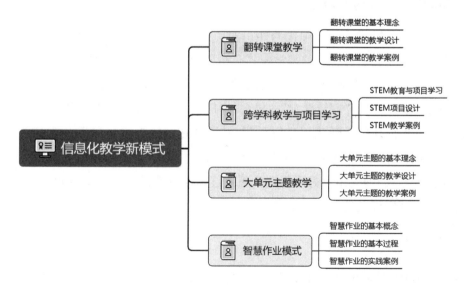

学习建议

1. 学习重点:翻转课堂、STEM项目、大单元主题教学的教学设计流程,智慧作业模式

的实施流程。

2. 课前活动：上网搜索各教学模式的相关知识，结合各节微视频，了解各教学模式的相关概念与教学特点，熟悉各教学模式的起源与发展。

3. 课后活动：完成本章的实践项目。

第一节　翻转课堂教学

本节学习目标

通过本节学习，了解翻转课堂的基本理念，掌握翻转课堂的过程设计、资源设计、活动设计与评价设计方法。

翻转课堂（flipped classroom）也称颠倒课堂，它通过把知识传授和知识内化这两个教学流程的颠倒安排，改变传统教学中的教学理念、教学流程和师生角色，把知识传授的过程放在课外，把知识内化的过程放在课内，以帮助学生自定步调学习新知识，让学习者在需要教师帮助的知识内化阶段得到充足的学习支持，从而实现对传统教学模式的革新。

一、翻转课堂的基本理念

传统的课堂教学模式是以教师作为知识的传播者，学生作为被动的知识接收者的面对面教学过程。这种以教师为中心的教学模式有利于规模化教学活动的开展和知识的直接传授，但也同时存在过于注重知识传授、填鸭式教学、忽视学生个性化学习特征等问题。为此，J·韦斯利·贝克等提出了"翻转课堂"的概念，将传统的课内教师完成知识传授、课后学生完成作业以实现知识内化的教学流程进行了"翻转"，即把最需要教师帮助和支持的知识内化过程放在课内，借助互联网和教学微视频等技术与资源把知识的传授过程放在课外。翻转课堂在知识传授方式、师生角色关系与教学环节过程等方面进行了重塑与再造，受到了广泛的认可与应用。翻转课堂遵循以下基本理念。

1. 以学生为中心

在翻转课堂中，教师的角色由原来的知识传播者转变为学生学习的引导者，而学生则由原来被动的知识接收者转变为积极主动的学习参与者，即将"以教师为中心"的教学课堂翻转为"以学生为中心"的学习课堂。学生在学习过程中有更多的自由，无论是课前根据任务学习单的自主学习，课中的互动交流与协作探究，还是课后的巩固练习与总结反思,均围绕着"以学生为中心"展开。在总体进度既定的情况下,翻转课堂通过对课堂时间的重新分配与调整,给予学生更多的时间自主支配权利,帮助学习有困难的学生根据自己的学习步调安排学习进程,真正做到让教育回归本真,让学生不仅学会知识,而且学会学习。

2. 先学后教

"翻转课堂"教学模式变革了传统的教学流程,将知识传授和知识内化两个阶段的顺序颠倒过来,即知识传授阶段在课前进行,学生课前利用教学视频等教学材料对新知识进行自主学习,并独立思考解决问题;课中,教师通过对学生课前学习所遇到的问题进行交流答疑,组织开展各种交互学习活动,并且提供充分的个性化辅导来帮助学生完成知识内化的过程。

3. 以信息技术为支持

翻转课堂是依托互联网、智能平台等技术,为学生的自主学习和协作探究提供方便的学习资源和互动工具,使学生从传统的课堂听讲转变为课下观看微型教学视频、自主学习知识,课堂上和教师、同学共同解决学习难点,以完成自身知识体系建构的一种新型教学模式。基于信息技术支持的翻转课堂,教师可以将制作好的教学视频与相关教学任务发布到网络空间,学生则可以在课前利用互联网获取优质的教学资源进行学习。这种教学模式是以互联网的普及和计算机技术在教育领域的广泛应用为基础的,它消减了客观条件对学习者的约束,打破了传统教学方式对时空的限制,能把优质教学资源随时随地提供给学习者,真正使教育走向一个信息互通、知识共享的开放环境。

> 💬 **思考讨论**
>
> 请学习者结合文献资料与自身学习经历,从教学流程、师生角色、教学资源等方面谈谈翻转课堂教学与传统课堂教学的区别。

二、翻转课堂的教学设计

翻转课堂作为一种以学生为中心的、灵活的、创新的教学模式,其教学设计过程与传统教学设计过程有一定的差别。目前国内外已形成了众多各具特色的翻转课堂教学模式,但不管是哪种模式,其教学都离不开课程资源、教学活动、教学评价和支撑环境等基本要素。

1. 翻转课堂的过程设计

翻转课堂的设计过程主要包括确定课外学习目标、选择翻转内容、选择内容传递方式、准备教学资源、确定课内学习目标、选择评价方式、设计教学活动、辅导学生八个主要环节,[①] 如图6.1所示。

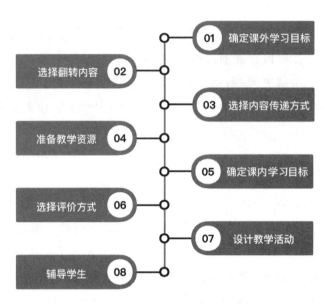

图6.1 翻转课堂教学设计流程图

(1) 确定课外学习目标

翻转课堂的设计首先要确定学生的学习目标。翻转课堂具有颠倒课内外教学过程的特性,要让学生在课外自主学习新知完成第一次知识内化,课内完成知识的第二次内化。因此,学生在课内、课外学习活动所要达到的学习目标不同,并且所确定的学习目标应是具体的、可实现的、可测量的。翻转课堂的课外学习目标一般是低阶思维层次的学习目标,如记忆、理解和应用。

(2) 选择翻转内容

确定翻转课堂的课外学习目标之后,就要考虑选择合适内容用于学生进行课外自主学习。选择和设计课外学习内容时,要结合学生本身的认知规律和特点。教师可以参考表6.1,通过填写表格明确并选择合适的学习内容用于翻转课堂的学习。

---

① Rochester Institute of Technology. Models & Infographics | Teaching & Learning Services I RIT [EB/OL]. (2014-5-20) [2022-10-15]. http://www.rit.edu/academicaffairs/tls/course-design/flipped-classroom/models-infographics.

表 6.1　翻转内容选择表①

	课程活动内容	运用的课程概念、主题和活动
课外 低阶思维 技能(布卢姆)	学生很容易能掌握的课程内容	
	你觉得学生在课外(作业)借助你的一点指导就能学得很好的课程内容	
	需要通过直接的教学或一对一辅导才能学好的课程内容	
	不一定需要教学活动,但需要教师在课外进行演示才能更好掌握的内容	
课内 高阶思维 技能(布卢姆)	学生自身较难掌握的课程内容	
	很紧急却不够时间将其教好的课程活动	
	需要在课内准备但要在课外完成大量任务的实践活动	
	你觉得需要你在课内进行讲授和引导,学生才能完成的课程内容	

(3) 选择内容传递方式

选择内容传递方式这一环节主要是创设可承载学生自主学习内容的媒体工具,这里所说的媒体工具主要有两类:一类是用于承载自主学习内容的媒体资源,如文字、图片、视频和动画等;另一类是用来传播第一类资源的系统工具,如各种网络教学平台、学习管理系统、交流通信平台、各种网络终端等。而选择学习内容传递的方式一般取决于学习内容的形式、资源大小、学习者的地理位置和持有的接收设备情况等。

(4) 准备教学资源

确定学习内容及其传递方式后,即可进行学习资源的开发。学习资源的开发应根据内容特点和学习者特点,选择恰当的媒体和合适的组织形式,做到既能有效表现知识内容,又能调动和吸引学习者的积极性和注意力。无论开发新的学习资源还是利用已有的学习资源,均需与先前确定的学习内容和学习目标保持一致,并且资源的形式、大小等要与资源共享平台相适应。

(5) 确定课内学习目标

课内学习目标与课外学习目标有所不同。课外学习目标主要针对低阶思维技能的培养(如识记、理解和应用等)。而在课内学习目标则恰恰相反,学生通过与同伴和教师面对面地

---

① Rochester Institute of Technology. Flipped Content and Activities [EB/OL]. (2015-3-20)[2022-10-16]. http://www.rit.edu/academicaffairs/tls/sites/rit.edu.academicaffairs.tls/files/docs/Flipped%20Content%20and%20Activities_v1.pdf.

交流、讨论和开展协作探究等活动，更易于达到发展分析、评估和创造等高阶思维技能的目标。为此，课内学习目标应该偏向分析、评估和创造等高阶思维技能层次。

(6) 选择评价方式

明确的评价方式有助于教师和学生更好地开展教学和学习活动。教师要根据教学需求，灵活选择多样化的评价方式。例如，教师可采用低风险的评价方式（如不进行分数、等级的标记和评比，而仅从学习结果中发现学生学习问题）对学生进行评测，从而发现学生真正的学习难点，以便教师和学生调整教学计划和学习计划。也可选用题目量较少的小型测验，快速有效掌握学生学习效果并及时提供评价反馈信息。通过多样化的评价方式，不仅教师能及时地把学习中出现的问题反馈给学生，学生也可以向教师提出自身遇到的问题，并通过与教师交流使问题得以解决，提升学习的效率。

(7) 设计教学活动

通过课前评价了解到学生真正的学习难点后，教师需针对学生学习难点和高阶能力发展需要设计具有导向性的课堂教学活动。课外的学习内容和活动主要帮助学生解决识记、理解类的知识，在课内则是帮助学生解决学习难点，并学会充分应用所学知识解决问题，甚至是创造性应用所学知识。因此，可设计诸如基于项目的学习、基于问题的学习、协作探究学习等教学活动，以便能更好地培养学生的高阶思维能力。

(8) 辅导学生

无论采用何种教学活动，都离不开正确的教师引导。在学生参与教学活动时，教师需提供相应的脚手架作为辅助工具，帮助学生更好地融入课堂活动；学生产生疑惑较为普遍的知识点，教师需要及时进行答疑解惑；学生存在个性化的疑难问题，教师要给予个别指导；学生汇报学习成果或学习结束时，教师要进行统一的总结反馈，以促进学生进行知识的有效内化和升华。

2. 翻转课堂的资源设计

(1) 支持翻转课堂的信息化教学资源

翻转课堂教学理念的提出与信息化资源的发展和教育应用是分不开的，支持翻转课堂需要用到的信息化教学资源主要包括教学视频、进阶练习、学习任务单、知识地图和学习管理系统等。同时翻转课堂的有效开展还需借助一定的教学辅助工具软件，以支持翻转课堂教学的设计、实施和评价等，典型的翻转课堂教学辅助工具分有视频制作工具、交流讨论工具、成果展示工具和协作探究工具等。

(2) 资源选择原则

教师应根据教学实际需要恰当地选择翻转课堂的教学资源。一般而言，翻转课堂教学资源的选择需遵循以下原则。

① 最优选择原则。教学资源的选择，就是根据教学内容和教学目标的要求，选择存储

和传递相应教学信息并能直接介入教学活动过程中的载体,以低代价高效能的资源选择为佳。

② 具有较强兼容性。随着信息技术的发展,众多便携式的移动智能终端也逐步被用于教育教学中,在便利教学的同时也促进了教学的变革,翻转课堂理念正是在这样的环境中得以广泛传播和应用的。在翻转课堂的实施过程中,学生通常利用各类移动设备,如平板电脑、智能手机等进行课外自主学习,课内教师利用移动终端设备进行授课。因此,资源载体的变化对资源的形式也提出了要求,能够较好地兼容各类学习终端设备,在各类终端设备中都能流畅运行。

③ 多种媒体融合。翻转课堂教学模式下以学习者为中心的理念,要求我们在选择教学资源时应该遵循教学资源形式丰富的原则,即有机结合文字、图片、声音、视频、动画等多种媒体形式,以引起学习者的学习兴趣,帮助学习者更好地理解知识,从而取得良好的学习效果。

3. 翻转课堂的活动设计

针对学习目标和场所等的不同,课堂内外的教学活动设计也应有所差别。翻转课堂教学活动设计可分为课外学习活动设计和课内学习活动设计两个部分。

(1) 课外学习活动设计

翻转课堂课外学习活动部分主要是帮助学生学习新知,以及通过简单的测验发现学生存在的学习难点。通常需要借助网络教学系统来完成学习内容的传递、师生的交流讨论和学习过程的分析。为此,翻转课堂的课外学习活动一般属于线上活动,主要包括以下几类。

① 在线学习。在线学习主要有阅读数字学习资料和观看教学视频两种形式。学生通过阅读相关的电子书籍、资料或观看教师提前准备好的讲授视频,掌握并理解课程中重要的概念或信息。为了加深学生对于相关概念知识的理解,在线学习的材料必须配套相应的附加内容(如学习任务单、引导性问题、反思性问题、注释、小测验等)用于辅助学生进行自主学习。

② 交流讨论。借助线上讨论区或者在线交流工具,学生和教师能够围绕课外学习内容展开网络交流和讨论。讨论主题既可以是教师预设的,也可以由学生创设,师生之间、生生之间围绕讨论主题开展交流互动,逐渐形成师生在线辅导和生生自组织学习的学习模式,帮助学生快速掌握和理解课外学习内容,为课内的学习活动做好准备;教师也可以通过与学生的交流讨论,发现学生的学习难点,有针对性地设计相应的课堂教学活动。

③ 在线测评。通过对学生自主学习成果的测评,发现学生在学习过程中已经掌握的知识和存在疑问的知识,为课内教学活动的设计和二次知识内化开展做好精准准备。在线测评一般采用低风险、形成性的评价方式,在检测学生学习成果的同时也提供一个学生反馈问题的机会。

(2) 课内学习活动设计

翻转课堂的特点之一就是在课外自主学习的基础上，课内进行更深层次知识理解的教学活动，从而提升学生学习效果。所以，如何通过课堂活动设计完成知识的内化成为影响翻转课堂教学效果的关键问题。教师在设计课堂活动时，应充分利用情境、协作、会话等要素发挥学生的主体性，帮助学生完成知识的第二次内化，达到高阶思维能力培养的目标。课内学习活动一般可以分为：个体学习活动和小组学习活动。

① 个体学习活动。个体学习是指学生个人通过自主学习获得新技能和新知识的过程。个体学习的实现可以是直接的实践，也可以是他人经验的启示，或者是理论知识的学习。翻转课堂中课内学习活动的个体学习活动更多的是在学生完成课前学习（第一次知识内化）的基础上，教师通过多样化的互动与协作活动，指导学生加深对学习内容的理解，并通过反思、评价，整合已有知识创设作品、解决方案等，以此完成知识的第二次内化。翻转课堂中个体学习活动主要有个体的基于问题的学习、个体课堂练习、个体作品制作等。

② 小组合作学习。小组合作学习是以学习小组为基本形式，系统地利用教学中动态因素之间的互动，相互交流研讨促进知识理解与构建，并以团体的成绩为评价标准，共同达成学习目标的教学活动。小组合作学习是翻转课堂课内部分最为关键的教学活动，每个学生个体都可以带着自身对学习内容的认识和理解进行协作探究。在合作学习过程中，小组成员通过共享、论证、协商、创作和反思等一系列小组活动，对知识内容和结构有了新的认识和理解。基于小组合作学习的知识认知和理解相比个体学习更深刻、更全面，小组内所有成员对知识的认知和理解不是简单的相加，而是一个知识内化和升华的过程。

4. 翻转课堂的评价设计

教学评价是指以教学目标为依据，制定科学的标准，运用有效的技术手段，对教学活动过程及其结果进行测定、衡量，并给以价值判断的过程，具有导向、鉴定、监督、调节、诊断和激励等功能。

(1) 教学评价的分类

翻转课堂的教学评价与传统课堂的有所区别。翻转课堂不但要注重对学习结果的评价，而且注重对学习过程的评价，特别是课外学习过程评价和课内学习过程评价相结合。同时，翻转课堂的评价也要注重定量评价和定性评价、形成性评价和总结性评价、对个人的评价和对小组的评价、自我评价和他人评价之间的良好结合。常见的评价方法如下：

① 课前诊断性评价，指在翻转课堂教学活动开始之前对学生的知识、技能以及情感等状况进行的预测，如通过课前测验了解学生的初始知识水平，有效提升课内教学活动设计的精准性。

② 课中形成性评价，指在翻转课堂教学活动过程中，为能更好地达到教学目标的要求、取得更佳的效果而不断进行的评价，如通过课堂提问判断学生的听讲情况以及知识掌握

情况。

③ 课后总结性评价,指在翻转课堂教学活动告一段落后,为了解教学活动的最终效果而进行的评价,如通过课后测试了解课堂的教学效果以及学生对于知识的掌握情况。

(2) 支持翻转课堂的评价活动

与传统课堂的学习评价活动相比,翻转课堂的教学评价侧重于针对学生学习情况开展以鉴定、诊断、调节为目的的评价。一方面,通过检测学生对课外学习内容的认识和理解程度,发现学生的学习难点,为课内教学活动的设计奠定基础;另一方面,在课内展开形成性评价和总结性评价活动,检验教师的课堂指导和学生的探究协作是否有效解决学习困惑,帮助教师和学生调整教授和学习计划,提高教学效果。翻转课堂中常用的评价方式如下:

① 在线测试。在线测试主要是应用网络互动技术开展学习效果检测的练习、测试等活动,网络平台能自动收集学生的测试结果,并能自动完成测试批改、统计和分析等工作。

② 课堂测试。这是一种简短、具有针对性的非正式学习评价方式,这一类测验通常针对一个知识点设置1—5道多选题,学生通过举手或选择器回答问题。课堂测试的主要目的在于获得学生对当前讲述知识点的理解程度,以便教师进行教学调整。测验并不是针对个别学生的,也不会给出相应的分数或成绩,是一种低风险的评价方式。基于网络环境的课堂测试能实现在一个大班教学中进行实时的评测并能较快地统计其结果,作出及时的教学调整。

③ 概念图评价。概念图是一种用节点代表概念,用连线表示概念间关系的图示法,能将学习者思维、知识点之间关系可视化的一种图示技术。利用概念图能有效反映出学生对所学概念的理解程度。如教师可以针对课外学习内容给出一份不完整的概念图,让学生填补空缺的概念及概念间的逻辑关系,以此了解学生对哪些概念的掌握较弱,以安排进一步的教学活动加深学生对这些概念的理解。

④ 同伴评价。同伴评价主要是由合作学习的同伴对小组成员的组内贡献、组内活动参与情况及与小组成员讨论问题情况等方面做出的评价。这种评价方式有利于提升组内成员小组合作的积极性和有效性,帮助学习者更好地参与到小组学习活动中。

(3) 常用的评价工具

教学评价需要以客观资料为基础,资料收集往往需要借助于评价工具。以下是翻转课堂评价中常用的一些工具。

① 结构化观察表格。结构化观察是人们为了认识事物的本质和规律,通过感觉器官或借助一定的仪器,有目的、有计划地对自然发生状态下出现的现象进行考察的一种方法。这种方法主要用来收集学生的学习行为反应信息。

② 态度量表。态度量表是针对某件事物而设计的问卷,通过被试者对问卷所作的评测选答反应,从而了解被试者对某事物的态度倾向。态度量表主要用来收集学生的学习态度反应信息。

③ 形成性练习。形成性练习是按照教学目标编制的一组练习题,是以各种形式考核学生对本学习单元的基本概念和要素的掌握程度。在课堂教学过程中,常常会采用这种方法来检测学生对学习内容的掌握情况。

④ 同伴互评量规。同伴互评是开展合作活动常用的过程性评价。通过组内互评与组间互评,学生能够更加清晰地了解自己的学习情况以及活动参与情况,丰富了教学评价的方式,加强了教学评价的全面性。

5. 融合新型技术与工具的翻转课堂教学模式

信息技术的不断发展为教育教学带来了更多的可能性,随着新型技术与工具的深入应用,翻转课堂教学模式也在朝着多样化的方向发展。

(1) 教学设计

以"希沃易课堂"为例,教师在进行教学设计时,首先可以结合教学内容重点,准备课前预习资源,并通过"希沃易课堂"为学生推送预习资源,引导学生在学生空间阅读与预习资源,完成课前先学活动。在此过程中,教师可以通过学生产生的过程性数据,发现学生存在的问题,接受学生反馈,从而根据问题与反馈设计课堂教学活动并组织实施。

(2) 教学活动

在教学活动实施阶段,教师通过"希沃易课堂"教师端进行授课,组织师生的课堂互动;学生则通过"希沃易课堂"学生终端进行答题、协作交流等活动。在这种全员互动的情境下,教师根据学生应用平板的反馈等课堂数据调整教学活动设计,依据学生水平分层发布学习资源,并进行下一项教学活动;随着课堂活动的推进,根据课堂实时反馈数据继续动态调整或生成教学设计,以此循环进行。

(3) 课后作业

课堂活动结束前,教师通过"希沃易课堂"针对不同水平的学生发布分层作业,供学生课后完成。"希沃易课堂"通过学生课后作业完成情况进行数据分析,实时反馈给任课教师和学生个体。

三、翻转课堂的教学案例

1. 案例简介

广州市天河区华景小学的马老师基于电子书包平台,以小学四年级数学"三角形的单元复习"为例,开展数学学科翻转课堂教学实践。

2. 案例解读

马老师的翻转课堂实施过程主要分为课前学生自学、课中知识研讨、课后培优补差三个过程。

(1) 课前学生自学

课堂基于"电子书包"展开,教师在课前把教学视频推送到每个学生的"电子书包"中,教师组织学生在自习课或者校内其他时间结合学习单观看微课视频,学习单内容包括课题信息、学习指南、学习小测、收获与困惑四部分。学生在观看完微课视频后,需要完成学习单上的测试,并在"电子书包"的研讨空间对微课中的相关问题进行讨论。讨论的问题主要有两类:一是教师提出的问题,二是学生在观看视频时提出的问题。学生回答教师提出的问题,并为其他同学解答问题。在学生自学过程中,教师搜集学生遇到的问题并进行归类,以便在课堂上进行专题讲解或组织讨论。

(2) 课中知识研讨

课中知识研讨过程体现了以学生为中心的教学理念,通过教师一对一辅导、小组协作学习等途径解决学生遇到的问题,促进学生对知识的内化。课堂教学主要分为师问生答、生问师答、错误重现、课堂练习、本课小结五个环节。

① 师问生答环节。教师提问微课中提到的知识点,包含微课中复习的知识点和课堂生成的问题,检验学生知识点掌握情况。

② 生问师答环节。教师分类汇总学生在观看微课时所提出的问题,并在课堂中集中呈现,不断引导、启发学生思考和解决问题。对于大部分学生回答不出来或者回答错误的问题,教师再进行重点讲解。

③ 错误重现环节。教师重现学生在学习三角形知识时普遍存在的问题,将类似的错误重新呈现,让学生自己发现其中错误,然后学生纠正错误,并把相关内容拍照上传。教师在"电子书包"的教师端浏览学生提交的内容,针对有问题的内容,及时投影呈现,进行点评。

④ 课堂练习环节。教师设计了三个层次的练习,对学生进行学习后测。教师利用"电子书包"的推送功能,将试题发送到学生端。学生在做题过程中,教师可以利用"电子书包"的即时反馈功能,监控每个学生的做题情况。对于完成情况不理想的学生,及时给予反馈,进行一对一辅导。学生完成练习后,教师发送批改结果和试题解析给学生,学生先自行纠错,教师随后重点讲解出错较多的题目。

⑤ 本课小结环节。让学生尝试自己总结本次课程的学习内容与收获,既达到学会总结课程内容的目的,又锻炼学生的概括能力和语言表达能力。

(3) 课后培优补差

华景小学的翻转课堂教学实践充分考虑到同一班级不同学生的基础知识差异和学习能力差异,利用"电子书包"的数据搜集与分析功能,在课后查看班级中每一位同学的课堂练习数据统计情况,找出错误率比较高的学生以及做错的题目类型,对其提供针对性的指导。对于掌握知识程度好的学生,教师设计相应的拓展性知识供其深入学习。

第二节　跨学科教学与项目学习

本节学习目标

通过本节学习，了解 STEM 教育与项目学习的概念和基本理念，掌握 STEM 项目的设计流程。

基于项目的跨学科学习（STEM 教育）因采用整合的方式发展学生的知识和技能，倡导将其迁移应用于解决真实世界的问题，同时兼顾批判性思维与解决问题的能力、沟通与交流能力、协作与合作能力、创造与创新能力的培养，已经成为一种全新的教育范式，具有助力课堂提质增效的优势。

一、STEM 教育与项目学习

以提升学生的科学精神和创新实践能力为目标的 STEM 教育是跨学科教学的一种范式，其项目的设计是跨学科整合中主要的工作。一个出色的项目设计，对于提升学生的学习积极性、成就感与学习效率具有重要的促进作用。

1. STEM 教育的概念

STEM 教育是一种教育理念，是科学（Science）、技术（Technology）、工程（Engineering）、数学（Mathematics）四门学科英文首字母的缩写。简单地说，STEM 教育通常是指以 STEM 活动为载体的集科学、技术工程、艺术人文和数学于一体的跨学科实践活动。STEM 教育强调学生在项目和问题中运用跨学科知识，创新解决实际问题，打破传统单一学科以应试为导向的人才培养思维，塑造适应时代发展的创新型人才。STEM 教育注重实践和过程，强调知识整合与真实问题解决；强调知识与能力并重，倡导"做中学"；强调创新与创造力的培养，注重知识的跨学科迁移及其与学习者之间的关联。

思考讨论

请学习者结合自身知识积累和网上资料，从起源、教学目的、师生角色等方面谈谈创客教育与 STEM 教育的异同。

2. 项目学习的概念

项目学习（Project-based Learning，PBL）是一种以学生为中心的教学模式，是学生从真实世界中的基本问题出发，围绕复杂的、来自真实情境的主题，以小组方式进行周期较长的开放性探究活动，完成一系列诸如设计、计划、问题解决、决策、作品创建以及结果交流等学习任务，并最终达到知识建构与能力提升的教学模式。

项目学习强调学生基于现实问题的主动探究，是实现传统课堂教学革新的一种新型教学模式，有助于促进应试教育向素质教育转化。项目学习的开展应选择合适的主题，通过组织学生以团队协作的方式围绕主题进行综合实践活动，并形成项目成果进行展示交流，以促进学生的有意义学习，帮助学生实现知识建构，发展学生高层次思维，帮助学生掌握21世纪技能。

3. 基于项目学习的 STEM 教学模式

目前，国内外普遍认同采用基于项目学习的 STEM 教学。基于项目学习的 STEM 教学模式不是多学科知识的简单组合，而是突破学科界限，通过设计项目活动将多学科的知识进行融合，有组织地进行多个学习环节的练习。它通常以问题的提出为起点，强调以学生为中心的教学理念，采用协作探究的教学方式，鼓励学生组建学习小组进行合作探究，明确学习目标。同时教师应发挥主导作用，耐心指导学生协作项目完成产出，并对学生的产出成果进行真实的多元评估。通过项目实践，学生真正将学科知识理解并应用到真实项目实践，在探究过程中深化知识理解，培养锻炼自身的实践探究能力、沟通能力、思考能力以及创新能力等，促进综合素质的提高，实现全面发展。

二、STEM 项目设计

STEM 项目设计是进行跨学科教学的开端，也是整个项目教学的蓝图规划，需要学校管理者、教师、学生等共同参与。良好的结构化项目设计有利于培养学生高阶思维能力，提高学习综合应用知识的能力等。通常 STEM 项目设计包括教学分析、学习任务设计、学习活动设计与学习评价设计等多个方面，如图 6.2 所示。

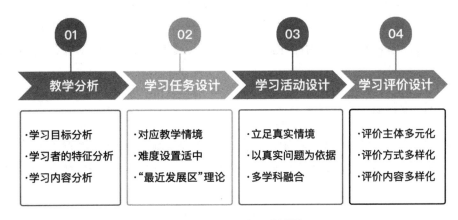

图 6.2　STEM 项目设计图

1. 教学分析

教学分析有助于教师充分了解学生学情,分析教学内容,是 STEM 项目设计中重要的组成部分,对于提升项目设计的科学性与针对性具有重要的作用。在教学设计前期,教师需要仔细分析学习目标,明确教学重难点,提升项目设计的针对性;同时教师也可以通过线上教学平台开展教学,通过课前资源预习、小测等方法了解学生的学习水平,挖掘学生存在的问题,分析学习者的特征,了解学生的需求,确保学习项目的设计符合学习者的实际能力与知识水平,充分调动学习者的积极性;也应进行学习内容分析,明确学习内容的类型与难度,从而确定学习项目的类型,有助于学生在完成项目的过程中进行知识深化。

2. 学习任务设计

STEM 教学立足于真实情境,引导学习者通过完成项目、解决问题进行学习,学生学习的过程就是解决实际问题的过程。在此期间,问题或项目是驱动学习发生的核心,学习任务则是问题或项目的体现。[1] 由于师生的教与学风格多样各异,因此 STEM 教学中的情境设定和知识的呈现方式也会有所不同。教师在设计学习任务时,应当与所设计的教学情境相对应,并且通过学习平台发布学习任务,增强课堂互动,使得学习任务能够与学习情境相融合,提高学生的学习兴趣。任务的难度设置要适中,应当遵循维果斯基的"最近发展区"理论,即所设计的学习任务难度应当略微超出学生的现有认知能力,这样才能调动学生学习的主动性,促进学生的知识建构与能力发展。

3. 学习活动设计

学生在完成 STEM 项目的过程中获取知识、认识客观世界,认知与学习发生在完成任务和解决问题的活动过程中。STEM 学习活动需要立足于真实情境,以真实的问题为依据,结合学习目标、学习情境、学习内容、学习者特征与学习任务等因素进行设计,让学生通过参与活动进行学习,帮助学生在参与活动的过程中进行知识建构,促进自身能力的发展。[2] 此外,由于跨学科学习是 STEM 教育的核心特征,所以学习活动的设计应考虑跨学科的特点,注重多学科知识与方法的融合,如果活动较为丰富,也应注意各项活动之间的衔接。

4. 学习评价设计

评价是实现学习目标的重要环节,在学习活动的实施过程中发挥着重要作用。由于 STEM 学习不同于传统的授课学习方式,学习内容综合化和学习途径多样化使得学习活动

---

[1] 余胜泉,胡翔. STEM 教育理念与跨学科整合模式[J]. 开放教育研究,2015,21(04):13-22.
[2] 李克东,李颖. STEM 教育跨学科学习活动 5EX 设计模型[J]. 电化教育研究,2019,40(04):5-13.

的设计更加具体与细致,这对学习评价的设计也就提出了更高的要求。教师可引导学生通过学习平台展示学习成果,分享活动过程与学习经验,通过自评与互评相结合的方式,提升学习评价的多样性。基于项目学习的 STEM 教学模式注重以学习者为中心,并以小组的形式开展学习活动,因此其评价的主要目的是评价学习者个人和小组的进步情况,为项目学习的有效开展提供反馈信息,以便于进一步的监控和调整,从而实现学习目标。在评价主体方面,应当注意评价主体的多元性,教师、学生以及小组成员都应当是评价的主体,评价方式可以是教师评价、学习者自评、学习者互评等。评价内容包括学习者的知识建构、协作能力、思维发展和信息素养等。

三、STEM 教学案例

1. 案例简介

由美国工程与科学教育改革与发展研究中心(CIESE)倡导的"基于在线项目的科学教育"(the Science Education with Online Projects)是由美国国家科学教育基金委员会(NFS)资助 CIESE 应用技术进行科学教育改革的实验项目之一。其任务是通过研究教育策略的改革和新技术的应用等手段来支持和提高 STEM 的学与教活动。

2. 案例解读

为了给学生和教师提供更大的学习活动范围,CIESE 设计了一系列的项目活动主题。主题的内容多是与学生的现实生活紧密联系,且具有开放性的。主题的设计与学生的需要和兴趣相符合,与学生的心理世界、经验世界紧密关联,既考虑了大多数学生的认知水平,又具有一定的挑战性。除此之外,主题还具有一定的包容性和丰富性,值得学生在一定时间内去探究、思考和行动。其具体的项目活动如下:

① 协作项目研究。如家庭一天用水量的研究,该项目着眼于研究结果的差异性。由于活动开展所处的地理位置不同,其结果是有差异的,因此通过对结果产生的差异开展对话,能够引起学生的兴趣,促进学生对问题的理解。

② 工程项目研究。如蒸馏水的提取研究,该项目的特点是利用较强的数学知识和工程科学原理对问题进行分析、设计和应用,强调学科知识在日常生活中的应用。

③ 基于历史资料的项目研究。如人口增长研究,该项目的特点是活动资料来源于真实的历史材料,通过对材料的分析得到结论,形成相关的假设,进而进一步研究他人对此分析形成的观点,经对比以证实或修正自己最终的结论。

④ 基于实时数据调查的项目研究。如天气与气候的调查研究,该项目的最大特点是利用一些真实且权威的数据对问题进行分析,强调数据来源的实时性。数据可以是一些科研中心网提供的,也可以是实践中经观察得到的。

⑤ 伙伴项目研究。如新泽西州水域的探索,该项目主要是与其他有特色的科学教育网站或项目中心进行合作以扩展 CIESE 的项目特色,增加活动资源。

CIESE 设计了一系列多样化的项目活动以支持和提高 STEM 教学活动,教师可以设定有趣的问题,选择不同的活动内容来满足学生的需求,以新颖的问题唤起学生对问题的思考,并以此作为切入点来激发学生的内部生理或心理动机,让学生重新关注生活的现象,而有意义的活动内容能使学生更加积极地投入到学习过程之中。这对教师来说是一种积极且有意义的思考过程,即继"如何教"之后思考"教什么",以此带动 STEM 教学活动的有效开展。

第三节 大单元主题教学

本节学习目标

通过本节学习,了解大单元主题教学的概念与基本理念,掌握大单元主题教学的设计流程。

大单元主题教学是指教师根据大单元整体教学理念的指导,遵循学生学习规律及身心发展特点,并以教学目标为依据,确定教学主题,根据教学主题对教学内容进行分析、整合与重组,以此进行单元教学的教学方式。

一、大单元主题的基本理念

大单元教学设计是指以大主题或大任务为中心,对学习内容进行分析、整合、重组和开发,形成具有明确主题(或专题、话题、大问题)、目标、任务、情景、活动、评价等要素的一个结构化的具有多种可行性的统筹规划和科学设计。

"单元"不是强调跨学科、跨学段、综合性的"单元",而是基于学科核心素养、学生认知规律和学科知识逻辑体系建构的最小的学科教学单元。"大单元教学"体现为对学科教学单元内容进行的二度开发和整体设计,其核心是由零散到关联、由浅表到深刻。

核心素养导向下的"大单元教学"设计,要求教师建立好学科核心素养与学科核心内容之间的关系,依据课程标准和教材,选择有利于培养学科核心素养的教学内容和情景素材,制定学习目标、选择学科内容、设计学习活动、开展课堂教学、进行学习评价,环环相扣,使学科核心素养具体化、可培养、可干预、可评价。

"大单元主题"强调从学科内容的整体性出发,架构单元主题教学的知识网,将教学内容主题聚焦,以学科育人的思想整体规划和设计单元教学内容和进程。因此,大单元主题教学主要遵循以下基本理念。

1. 以深度学习理念为指导

深度学习强调学生在真实问题情境下进行体验与感受知识,培养学生注重批判性思维的提升、强调知识的迁移应用、面向现实生活的问题解决等。因此,在进行大单元主题教学设计时,应注重与真实的、贴近学生生活的情境相结合,以真实的问题为驱动,激发学生的学习兴趣,引导学生在解决问题的过程中进行学习,促进学生的知识建构。

2. 以核心素养为目标

核心素养是学生在当下时代必须具备的品质。"大单元主题"成为落实核心素养发展的新的理念。具体来说,"大单元主题"可以更好地以整体角度整合课程资源和设计课堂教学,促进学生对知识的整体感知,实现深度学习,从而发展学生的核心素养。

3. 以整体性教学为支撑

传统教学的知识点相对割裂、分散及碎片化,大部分学生在学习的过程中并没有形成知识体系,且缺少知识的整体性和全局性。而大单元主题教学设计主要围绕确定的主题进行教学内容的选择、分析、整合与重组,呈现出整体化的特点,立足于真实的情境,引导学生在解决问题的过程中综合运用所学知识,旨在达到深度学习的目的,既做到知识的深度学习,又能够提升学生的高阶思维能力,促进学生的深层次发展。

4. 以学生为主体

大单元主题教学规避了"以教为中心"的教学模式,强调发挥学生的主体性。教师是学生学习的环境创设者与资源提供者,而学生则在教师的引导与促进下,综合运用知识解决问题,积极地进行意义的建构,是学习的主人。教师基于学生立场,对学生围绕某一单元开展的完整学习过程进行专业设计,帮助学生构建知识体系。

二、大单元主题的教学设计

大单元主题的教学设计主要包括确定大单元主题、设计教学目标、设计教学任务、设计教学活动与设计教学评价等多个方面,如图6.3所示。

图 6.3 大单元主题教学设计流程图

1. 确定大单元主题

大单元主题的确定,是构建大单元主题教学的第一步,也是大单元教学设计的关键以及后续设计的前提和基础。大单元主题的确定是对学科性质、学习内容、学情特点、教学理念等方面的综合把握,不仅可以落实对学生的学科核心素养的培养,还能为实际教学中学习活动的设计提供依据,并为教学设计中的单元目标、学习活动等环节的设计提供思路及框架。确定大单元主题有以下要求:① 满足课程标准的要求;② 聚焦学科核心素养;③ 有趣的教学互动,激发学生的激情;④ 创造生活化的教学情境。

2. 设计教学目标

单元教学目标指引着大单元学习的具体实践方向。单元教学目标是指要学生解决什么问题,期望学生能够学会什么。应以新课程标准的要求、学生的学习水平与学习需求、核心素养等内容因素为依据,结合学生所处阶段的生活情景设计单元教学目标,进而促进学生深度学习和达到学科核心素养目的。制定的单元教学目标应当是具体、明确、有层次、可操作、发展性的,并且每个单元教学目标应该环环相扣、紧密相连,彰显核心素养。

3. 设计教学任务

教师打破原有的章节、学科等界限,以整体性、系统性的角度对教学内容进行整合后,单元的内容将会较为丰富与庞大。因此,在设计教学任务时,需要围绕单元目标将教学任务进行分解与重构,增强任务的条理性和适切性。在设计教学任务时,应当结合真实生活中的实际问题,以真实的问题为切入点,同时应注意任务的难度,难易程度应当循序渐进,具有一定的挑战性,以激发学生的学习热情与兴趣,也能够在完成任务的过程中充分锻炼学生的能力。

4. 设计教学活动

大单元主题教学活动的设计要以单元目标为依据,根据教学内容的特点选择适合的教学活动形式,同时也应注意教学活动的难度设计,要充分考虑学生的能力水平,以此激发和保持学生的学习动机。此外,在设计教学活动的过程中可以考虑加入学习评价活动。大单元主题教学注重情境化、生活化,因此,在保证教学活动的多样性的同时,还应设计情境性、真实性的教学活动。

5. 设计教学评价

评价设计的标准应与单元目标匹配,确保评价能够促进单元目标的达成。评价设计应遵循评价主体多样、评价形式灵活、评价内容完善等原则。评价设计既要关注学生的学习方面,也要关注学生在整个学习过程中的表现,以便从学生的学习表现中了解教学成效,并及时做出调整,优化教学方案。如教师可以通过总结性评价了解学生对于教学主题的掌握程度,并对该单元的教学设计与实施进行完善;教师也可以借助智慧教学平台开展过程性评价,在数据驱动下实时监控和掌握学生的学习情况,并及时根据反馈当堂做出教学调整。

三、大单元主题的教学案例

1. 案例简介

延安某中学以初一年级的"人体的物质和能量来源于食物"知识点为例,开展大单元主题教学,以促进学生的深度学习水平,提高学习效率,提升学习成效。

2. 案例解读

(1) 划分大单元教学子任务

教师呈现"人体的物质和能量来源于食物"这一大单元主题,结合具体的生活情境,提出多个问题,如"食物能提供哪些营养物质""营养物质有什么作用""营养物质如何发挥作用"等,通过这些问题的引导,鼓励学生进行分组讨论,引导学生产生任务划分的想法,再结合课本内容进行学习任务的划分。经过子任务的划分,能够帮助学生整体地感知教学内容,把握学习的重点。

(2) 子任务教学

首先,教师回顾上节课的内容,帮助学生回忆先前的知识,并借此明确本节课的重点任务"营养物质是如何进入人体去发挥其作用的"。接着,教师运用一则故事进行情境导入,帮助学生理解食物被送入口中发挥作用的大概过程,并进一步提出"食物经历了哪几个过程才能发挥作用""这些过程需要人体的哪些结构支撑才能完成"等问题,通过问题启动和丰富教学资源的支持,推动学生展开小组讨论,回答以上问题并获取新知。然后,教师组织学生进行成果展示,并提出"对于暴饮暴食,你有什么看法以及觉得它有什么危害"的拓展问题,引导学生将所学的知识进行迁移。最后,组织学生将子任务所学的知识绘制成思维导图。

(3) 大单元总结复习

在大单元主题中所有子任务完成之后,教师组织同学们将子任务的概念图与思维导图拿出来进行知识回顾,并请同学们将大单元的相关内容绘制成新的思维导图或概念图。绘制完毕之后,教师再次结合生活情境提出问题,邀请同学结合所学知识进行解答以巩固知识。最后进行总结回顾。通过总结复习,能够帮助学生整合大单元学习内容,构建知识体系;通过迁移应用,学生可以将知识应用到生活中,加强知识与真实生活的联系。

第四节　智慧作业模式

> **本节学习目标**
>
> 通过本节学习,了解智慧作业的基本概念,掌握智慧作业模式的实施流程。

随着"双减"政策的落地,传统作业难以实现个性化和分层化、缺乏针对性等问题开始凸显。在线作业虽然能够在错题整理与题目拓展等方面发挥作用,但是对于设备管理、网络条件等具有一定的要求,长期使用还可能影响学生视力。而智慧作业则是一种平衡了传统纸笔作业和线上作业的新作业模式。

一、智慧作业的基本概念

智慧作业将成熟的光学扫描识别技术、人工智能及大数据分析等先进技术应用到学生日常纸质作业中,动态采集学生过程性数据,即时生成每个学生专属的错题本,对于实现数据驱动下学生的个性化学习、分层作业以及"双减"背景下的多方减负增效等具有重要意义。

> **思考讨论**
>
> 请学习者结合自身知识积累和网上资料,谈谈智慧作业对于落实"双减"政策所起到的作用。

二、智慧作业的基本过程

在智能技术与智慧教育理念支持下,智慧作业模式主要包括作业设计与布置、作业实施与完成、作业批改与分析、作业反馈与修订、作业优化与再设计等环节,如图 6.4 所示。

1. 作业设计与布置

作业设计是智慧作业模式的首要环节。教师结合教学大纲与学生学习特点,分析教学内容的重点以及难度较大的知识点,并以此为依据设计相应的作业内容与形式。但是,仅凭借教学经验设计的作业难免主观,而学生课堂过程性数据的加入则可以提升智慧作业设计的客观性、科学性和适切性。教师可以通过分析学生的课堂过程性数据,发现学生在学习中遇到的具体问题与存在的真实不足,设计出个性化、分层次、针对性的作业。在智慧作业的布置方面,教师可通过教学平台、微信群等方式进行线上发布,也可以在线下进行布置,还可以将线上与线下通知相结合,保证每位学生能够清晰地了解作业的详细要求。

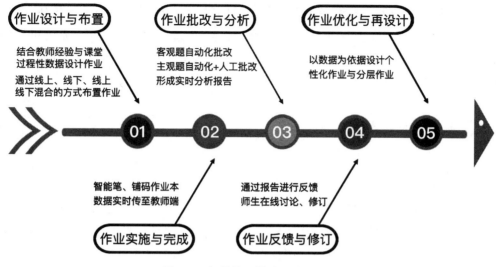

图 6.4 智慧作业模式实施流程图

2. 作业实施与完成

作业实施与完成是数据采集的关键环节。学生使用智能笔在铺码打印的作业本上完成作业书写，在不改变学生原有书写习惯的基础上，无感知实现实时答题数据传输至教师端。教师能够清晰地掌握学生的作答思路、思考时间等过程性数据。教师可以根据学生在不同题目的停留时间、作答笔迹等信息分析学生在作答过程中遇到的困难，从而更有针对性地对学生的作业过程情况做出判断，为后续的有针对性的教学提供更加科学的参考依据。

3. 作业批改与分析

作业批改与分析是生成学生个性化学习报告的关键环节。学生的答题数据传输至教师端之后，教师通过电脑或手机进行在线查看与批阅，实时了解学生的作业完成情况。对于客观题系统可以根据录入的标准答案进行自动化批改，对于主观题的批改可采用自动化批改与教师人工批改相结合的方式，以此减轻教师的工作负担，提升教师的工作效率。批改完毕之后，系统可自动生成数据分析报告，更加清晰地反映学生的作业完成情况。

4. 作业反馈与修订

作业反馈与修订是学生发现问题、查漏补缺的环节。教学云平台能够汇总学生的书写内容与答题数据，精准反馈每个学生的学习情况和存在的问题，生成个人、班级的学情分析报告。将作业报告反馈给教师和学生，通过面对面或在线答疑等活动，来实现作业的修订或完善。

5. 作业优化与再设计

作业优化与再设计是提升作业设计精准性与有效性的重要环节。教师根据学生的学习情况与问题、同科组或者跨科组甚至跨校跨区域的学情数据，对学生的学习风格、学习需求与学习困难等因素进行分析，不断优化自己的作业设计、过程与评价方案。系统可以将生成性的数据或资源自动整合更新，为不同学生生成符合其学习需求、针对其学习困难的个性化作业。

三、智慧作业的实践案例

1. 案例简介

华南师范大学附属中学初中部为贯彻国家、区域出台的教育信息化促进教学创新的相关政策，适应当下课堂教学改革发展趋势和发展需求，通过"数字光学点阵技术"的纸笔应用与教学活动进行深度融合，持续推进"智慧作业"，促进教学的提质增效。

2. 案例解读

为了更好地落实国家政策，推进信息技术与教学深度融合，提升教师信息化教学水平，华南师范大学附属中学初中部经过实地走访和科学调研，最终确定使用"数字光学点阵技术"的纸笔教学互动系统辅助教学，实现信息化与教育教学的深度融合。特别是将纸笔教学互动系统应用于课后作业中，实现学生作业书写过程的数据采集，有效提升了教学效率。

在学生课后作业和个性化辅导环节，学生可以通过"智慧作业"的书写，将书写过程的数据实时传输给教师，便于教师进行及时的批阅与指导。同时，系统采集的学习数据最终会形成学生个人的数据分析报告，进一步反馈给教师，便于教师根据学生的作业完成质量调整后续的教学内容，对学生的学习进行精准指导，实现作业的高效管理与科学减负辅导。而学生亦可根据自身学习进度和个性化需求，主动开展针对性练习。这可以促进不同学习水平学生的全面提升，推动教学的个性化发展。

学校还将统一部署基于大数据的作业质量智能诊断云平台，分阶段完善智慧作业建设并开展常态化应用，逐步探索利用作业质量大数据实现精准教研的方式，构建基于纸笔教学互动系统的作业质量诊断体系，并持续跟进探索及优化，进而实现成果推广。

学习自评

评 价 内 容	自 评 结 果			
	优	良	中	差
理解翻转课堂的教学特点，掌握设计流程				
理解基于项目学习的 STEM 教学模式的特点，掌握设计流程				

续表

评 价 内 容	自 评 结 果			
	优	良	中	差
理解大单元主题教学的概念,掌握设计流程				
理解智慧作业的概念与作用,掌握实施流程				
综合评价				

本章小结

1. 翻转课堂是一种以学生为中心的、灵活的、创新的教学模式,遵循以学生为中心、"先学后教"、以信息技术为支持的基本理念。翻转课堂的设计过程主要包括确定课外学习目标、选择翻转内容、选择内容传递方式、准备教学资源、确定课内学习目标、选择评价方式、设计教学活动、辅导学生八个主要环节。

2. STEM 是科学(Science)、技术(Technology)、工程(Engineering)、数学(Mathematics)四门学科英文首字母的缩写,STEM 教育通常指以 STEM 活动为载体的集科学、技术工程、艺术人文和数学于一体的跨学科实践活动。项目学习强调学生基于现实问题的主动探究,是实现传统课堂教学革新的一种新型教学模式,有助于促进应试教育向素质教育转化。

3. STEM 项目设计是进行跨学科教学的开端,良好的结构化项目设计有利于解决学生的学习难点,帮助学生提高学习效率、收获信心与知识等,其流程包括教学分析、学习任务设计、学习活动设计与学习评价设计等多个方面。

4. 大单元主题式教学是指教师根据大单元整体教学理念的指导,遵循学生的学习规律以及身心发展特点,以教学目标为依据,确定教学主题,并根据教学主题对教学内容进行分析、整合与重组,以此进行单元教学的教学方式,遵循以真实问题为驱动、以整体性教学为支撑及以学生为主体的教学理念。教学设计主要包括确定大单元主题、教学目标设计、教学任务设计、教学活动设计与教学评价设计多个方面。

5. 智慧作业将成熟的光学扫描识别技术、人工智能及大数据分析等先进技术应用到学生日常纸质作业中,动态采集学生过程性数据,即时生成每个学生专属的错题本,是一种平衡了传统纸笔和全线上作业的新作业模式。智慧作业模式主要包括作业设计与布置、作业实施与完成、作业批改与分析、作业反馈与修订、作业优化与再设计等环节。

实践与分享

请选择一个自己熟悉的教学单元内容,选择合适的教学模式,进行教学设计实践,并与老师、同学们交流分享。

拓展资源

请到知网(https://kns.cnki.net)搜索下载以下文章并阅读。

《STEM教育理念与跨学科整合模式》,作者余胜泉、胡翔,文章介绍了包括跨学科、趣味性、体验性、情境性等在内的九个STEAM教育核心理念,对相关课程、广域课程这两种跨学科整合模式进行了相关介绍,对学科知识整合取向、生活经验整合取向与学习者中心整合取向三种跨学科整合取向展开了分析,最后提出了跨学科整合的项目设计模式。

《STEM教育跨学科学习活动5EX设计模型》,作者李克东、李颖,文章以提升STEM教育项目设计与实施跨学科学习的效率为目的,提出了五个需要关注的要点,设计了跨学科学习活动设计5EX模型,并通过"家居水栽培"和"设计并制作FEG智能车"的例子针对跨学科学习活动设计与实践过程进行了说明。

《学科核心素养呼唤大单元教学设计》,作者崔允漷,文章指出学科核心素养的出现促进了教学设计的变革,教学设计要从一个知识点或者课时的设计转变为一个大单元的设计,并从一个学期的大单元的确定、一个大单元的学习的设计、真实情境与任务的介入三个方面分享了自己的思路与看法。

第七章

教育技术新发展

人工智能、大数据、脑机接口、虚拟现实、知识图谱等新技术与教育的结合,为革新传统教育提供了新的可能。新兴技术与教育教学的深度融合,催生了一系列新的教学模式,这些实践推动学校课堂教学走向多元化。

本章学习目标

1. 了解人工智能技术、大数据分析、脑机接口、虚拟现实及知识图谱等概念
2. 理解人工智能、脑机接口、虚拟现实及知识图谱的教育教学应用模式
3. 熟悉人工智能、教育大数据分析、脑机接口、虚拟现实与知识图谱的教学应用案例

知识地图

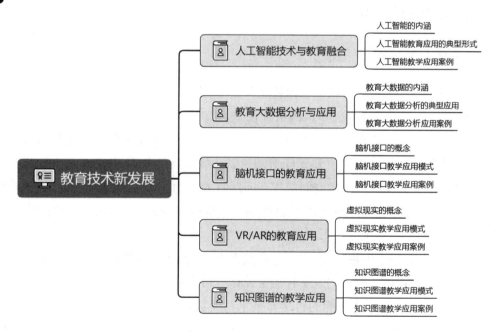

学习建议

1. 学习重点:人工智能技术、大数据分析、脑机接口、虚拟现实及知识图谱等的教学应用。

2. 课前活动：观看本章的导学微课视频，深刻把握本章的知识结构，了解当前信息技术在教育领域的新发展与新应用；观看各项新技术的微课视频，进一步了解其原理与应用案例。

3. 课后活动：完成学生学习自评表，搜索并阅读拓展资源。

扫描二维码
观看微课视频

第一节　人工智能技术与教育融合

本节学习目标

通过学习，了解人工智能技术的内涵及其对教育的影响，理解人工智能教育应用的典型形式并熟悉相关教学应用案例。

科技进步日新月异，新一代信息科技革命蓄势待发。人工智能、大数据、区块链等技术迅猛发展，将深刻改变人才需求和教育形态。人工智能技术不仅改变了教与学的方式，而且已经开始深入影响教育的理念、文化和生态。

一、人工智能的内涵

1. 什么是人工智能

人工智能最早意为"用机器模拟人的智能"，其中"人工"的意思是合成的、人造的。目前关于"智能"的定义，有思维理论、知识阈值理论、进化理论等主要流派。思维理论认为智能的核心是思维，人的一切智能都来自大脑的思维活动，因而思维理论渴望通过对思维规律与方法的研究，来揭示智能的本质。知识阈值理论认为智能行为取决于知识的数量及一般化程度，它将智能定义为在巨大搜索空间中找到问题解的能力。进化理论认为，人的本质能力是在动态环境中对外界事物的感知能力、行动能力、维持生命的能力，正是这些能力为智能的发展提供了基础。

人工智能不能等同于生物智能，它不是自然产生的，也被称为机器智能。关于人工智能的定义，存在不同的观点。狭义的人工智能是计算机科学的分支，指用计算机模拟或实现的智能，是研究如何使机器具有智能的科学与技术。随着科学技术的进步，人工智能已演变成多学派、多层次融合的广义人工智能。广义的人工智能是研究、开发用于模拟、延伸和扩展人和其他动物的智能，以及开发各种机器智能的理论、方法、技术及应用系统的综合性学科，其不仅研究个体、单机、集中式的人工智能，而且研究群体、网络、多智体、分布式的人工智能。

国务院2017年发布的《新一代人工智能发展规划》认为，在移动互联网、大数据、超级计算、传感网、脑科学等新理论、新技术以及经济社会发展强烈需求的共同驱动下,人工智能加速发展,呈现出深度学习、跨界融合、人机协同、群智开放、自主操控等新特征。大数据驱动知识学习、跨媒体协同处理、人机协同增强智能、群体集成智能、自主智能系统成为人工智能的发展重点,受脑科学研究成果启发的类脑智能蓄势待发,芯片化、硬件化、平台化趋势更加明显,新一代人工智能相关学科发展、理论建模、技术创新、软硬件升级等整体推进,正在引发链式突破,推动经济社会各领域从数字化、网络化向智能化加速跃升。

2. 人工智能在教育中的应用

人工智能凭借其数据处理能力和智能算法优势,带给教育领域前所未有的震撼和变革,全方位重塑了教育的理论、观念和实践,具体体现在课堂教学、教师发展及教育治理等方面。在课堂教学方面,人工智能赋能了师生关系的转变、资源配置的智能化以及学习空间的变革,其中的直观表现可见于课堂时空边界的改变。以往的课堂教学主要在学校教室中进行,课堂内外的边界直接取决于教室物理空间的边界。人工智能技术的引入与融合,使得教学可以自由泛在地、或同步或异步地发生在物理课堂空间内外、现实与虚拟世界之间。比如,"人工智能+教师"的双师课堂,解决了农村地区开不齐、开不足、开不好课的问题,为师资的在线流转和学生享受优质资源创造了便利。除此之外,在教师发展方面,借助 AI 助教,教师可以从低附加值的简单重复工作中自我解放,更加专注于构建和谐稳固的师生关系和促进学生全面长远发展;同时,教师可以利用智能平台跨年级、跨学校、跨区域进行协作与教研,教师专业发展路径也从"单兵作战"转向"团队协作"。在教育治理方面,受原本管理者观念、知识及能力等方面的制约,教育治理水平无法满足学校发展需要,而在人工智能技术支持下的教育大数据的采集、分析和挖掘能够促使学校和区域教育治理效率提升与流程再造,促进治理体系与水平提升。[1]

随着数据的积累、算法的革新、应用的拓展,新一代人工智能技术在推动教育变革发展的同时,也面临着一系列的风险和挑战。技术方面,如何利用多维数据真实反映师生教与学全过程,学校在智能平台建设与使用中如何避免数据孤岛,智能算法如何从教育层面解释师生行为等仍有待探究;[2]伦理方面,随着数据采集愈加精确、指标构建愈加完善,师生信息在爆炸性增长的同时也存在数据泄露风险增加的可能,如何保障数据的合理合法使用,数据泄露如何处理、责任由谁负责等问题更需要得到特别关注和解决;教师职业方面,关于智能时代教师职业是否会被取代、教师在未来教育中需具备怎样的职业素养等也成为教育研究的热点问题。

---

[1] 于海波. 人工智能教育的价值困境与突破路径[J]. 湖南师范大学教育科学学报,2020,19(04):56-62.
[2] 吴河江,涂艳国,谭轹纱. 人工智能时代的教育风险及其规避[J]. 现代教育技术,2020,30(04):18-24.

> **思考讨论**
>
> 请学习者结合自身经历和网上资料，谈谈人工智能在教育领域还有哪方面的具体应用。

二、人工智能教育应用的典型形式

人工智能时代的到来，将使教育实践发生深刻而巨大的变化，教育组织形态与教学方式也将随之变化。人工智能在教育中的应用目前主要包括智慧学习空间、智慧校园、智能学伴、智能导师等。

1. 智慧学习空间

智慧学习空间是连接教室空间、虚拟空间与社会空间，能够智能记录学习过程，有效聚合、提取、分析有意义学习行为数据，帮助师生精准决策，并能使每个学习个体都获得学习支持与服务的学习空间。它的基本特征有：① 智能采集数据，动态监测与评价教学过程；② 关注数据分析，提升教学效率，为教学提供智能决策；③ 优化学习行为，为学习者推送个性化学习路径；④ 推动教师反思教学行为，助力教师专业发展。

其应用场景有：

① 促进学生知识迁移。通过对学习者全流程学习数据的记录和分析，智慧学习空间能对学习者具体的学习行为和潜在的学习机理进行智能分析和教育研判，并提供个性化指导和知识间的查漏补缺，为学习进阶和跨学科知识的迁移提供有效的引导和支持。

② 促进教师教研培训。"国家教育资源公共服务平台""希沃学苑"等智慧学习空间提供的优秀学习资源能够有效促进教师的自主学习和交流反思，同时依托智慧教研平台的教研共同体也为教师的个人发展提供专业指引路径。

③ 促进家校合作共育。智慧学习空间中丰富的学习资源有利于家长形成正确的教育观、家校观等，促进学生世界观、人生观、价值观等的成熟。同时空间中多元化的沟通渠道突破了家校合作的瓶颈，大数据支持的智慧成长数据也反映着家长和学生的共同成长。

2. 智慧校园

智慧校园是指以面向师生提供个性化服务为理念，能全面感知物理环境，识别学习者个体特征和学习情景，提供无缝互通的网络通信，有效支持教学过程分析、评价和智能决策的开放教育教学环境和便利舒适的学习环境。它的核心特征有：① 环境全面感知；② 网络无缝互通；③ 海量数据支撑；④ 开放学习环境；⑤ 为师生提供个性化服务。

其应用场景有：

① 助力教师智慧教学。依托教育平台汇聚的海量教学资源，支持教师更好地开展备课、教研；借助智能技术构建支持协作学习和个性化学习的智慧教学；利用智能环境创新教学模式；依据教学大数据为学习者制定有针对性的学习干预策略。

② 助力学生智慧学习。依托大数据学习分析技术，为学生提供精准化学习诊断、智能化资源推送及个性化学习建议；通过"云""网""端"一体化的数据传输和交流渠道，满足学生沟通、交流与协作交互等需求；借助智能学习终端和富媒体化的学习资源，实现学生个性化、移动化、泛在化学习。

③ 助力教育管理者智慧管理。借助物联网、传感器等技术工具实现对学生考勤、门禁、学习、运动等信息的全面记录，为教育管理者深入分析学生生活和学习提供数据支撑；通过智能管理云平台，为教育管理者提供智慧管理业务支持，实现智能决策、实时监控、安全预警和远程辅导等功能。

3. 智能学伴

智能学伴是基于"人工智能＋学伴"的理念，利用人工智能算法开发的能与学习者进行交流互动的虚拟伙伴。它拥有符合学生认知规律与审美习惯的物理外形与交互界面，具有准确辨识学生表达的语音语义、人脸动作和面部表情，即时判断学生的认知和情绪状态，在各类传感器支持下与学生开展多感官互动，在一定程度上促进学生增强自信和提升学习兴趣。

其应用场景有①：

① 自动命题和批阅作业。智能学伴既可以代替教师进行重复性的批阅工作，也可以让学生在短时间内获得科学的测试题目和准确的作业评价反馈。

② 开展学生综合素质培养。智能学伴可以全面考察学生各方面的发展状况，根据学生综合素养的发展情况通过学习平台推荐相关练习和资源，及时查漏补缺，实现学生的个性化学习。

③ 开展学生身心健康监测。智能学伴能够反映学生的实时身体状态，并基于大数据为师生提供健康知识和体育锻炼方案；同时通过心理健康量表的测量，引导教师对学生及时进行心理疏导，有效保证学生心理健康。

4. 智能导师

智能导师是辅助教师对学生提供个性化指导的智能系统，是对人类教师能力的模拟、延伸和拓展。它可以代替教师进行重复性的工作，协助教师完成教学互动、教学测试、学习过程跟踪、学习管理等教学服务，并为教师提供海量的教学资料。基于全学习过程数据的智能导师，可以成为真人教师指导学生的得力助手、家长教育孩子的专业导师及学生自我诊断的贴心顾问，为减轻教师压力和工作量提供支持。

---

① 未来教育高精尖创新中心　停课不停学|智慧学伴平台面向全国开放实施方案[EB/OL]. https://mp.weixin.qq.com/s/2qoJU2ON8r23nBUGvCBGjg.

其应用场景有：

① 学习障碍自动诊断与教育决策。智能导师可以有效识别学生学习过程中的薄弱及欠缺部分，并可以通过智能技术即时发布学习诊断报告和学习预警，同时做出针对性的教育决策。

② 个性化指导与生涯规划。智能导师可以为学生提供个性化服务，基于学生需求采取符合学习特征及规律的措施和手段，指导、帮助学生解决问题，促进学生个性化发展。

三、人工智能教学应用案例

1. 案例简介

中国移动通过"网＋云＋端"的解决方案，打造远程教育、虚拟教学、平安校园等教学场景，借助智能技术和移动 5G 技术，为校园生活环境和课堂教学模式带来重大变革。

2. 案例解读

结合人脸识别、物体检测、事故预警等人工智能技术以及 5G 通信技术的智慧校园建设方案，能够有效增强校园安全系数，预防校园治安案件发生，整体满足学校安全管理需要。图 7.1 是利用 5G＋AI 技术提供"考勤管理＋人脸识别"的平安校园方案。在视频采集等技术的支持下，建设智能监控系统、出入管理系统、校园安保系统。①

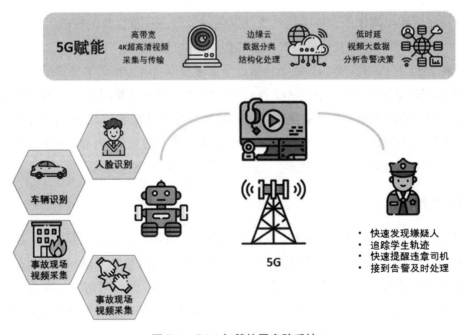

图 7.1　5G＋智慧校园安防系统

---

① 广东移动政企业务　5G＋智慧校园解决方案，掀起教育模式新浪潮[EB/OL]. https://mp.weixin.qq.com/s/ygOK31jz4cfjFOJkCtZiqA.

> **拓展阅读**
>
> **5G+人工智能塑造数字阅读新业态**
>
> 阅读是学生获取知识的便捷方式，2021年教育部关于印发《国家义务教育质量监测方案（2021年修订版）》的通知中多次提到阅读能力对于学生全面发展的重要性。在智能时代的背景下，利用5G技术和人工智能塑造数字阅读的新业态，将极大发挥阅读促进学习者自身发展的作用。人工智能技术、大数据技术、VR技术等新技术在5G技术的加持下，将突破阅读介质时空和媒介形式的局限，大大延伸学习者阅读时的媒介接触范围。

第二节　教育大数据分析与应用

本节学习目标

通过学习，了解教育大数据分析的内涵及其与学习分析的关系，理解教育大数据分析的典型应用。

智能时代的到来，为教育领域的教与学研究带来了数据红利，数据挖掘技术也为教学数据处理提供了强大的技术支撑。借助大数据分析与挖掘技术，深入探寻教育背后的潜在问题与规律，从而转化为促进教育变革的创新应用，将成为解决当前教育困境的崭新出路。

一、教育大数据的内涵

1. 什么是教育大数据

教育信息化平台是大数据汇聚的基础，大数据是提供智能化教育服务的关键。建立可流动、可获取、可应用的大规模非结构化教育数据，有助于理解教育系统整体，支持教学评价与决策，也有助于实现个性化学习、自我导向式学习以及智慧学习等。

国家教育资源公共服务平台和国家教育管理公共服务平台是目前国家在建和在用的两个教育大数据平台，其目标是汇聚教学支持、教育管理领域的海量信息，形成有效支持教育教学过程、教育管理的教育大数据。其中，国家教育资源公共服务平台采用资源征集、资源汇聚、资源共建、资源捐赠四种方式实现教育教学资源数据的汇聚；国家教育管理公共服务平台采用学生和教师"一人一号"、学校"一校一码"的思路，全面准确地汇聚全国学生、教师和学校的动态数据。这些大数据将成为我们观察、监测教育系统的"显微镜"与"仪表盘"，成为智能化教育分析与决策的基石。

2. 教育大数据与学习分析

教育大数据可以来自学生的显性或隐性学习行为,如课堂问答、线上讨论、考试测评、家庭作业、参与社会实践等。通过对教育大数据的分析,教师可以根据采集得到的学生行为和认知等数据,判断学生的学习需求、学习风格与学习进展,制定满足学生学习需求的教学方案,预测学生未来的学习表现,甚至获得算法支持的教学决策建议,从而有效优化教学,提升学生学习效果。这样的数据分析技术也称为"学习分析技术"(Learning Analytics)。根据约翰逊(Johnson)等学者对学习分析的定义,学习分析指的是对学生生成的海量数据进行解释和分析,以评估学生学业进展,预测未来表现,并发现潜在问题。目前学习分析技术已引起全球教育界的关注,研究人员开始深入研究如何通过学习分析技术,诊断学习者的认知水平、预测未来学习成效等,为师生更高效的教学赋能。此外,学习者可以将学习分析技术作为自我评估工具、自我导向学习的引导工具、学习需求的分析工具、危机预警工具,进行自我评估、诊断与导向等;教育研究者则可以将学习分析技术作为个性化学习设计工具以及成效分析工具、学习者个性化学习研究工具、网络学习过程和效用研究工具、学习总结及预测工具等。

> 📝 **技能学习**
>
> 请学习者扫码观看微课视频"学习分析的原理及应用",了解学习分析的背后逻辑和应用场景。

扫描二维码
观看微课视频

3. 大数据时代中小学教师的数据素养

(1) 具备教育数据意识和数据伦理

数据意识是教师数据素养的先决条件,是教师利用数据优化教学的前提和动力。大数据时代要求教师从数据的角度理解、感受和评价教育教学活动,数据意识强的教师能及时发现教学数据的异动和相关性,形成对数据的意义诠释。数据伦理则是教师合理合法利用数据的要求和保障。教师在进行海量数据处理和分析的过程中,必须重视数据安全和保护用户隐私,遵守相关的法律、法规和约定俗成的规则,养成良好的教育数据道德责任意识。[①]

(2) 具备教育数据理论知识

大数据时代的教育信息呈现爆发式增长,对教师如何认识和理解数据提出了更高的要求,这就需要教师具备教育数据理论知识,理解教育数据的质量、类型、特性,熟悉基本的数

---

① 刘雅馨,杨现民,李新,田雪松. 大数据时代教师数据素养模型构建[J]. 电化教育研究,2018,39(02):109-116.

据可视化和呈现形式,了解基本的数据科学知识,理解教育数据所表达的含义,掌握数据驱动教育的相关知识、理论、框架等。①

(3) 具备教育数据操作能力

面对教学和管理工作中的海量数据,教师需具备良好的数据操作能力,才能为数据驱动教学和管理提供实施条件。数据素养在数据操作层面体现为教学数据的采集、分析、评估等能力。这就要求教师熟悉数据采集、分析和评价工具的选择和使用,挖掘数据背后的隐含信息,从而发挥教育数据的信息优势。

(4) 具备教育数据的教学应用思维

教师数据素养的落脚点在于应用教育数据进行教学应用和教育质量提升。这就要求教师形成用数据解决教学问题的思维方式,根据数据结果进行教学规划和实施,利用教学数据持续改进教育环境和教学策略,并通过教师间的交流协作和反思研讨,根据教育数据所反映的实际问题制定合理的教学方案。②

二、教育大数据分析的典型应用

拥有大数据是现代教育发展的新特征,分析大数据自然成为教育变革最鲜明的任务,应用大数据也是实现教育现代化的重要机遇。当前大数据分析的教育应用主要包括课堂教学行为分析、学生综合素质评价、学业预警与干预等。

1. 基于多模态数据的课堂教学行为分析

课堂教学行为分析的演变可描述为经验化、信息化再到智能化的过程。早期的课堂教学行为分析以经验为主,观察者依据已有经验,利用S-T分析法等对课堂中的教学行为进行人为观察和记录;信息化环境下,课堂教学行为分析系统(如ITIAS、IFIAS等)应运而生,课堂行为分析效率得到有效提升;随着人工智能技术和多模态数据分析方法的发展,课堂教学行为分析数据的获取更加自动化、多元化和实时化,研究者也可以借助智能算法(如机器学习、数据挖掘等)获取更具深度的课堂行为信息。总体而言,相较于传统课堂教学行为分析多以单一言语行为为主,肢体动作、脸部表情、情感特征、生理信号等其他课堂行为难以体现,融合多模态信息的课堂教学行为分析更加精准、全面、真实,更有利于教师获知学生的学习状态,帮助教师进行教学反思和教学优化。③

2. 基于数字画像技术的学生综合素质评价

2021年3月,教育部等六部门印发《义务教育质量评价指南》,强调从品德发展、学业发

---

① 张进良,李保臻. 大数据背景下教师数据素养的内涵、价值与发展路径[J]. 电化教育研究,2015,36(07): 14-19+34.
② 李青,任一姝. 教师数据素养能力模型及发展策略研究[J]. 开放教育研究,2016,22(06): 65-73.
③ 赵丽,贺玮,王洋. 人工智能支持的课堂教学行为分析:困境与路径[J]. 电化教育研究,2022,43(01): 86-92.

展、身心发展、审美素养和劳动实践五个方面对学生综合素质开展评价。教育大数据分析技术支持下的学生数字画像构建,能够为学生的综合素质评价提供全新的技术路径。在全人教育、五育并举等理念的指导下,借助智能技术采集学生基础属性、学习过程和结果等数据并进行建模分析,重点关注学生的德智体美劳五育成长,通过形成学生个人、班级群体等画像,赋能学生综合素质评价,从而使评价结果更加全面、深度和精准。在课堂教学方面,个性化的学生数字画像便于教师对学生的表现和需求进行深入的了解和评价,从而辅助教师对学生进行针对性的教学干预,满足学生个性化学习及身心发展需要。而在教育治理方面,各级教育部门可以根据群体学生数字画像,进一步了解学生全面发展的整体情况,以便制定更具针对性和实效性的教育发展计划,推进教育公平和质量提升。

3. 基于数据挖掘技术的学业预警与干预

学业预警与干预是指学校针对学生学业不佳、违规违纪等现象进行及时的提醒和教育,通过预先警示和帮扶的方式,采取相关措施以帮助学生顺利完成学业的管理机制。实时动态的监控不仅能帮助学生有效规避学业危机,引导和督促学生科学学习,而且有助于提高学校教育教学质量,建设和谐校园环境。大数据环境下的学业预警拥有更强的洞察力、决策力及流程优化能力,借助数据挖掘等智能算法,可以实现从海量的学生信息分析得出学业状态的精确结果。[①] 而预警数据的来源,通常考虑课程、课堂和课外三个维度。课程方面,重点关注知识点、作业情况、测验得分等维度,全面了解学生的课程掌握情况;课堂方面,出勤情况、听课时长、互动频率、表情数据等都能侧面反映学生的学习状态;课外方面,可以收集学生的身心状态、社交情况、线上学习效果等数据。[②] 总体而言,相比以往依靠学校管理者、教师等进行人为观察,基于数据挖掘技术的学业预警与干预能够智能化大批量进行学生状态跟踪,为减少教师工作量、改善学生学习、营造和谐校园等赋能。

三、教育大数据分析应用案例

1. 案例简介

2020年8月至2021年8月,石家庄裕华区教研室、石家庄第二十五中学、北京开放大学等共同开展智慧课堂下精准教学的相关研究。

2. 案例解读

为深入研究精准教学,该项目基于学生平板的智慧课堂,提出"课前以学定教,课中以学导教,课后以学促教"的课堂教学模式,如图7.2所示。课前实时查阅学生预习数据,包括学

[①] 吴文峻. 面向智慧教育的学习大数据分析技术[J]. 电化教育研究,2017,38(06):88-94.
[②] 金义富,吴涛,张子石,王伟东. 大数据环境下学业预警系统设计与分析[J]. 中国电化教育,2016(02):69-73.

习时长对比、答题正确率统计、班级概况分析等，精准把握个体学习进度和知识掌握情况；课中开展基于数据的伴随性评价；课后利用反馈系统掌握学生学情，及时调整教学进度，并按照学生梯度，灵活布置分层作业。习题下发到学生平板后，学生的答题情况自动生成数据报表，为老师进行个性化教学提供准确依据。

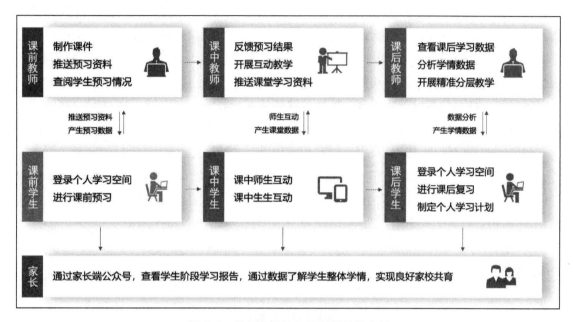

图7.2　基于平板的智慧课堂学情分析

该项目对基于平板的智慧课堂在常态化教学中的应用情况进行总结，发现学生的学业发展有所进步，特别是在学生注意力、工作记忆能力等关键认知能力方面的提升较为明显，同时也在改善和促进学生学习情绪、构建良好师生关系等方面呈现较为显著的积极作用。

第三节　脑机接口的教育应用

本节学习目标

通过学习，了解脑机接口的概念及其与群体注意力的关系，理解脑机接口的教学应用模式并熟悉相关教学应用案例。

作为一项新兴技术，脑机接口技术在神经干预、运动康复、智能家居、环境交互、游戏娱乐等领域初露锋芒。在教育领域，脑机接口为学生的认知风格识别、教学效果评价、课堂教学策略改善等提供了新的思路，未来结合脑机接口技术的课堂教学将呈现爆发式增长和广泛应用。

一、脑机接口的概念

1. 什么是脑机接口

脑机接口(Brain-computer Interface，BCI)技术不依赖脑的正常传输通路(外周神经和肌肉组织等)，而是建立脑与外部设备的直接连接通路。脑机接口技术能够从大脑中提取特定的生物信号，依据现有的认知神经科学理论，进行有效的解码，建立与外部系统的沟通，实现控制与操纵外部仪器或设备动作的目的。

脑机接口技术包括以下两部分：通过对神经的刺激，让人获知感受；通过读取热的神经元活动，读取、记录甚至抽取人的意识。脑机接口技术在非医学领域的应用主要表现在用户状态的监测和实时评价、培训与教育、游戏与娱乐、认知提升等方面。

基于脑机接口技术的脑电信号测量有 EEG、fMRI、fNIRS 等，其中 EEG 信号由于获取的便捷性，在教育场景中较为常用。EEG 信号的获取方式主要通过电极帽采集头皮上的脑活动信号，但这种方式因为受到肌电、眼动等噪声干扰而具有较低的信噪比。

> **拓展阅读**
>
> **脑机接口发展史**
>
> 早在1929年，德国生理学家汉斯伯格就实现了对人脑神经电信号的无创记录，这被广泛认为是脑机接口的神经生理学发端。进入21世纪以来，脑机接口技术发展进入快车道，身着机器战甲的截肢残疾者在2014年巴西世界杯上，通过脑机接口将自身想法传输给外部设备，控制机械外骨骼踢出了一球。Space X 宣布旗下公司 Neuralink 的脑机接口技术可以直接通过 USB-C 接口读取大脑信号，并成功让猴子通过脑机接口用"意念"控制游戏里的球拍击球。如今，脑机接口已经成为全球关注的热点技术。2020年阿里巴巴达摩院发布《2021十大科技趋势》，认为脑机接口极具研究价值，可帮助人类超越生物学极限。

2. 脑机接口与群体注意力

注意是大脑聚焦并选择信息，在感知和理解之后整合信息，通过它来思考、记忆、回忆、感受、计划和执行的过程。其作用在于减弱对不相关信息的处理量，使人类专注于当下感兴趣的信息，以便认知系统做进一步的处理，如实现物体辨认、阅读学习和记忆形成等。

群体注意力是以课堂群体为研究对象，分析学生群体在课堂学习过程中的注意力情况,以及学生在课堂上关注教师的指导并对教师的指导做出反应的程度。学生在课堂中保持注意力的目的是吸收和消化主题,衔接认知和行为,也是对信息做进一步认知处理的先决条件。在实际的课堂中,学习者会出现注意持续、转移、分散和分配等多向度的注意表现,其行为表征通常表现为学生发散性讨论、集中性思考或"开小差""传纸条"等。通过便携式的脑机接口设备同时扫描多人的脑电活动情况,可以获取课堂中的群体注意力数据。

二、脑机接口教学应用模式

1. 脑机接口技术支持的教与学风格匹配

脑机接口作为一种测量师生行为风格的新手段,通过动态收集个体内隐特征,实现对个体高度的个性化数据表征,能够更好地了解教师教学风格与学生学习风格的特点和个性差异,从而将教师教学风格与学生学习风格匹配,以达到有效提高学生的学习成绩、学习动机、课堂满意度的目的。

2. 脑机接口技术支持的创新课堂教学效果评价

脑机接口技术为课堂教学评价提供了全新的途径。利用脑机接口技术评价学习效果是个动态深化的过程,评价方法不断从片面到全面,由外在功能触及内在本质。一方面,脑机接口可以评价学生个体的脑区活动状态,根据学生学习活动相应脑区的活动状态评价学习效果,判断学生是否处于学习状态。另一方面,脑机接口技术可以根据学生群体的脑活动同步情况评价教学效果,评判教师组织教学和指导学生课堂学习过程有无进步,如根据学生和教师神经活动的同步性预测学生的学习结果,判断小组互动的实际状态。

3. 脑机接口技术支持的课堂教学策略优化

脑机接口能深入课堂内部,解决课堂教学和教研方法缺乏细粒度的感知工具和方法的问题,降低教学和教研难度。将脑机接口技术"嵌入"教学活动,可探究脑电指标与观测指标间的关系,通过测量特定教学活动学生的脑电信号能帮助教师发现学生课堂学习的真正挑战。脑电信号测量也可以作为学习资源设计的参考指标,根据不同教学材料对学生持续注意、情感、认知负荷和学习表现的影响,预测学习效果或优化学习材料设计。

4. 脑机接口技术支持的学生课后学习补救

教育信息化 2.0 时代的教育资源是教育内容载体与教学过程大数据的融合。基于脑机接口技术和平板电脑教学,实现学习者认知状态数据和课堂教学过程数据等多模态数据的融合应用,可提升数字教育资源、学习路径和学习伙伴推荐的准确率,提高学习者的学习参与度，使学习者的工作负荷保持最佳水平。

 技能学习

请学习者扫码观看微课视频"专注世界的基本操作"，了解如何通过专注世界APP掌握脑机接口的课堂教学应用。

扫描二维码
观看微课视频

三、脑机接口教学应用案例

1. 案例简介

华南师范大学脑机接口技术教育应用研究团队针对班级和小组内学生的脑电同步问题，以银川市某小学的三个平板教学班为研究对象，开展真实课堂环境下的脑电信号测量，以内隐数据对学生在班级和小组合作学习中的真实互动关系进行科学分析。

2. 案例解读

基于脑机接口技术的脑电同步状态计算，是课堂教学分析的重要工具和指标。课堂教学中的学习群体脑电同步状态，能够更加准确地反映学生课堂参与度、教学互动效果，从而为教师课堂教学决策提供实时支持。

图 7.3 中展示了学生 V47 和 V48 在课堂中的注意力记录，曲线反映了学生在相同时段内的注意力数据，可见两个学生的注意力同步性较高。

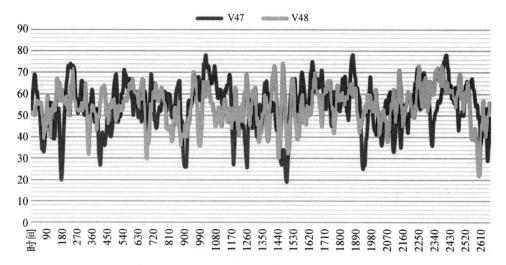

图 7.3　两名学生的脑间注意力时序同步示意图

第四节　VR/AR 的教育应用

> **本节学习目标**
>
> 通过学习，了解虚拟现实的概念，能够区分 VR、AR 和 MR 等技术，理解虚拟现实的教学应用模式并熟悉相关教学应用案例。

虚拟现实技术在教育领域掀起了新的浪潮，使学生能够进入逼真的、身临其境的教学环境，并有效激发学生的学习热情。虚拟现实技术在教育领域的深入广泛应用，将对传统教育模式产生深刻的影响。

一、虚拟现实的概念

1. 什么是虚拟现实

虚拟现实（VR）技术，是 20 世纪 80 年代兴起的一种综合集成技术，它借助计算机硬件、软件以及各种传感器构成一个三维信息的人工环境——虚拟环境，可以逼真地模拟现实世界的（甚至是不存在的）事物和环境。人进入这种环境中，立即有"身临其境"的感觉，并可以亲自操作，自然地与虚拟环境进行交互。

与全画面虚拟的 VR 不同，增强现实技术（AR）实现了虚拟画面在现实世界实体的叠加。AR 是用计算机系统提供的信息增加用户对现实世界的感知技术，并将计算机生成的虚拟物体、场景或系统提示信息叠加到真实场景中，从而实现对现实的"增强"感受。

在结合 VR 和 AR 的基础上，多伦多大学教授史蒂文·曼恩（Steve Mann）提出了混合现实技术（Mixed Reality，简称 MR）。MR 的关键特征是合成物体和现实物体能够实时交互，借助先进的计算机技术、图像处理技术和人机交互技术生成具有虚实融合特征的可视化环境，在该环境下真实实体和虚拟对象共存，同时能实时交互。

与 VR、AR 等不同，全息影像技术（Holographic Display）是利用光学原理、成像技术和计算机技术等记录并再现真实物体的三维图像的技术，其本质上是一种投影技术，观众无须佩戴立体眼镜或者其他辅助设备即可看到立体的虚拟物体。全息影像技术在军事侦察与监视、藏品展览、文档保存、建筑设计和科研教学等领域都有广泛用途。

这些新技术为教学提供形象逼真、细致生动的虚拟环境，通过情景化的学习界面、人机交互式的模拟学习体验，改善教学环境，优化教学过程，增强教学效果。

> **思考讨论**
>
> 请学习者从技术特点、设备载体、视觉效果等方面，谈谈 VR、AR、MR 和全息影像技术的区别。

2. 虚拟现实与人工智能

在教育领域,虚拟现实技术通常为教师和学习者构建一个真实、交互性强的环境。人工智能不仅使虚拟的对象更加智能化,而且综合视觉、听觉、触觉等多种智能算法和数据分析技术,为虚拟现实带来全新的交互体验,让虚拟现实真正"化虚为实",同时还可以提升虚拟现实环境制作水平和建模效率。随着时间的推移和技术的进步,虚拟现实和人工智能技术会逐步走向融合。

3. 虚拟现实与元宇宙

近年来,以虚拟现实、增强现实、数字孪生等为代表的虚拟仿真技术,正不断从教学方式、学习资源和系统平台等方面重塑教育生态。元宇宙(Metaverse)作为虚拟现实的高阶发展产物,融合了人工智能、云计算、脑机接口、区块链等数字技术,将成为下一代互联网的新形态。尼尔·斯蒂芬森在其 1992 年出版的小说《雪崩》中,将元宇宙描述成一个融合了虚拟现实、增强现实和互联网的虚拟共享空间;清华大学新媒体研究中心发布的《2020—2021 年元宇宙发展研究报告》对"元宇宙"给出如下定义:"元宇宙是整合多种新技术而产生的新型虚实相融的互联网应用和社会形态,它基于扩展显示技术提供沉浸式体验,基于数字孪生技术生成现实世界的镜像,基于区块链技术搭建经济体系,将虚拟世界与现实世界在经济系统、社交系统、身份系统上密切融合,并且允许每个用户进行内容生产和世界编辑"。由此可预见元宇宙在教育领域的学习空间与组织形态等方面的创新与变革作用,未来可以展望其在学科教学、虚拟实验室、虚拟学习社区及职业培训等方面的应用。①

二、虚拟现实教学应用模式

1. 基于虚拟现实技术的游戏化学习

游戏化学习是指将寓教于乐的教育理念融入教育教学活动中,通过游戏构建师生沟通平台,让学生在轻松愉悦的学习体验中获得知识、技能,培养正确的情感态度。近年来,基于虚拟现实的游戏技术快速发展,为游戏化虚拟学习环境的构建提供了技术支撑。基于虚拟现实技术的游戏化学习方式主要有情境认知、社会协作和主体认知等。在情境认知方面,虚拟仿真等教育游戏能够为学习者打造沉浸式学习情境,学习者在虚拟世界中探索和实践知识并获得仿真认知体验和更多的隐性知识;在社会协作方面,教育游戏中的虚拟导师有助于学习者接受知识并提高学习兴趣,同时教育游戏丰富多样的角色、工具选择,也为学习者提供更多的讨论、合作机会,进而获得更多的社会性体验;在主体认知方面,教育游戏中的模拟

---

① 蔡苏,焦新月,宋伯钧. 打开教育的另一扇门——教育元宇宙的应用、挑战与展望[J]. 现代教育技术,2022,32(01):16-26.

学习能够帮助学习者巩固知识,促进知识迁移和技能练习,从而激发学习者的学习动机。基于设计的教育游戏能够辅助学习者制定学习目标和计划,动态跟踪学习者的学习过程,通过纠错机制促进学习者的自我反思和学习调节。①

2. 基于虚拟现实技术的泛在学习

泛在学习指学习者在任何时间、任何地点都能在所处的学习空间中获得良好的学习体验。常见的泛在学习空间有校园教学空间、非正式学习空间(图书馆、科技馆和博物馆等)和网络学习空间等。虚拟现实技术的沉浸性、交互性、虚幻性以及逼真性的特点,能够进一步拓展学习空间,极大地丰富空间内的信息呈现形式,为教学提供真实、互动、情境化的学习场景。虚拟仿真校园是虚拟现实技术与网络技术在教育领域中最早的具体应用。基于教学、教务、校园生活的三维可视化虚拟校园与现实校园的叠加,将学校管理、教师的讲授和学生自主的沉浸式探究完美地结合在一起。虚拟现实技术与非正式学习环境的结合,不仅可以打造虚拟图书馆、虚拟博物馆等体验空间,而且利用虚拟现实技术的仿真性可以提供视听等多方面信息,为学习者提供课堂与书本无法提供的感官信息和场景体验。网络学习空间本身作为跨地域、跨时间的学习平台,融合虚拟现实技术能使参与者在虚拟网络空间中进行任务协作和资源分享,实现对虚拟环境下丰富生动知识的群体建构。②

3. 基于虚拟现实技术的仿真实训

利用虚拟现实技术进行仿真实训是对传统实验及培训教学的升级。2017年教育部发布《关于进一步推进职业教育信息化发展的指导意见》,强调要充分利用虚拟仿真实训资源、个性化自主学习系统和虚拟仿真实训基地,重点解决实训教学中"进不去、看不见、动不了、难再现"的难题。利用虚拟现实技术的"虚拟""数字化"等特点,可模拟出在现实中存在但在教学环境难以做到,或者需要花费很大代价才能实现的实训环境。同时实验过程可以重现,方便针对学习者出现的问题给予训练指导,培养学习者在真实情境中的动手能力。虚拟现实技术在危险实验领域更有独特优势,如化学实验、高空作业、机械操作等可以通过虚拟现实技术支持,从而降低实训的危险性,为学习者提供更全面的安全保护。总而言之,不管是学校教育的实验教学还是职业教育的技能培训等,借助虚拟环境下的仿真实训在一定程度上突破了传统实训的时空限制,能促进学习者的相关专业发展。

三、虚拟现实教学应用案例

1. 案例简介

2020年3月,由广州市教育研究院和广州出版社出版的《人工智能》教材,提供了"六年

---

① 张露,尚俊杰.基于学习体验视角的游戏化学习理论研究[J].电化教育研究,2018,39(06):11-20+26.
② 孙志伟,李小平,张琳,姜丽萍,毛旭.虚拟现实技术下的学习空间扩展研究[J].电化教育研究,2019,40(07):76-83.

级上：循迹机器人"的学习案例,要求学生了解循迹机器人组件及工作原理。在"腾讯扣叮"虚拟仿真智能实验室平台的数字化学习环境中,学生可以随时、随地和安全地动手搭建循迹机器人,编写机器人运行的个性化程序。

2. 案例解读

在该案例中,学生可以通过组装控制器、AI模块、机器人结构模块等部件构建循迹机器人,选择预设路径,在模拟运行过程中检验机器人的循迹效果。在代码模式中,学生可以在AI模块中进行编程,修改道路识别、马达等相关参数,改变机器人的运行状态,如图7.4所示。

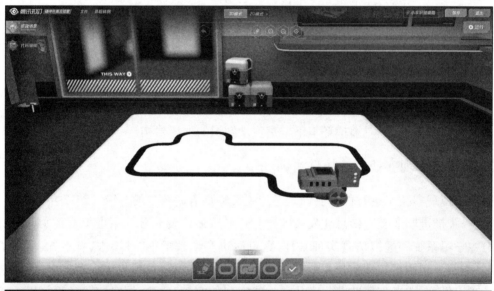

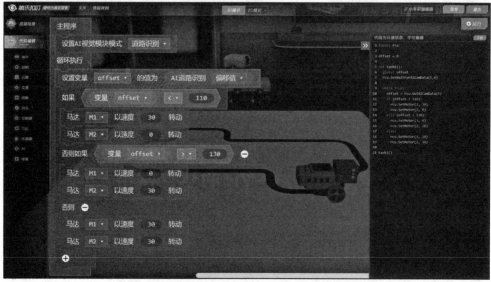

图7.4 腾讯扣叮虚拟仿真智能实验室应用案例

该虚拟仿真机器人编程平台基于 3D 游戏引擎开发，依据人工智能教学理念和教学范式，提供人工智能算法模型的体验、设计、评估、应用等流程，展现了沉浸性、高还原性、高安全性的实验现象、方法与过程，能够满足教师针对不同水平学生的分层教学需求，有效服务并支持教师课堂实验教学与学生自主实验学习。

> **案例研讨**
>
> 请学习者分享一个虚拟仿真实验平台，可从功能、特点、操作性等角度积极与同学们进行讨论交流。

第五节　知识图谱的教学应用

本节学习目标

通过学习，了解知识图谱的概念及其与人工智能技术的关系，理解知识图谱的教学应用模式并熟悉相关教学应用案例。

知识图谱作为大数据时代一种新型高效的知识组织形式，为人工智能技术支持下的教育教学提供知识的有效衔接和学科知识体系的框架，能有力支持精准化教学、个性化学习等。

一、知识图谱的概念

1. 什么是知识图谱

知识图谱（Knowledge Graph）是以图的形式表现客观世界中的实体（概念、人、事物）及其之间关系的知识库。我国《新一代人工智能发展规划》中指出，"要研究知识图谱构建与学习、知识演化与推理等关键技术，构建覆盖大规模知识的多源、多学科、多数据类型的知识图谱"，强调了知识图谱在知识计算与服务、跨媒体分析推理中的重要作用。当前，信息平台、金融、客服、教育、工业、医疗等领域正积极构建行业知识图谱，为各行业领域的智能决策赋能。

2. 知识图谱与人工智能

人工智能目前的发展阶段可分为四个层次：计算智能、感知智能、认知智能和通用智能。

计算智能即快速计算、记忆和存储的能力;感知智能即对事物的识别和判断能力;认知智能即理解、分析等能力;通用智能即模拟人的思考和行动能力。知识图谱作为认知智能的底层支撑,通过知识关系的建构和逻辑规则的统计分析,能够帮助机器推理出知识和概念间深层的、隐含的关系,实现认知智能的"推理"能力。人工智能与知识图谱技术的不断结合发展,催生了诸如聊天机器人、决策支持、私人助理、智能硬件、智能家居等产品应用,正从认知领域影响着我们的工作生活方式。

3. 学科知识图谱

学科知识图谱是由多元语义映射关系组成的语义网络知识库,表征学科知识点之间、学科资源之间、学科知识点与学科资源之间的映射关系,其既能弥补人工智能神经网络模型可解释性不足的缺陷,又可助力资源智能组织管理体系的构建。2021年教育部等六部门发布《关于推进教育新型基础设施建设构建高质量教育支撑体系的指导意见》中指出,"要系统梳理各学科知识脉络,明确各知识点间的关系,分步构建国家统一的学科知识图谱。对现有资源进行分类标识,匹配学科知识图谱",明确了学科知识图谱对于优化教育资源供给服务的重要意义。

> **思考讨论**
>
> 请学习者搜索相关论文及最新研究成果,深入了解学科知识图谱的内涵、构建路径及教学应用案例。

二、知识图谱教学应用模式

1. 基于学科知识图谱的个性化资源推送

个性化资源推送是指针对学生的学习需求,智能化提供学习资源的技术,是实现因材施教的关键。学科知识图谱具有知识间关系联结的结构特点,能够将相对零散的知识按照内在逻辑进行聚合,从而较好地实现教学资源的个性化推送。通过构建国家统一、规范的学科知识图谱,实现海量优质资源的智能化管理,提供如精准优质的学习资源推送与助学支持等以学习者为中心的智能化、个性化、全过程的在线学习服务,能够最大程度满足学习者多样化与个性化学习需求,从而提高数字教育资源的应用效益,落实"校校用平台、班班用资源、人人用空间"的常态化应用,助力建设"时时可学、处处能学、人人皆学"的学习型社会。[1]

---

[1] 柯清超,鲍婷婷,林健."双减"背景下数字教育资源的供给与服务创新[J].中国电化教育,2022(01):17-23.

2. 基于学科知识图谱的学习路径规划

学习路径是指学习者在学习策略的指导下,从初始状态到完成学习目标,所经历的学习路线。学科知识图谱具备语义网络和知识关系的技术特性,能够动态地为学生规划最优的学习路径。在传统学习中,教师通常按照既定的学科知识体系结构将知识传授给学生,学习路径往往已由教师事先设计规定。在基于学科知识图谱的平台中,学生通过教师指导和自主学习,形成自身的学科知识地图,平台依据该地图对学生掌握程度进行测评、识别和分析,从而制定下一步学习计划,进而生成个性化的最优学习路径。可见,基于学科知识图谱的学习路径规划,能够为学生提供智能的学习指引和反馈,提高学生的学习效果。

3. 基于学科知识图谱的资源智能组织管理

资源智能组织管理要求数字资源本身的知识结构、对应的能力层级等内生要素能够得到高效智能的组织管理。构建学科知识图谱作为学科知识智能组织管理的前置性工作,能够避免学科资源的重复建设,有效激活存量资源与统筹增量资源,提高资源组织管理水平。基于学科资源多模态特征的学科知识图谱技术在资源智能组织管理中的应用场景有:一是基于通用学科知识图谱梳理不同版本的教学大纲、教材、教师指导用书中各类学科知识点的本体概念及其前驱后继逻辑联系,从而实现学科资源的智能组织;二是基于动态学科知识图谱对开放性学科知识进行学习者个体与群体的协同知识建构,扩展其知识概念的理解深度,促进深层次学科知识的学习;三是以动态、开放、规范、丰富的学科知识图谱体系助推学科资源内容标准体系的建立,促进学科资源的跨学段、跨学科融合与共享,推动复合型人才培养。[①]

三、知识图谱教学应用案例

1. 案例简介

利用知识图谱中的实体识别、关系抽取、情感分析等技术,学生能够快速理解学科知识间的内在含义和逻辑,加深对学科知识的理解。比如在 Wisers AI Lab 提供的知识图谱平台中,学生将《三国演义》中的文章片段输入关系抽取模块,即可分析出文章中各人物及其关系,形成结构化的知识网络,促进学生的知识建构。

2. 案例解读

近年来,随着语义网络知识库的丰富和知识图谱动态补全等算法的迭代发展,基于动态补全的学科知识图谱能够帮助学习者厘清各学科知识的实体语义关系,挖掘学科知识点间

---

① 柯清超,林健,马秀芳,鲍婷婷. 教育新基建时代数字教育资源的建设方向与发展路径[J]. 电化教育研究,2021,42(11):48-54.

的内在联系,从而完成新知识本体或其属性的关系嵌入,同时根据学习者认知结构与项目学习需求提供教学行为预测干预等。如图 7.5 所示,实线表示已有知识,虚线表示预测的新知识。可以看到,学科知识图谱可以从已有知识(贝多芬,职业,钢琴家)和(贝多芬,乐器,钢琴)中归纳出可靠的规则:钢琴家的乐器是钢琴。再通过(李斯特,职业,钢琴家)演绎出新知识(李斯特,乐器,钢琴),对学科知识图谱缺失的边进行了补全。

图 7.5　知识图谱中学科知识动态补全的应用案例

学习自评

评价内容	自评结果			
	优	良	中	差
了解人工智能技术的内涵及其对教育的影响,理解人工智能教育应用的典型形式并熟悉相关教学应用				
了解教育大数据分析的内涵及其与学习分析的关系,理解教育大数据分析的典型应用				
了解脑机接口的概念及其与群体注意力的关系,理解脑机接口的教学应用模式并熟悉相关教学应用				
了解虚拟现实的概念,能够区分 VR、AR 和 MR 等技术,理解虚拟现实的教学应用模式并熟悉相关教学应用				
了解知识图谱的概念及其与人工智能技术的关系,理解知识图谱的教学应用模式并熟悉相关教学应用				
综合评价				

本章小结

1. 人工智能是研究、开发用于模拟、延伸和扩展人和其他动物的智能,以及开发各种机器智能的理论、方法、技术及应用系统的综合性学科,对教育产生了深远的影响。当前人工智能教育应用的典型形式有智慧学习空间、智慧校园、智能学伴、智能导师等。

2. 教育大数据有助于理解教育系统整体,支持教学评价与决策,也有助于实现个性化学习、自我导向式学习以及智慧学习等。教育大数据分析常见的典型应用有基于多模态数据的课堂教学行为分析、基于数字画像技术的学生综合素质评价、基于数据挖掘技术的学业预警与干预等。

3. 脑机接口建立了脑与外部设备的直接连接通路,能够从大脑中提取特定的生物信号,实现控制与操纵外部仪器或设备动作的目的。脑机接口常见的教学应用模式有脑机接口技术支持的教与学风格匹配、脑机接口技术支持的创新课堂教学效果评价、脑机接口技术支持的课堂教学策略优化、脑机接口技术支持的学生课后学习补救等。

4. 虚拟现实借助计算机硬件、软件以及各种传感器构成一个三维信息的虚拟环境,能够逼真地模拟现实世界的事物和环境。虚拟现实常见的教学应用模式有基于虚拟现实技术的游戏化学习、基于虚拟现实技术的泛在学习、基于虚拟现实技术的仿真实训等。

5. 知识图谱是以图的形式表现客观世界中的实体及其之间关系的知识库。知识图谱常见的教学应用模式有基于学科知识图谱的个性化资源推送、基于学科知识图谱的学习路径规划、基于学科知识图谱的资源智能组织管理等。

拓展资源

1. 请利用全文检索或其他资源获取方式(参考第二章),了解更多教育技术新发展的应用案例。

2. 请到知网(https://kns.cnki.net)查询以下文章并阅读。

《人工智能教育应用与研究中的新区、误区、盲区与禁区》,作者张坤颖、张家年,文章着重分析了人工智能教育应用或研究中的新区、误区、盲区和禁区及产生的原因,在阐明人工智能与教育的关系、融合模式的基础上,形成人工智能教育应用的对策及理论框架。

《基于大数据的多源多维综合素质评价模型的构建》,作者张治、戚业国,文章构建了一个基于大数据技术的多源多维综合素质评价模型,整合并标准化能够反映学生综合素质的多源数据,建立学习分析模型,开展大数据分析对学生综合素质进行多维度、全方位的评价,形成基于大数据的学生个体和群体的综合素质数字画像。

《脑机接口的智能化课堂教学应用研究》,作者王朋利、柯清超、张洁琪,文章开展了两项实证研究,验证基于脑机接口实现学习风格分类的可能性,分析了常态课堂教学中学生注意力特征,并基于学生教学活动的注意力特征提出课堂教学优化策略。

《面向智慧教育的学科知识图谱构建与创新应用》,作者李艳燕、张香玲、李新、杜静,文章在分析学科知识图谱的内涵、应用案例的基础上,讨论了学科知识图谱在智慧教育中的构建路径,提出了学科知识图谱在智慧教育中的六大应用场景,并分析了学科知识图谱在智慧教育应用中面临的三大挑战。

附 录

任务驱动的实训项目

实训项目一　信息化教学资源检索与加工

\multicolumn{2}{c}{**信息化教学资源检索与加工**}	
学习任务	利用国家数字教育资源平台和网站等,检索获取信息化教学资源并加工展示
实践目的	1. 了解信息化教学资源的获取途径; 2. 熟悉国家教育资源公共服务平台的信息化教学资源; 3. 熟练运用相应的渠道检索获取信息化教学资源并加工
使用环境（工具）	网络、各类数字教育资源平台
解决问题步骤	1. 确定需要检索与加工的信息化教学资源内容和类型(文本、图像、动画、视频、音频等),最好能写出简易的资源设计卡
	2. 了解信息化教学资源的获取途径。 (1) 国家教育资源公共服务平台,如国家中小学智慧教育平台等; (2) 国家在线开放课程,如中国大学 MOOC 等; (3) 市场化教育资源网站,如学科网、菁优网等; (4) 网络搜索引擎,如百度、360 搜索等; (5) 素材专题网站,如千图网、第一 PPT 等
	3. 打开国家数字教育资源平台,熟悉其汇聚的主要资源与应用,尝试获取所需的信息化教学资源
	4. 利用市场化教育资源网站、素材专题网站、网络搜索引擎等检索获取信息化教学资源,作为补充或加工的素材
	5. 对检索获取的信息化教学资源按照教学内容进行整合加工
	6. 将获取并加工好的信息化教学资源展示给老师或同学观看,请他们提出评价意见
评价意见	
个人体会	

实训项目二　课堂教学课件制作

	课堂教学课件制作
学习任务	选择一个与自己所学专业相关的主题，制作一个课堂教学课件
实践目的	1. 学会利用希沃白板 5 制作简单的课堂教学课件； 2. 掌握制作课堂教学课件的一般过程和技巧； 3. 了解课堂教学课件的播放控制和过渡处理
使用环境（工具）	希沃白板 5
解决问题步骤	1. 设计课堂教学内容，确定教学内容和教学策略。明确教学内容和教学活动的组织结构、教学策略、媒体的选择与表现形式等，写出简易的制作脚本与页面的设计内容
	2. 创建页面。 (1) 启动希沃白板 5，点击"新建课件"； (2) 选择应用合适的课件模板； (3) 在菜单栏中选择合适的工具，如文本、形状、多媒体、表格、思维导图等； (4) 在添加后的文本框、表格和思维导图中输入相应内容
	3. 填充文本内容，调整页面中素材的排版
	4. 在浏览视图状态下，设置页面的切换效果和动画效果
	5. 将制作好的课堂教学课件播放给老师或同学观看，请他们提出评价意见并修改完善
评价意见	
个人体会	

实训项目三 微课视频设计与制作

	微课视频设计与制作
学习任务	选择一个与自己所学专业相关的主题,通过希沃白板 5 中的知识胶囊制作一个微课视频
实践目的	1. 学会利用希沃白板 5 的知识胶囊制作简单的微课视频; 2. 掌握通过知识胶囊制作微课视频的一般过程和技巧; 3. 了解通过知识胶囊录制微课时课堂活动互动模式的设置流程
使用环境 (工具)	希沃白板 5
解决问题 步骤	1. 微课教学设计,确定教学内容、教学活动和教学策略。注意教学内容的组织结构、教学策略、媒体的选择与表现形式等,最好能写出简易的制作脚本或每个画面的设计卡 2. 启动希沃白板 5,打开需要录制的 PPT 文件 3. 在云课件插入包含趣味分类、超级分类、选词填空、知识配对的任一课堂活动 4. 点击 PPT 功能菜单下的"录制胶囊"按钮,检查麦克风等设备之后,便可开始录制 5. 在录制过程中结合"画笔"或其他几何工具进行板书讲解,也可以添加"答题板",增加交互式练习题 6. 录制过程中翻到课堂活动页面,点击"开启互动",学生观看时将在开启时间进入互动答题模式 7. 选择"结束"键可结束录制,预览并生成趣味交互式微课视频 8. 将制作好的微课视频播放给老师或同学观看,并请他们提出评价意见
评价意见	
个人体会	

实训项目四　在线课程的设计与开发

在线课程的设计与开发	
学习任务	选择一个与自己所学专业相关的主题,制作一门在线课程
实践目的	1. 学会利用 Ispring suite 制作简单的一节在线课程视频; 2. 掌握一门在线课程设计与开发的一般过程和技巧; 3. 了解并合理编排一门在线课程的课程结构
使用环境（工具）	PowerPoint、Ispring suite
解决问题步骤	1. 明晰课程目标,选择课程内容和资源并合理编排课程结构,包括课程信息、课程资源、讨论区、测试作业、评分标准和考试六大基本模块,设计学习支持服务和课程评价
	2. 依据课程和教学目标,设计编排课程结构,组织课程资源、讨论区、测验与作业等模块
	3. 依据课程和教学目标,使用 PPT 和 Ispring suite 工具,制作演示文稿和交互式的在线课程视频。 (1) 打开 Ispring suite 程序,选择想要创建的类型,新建一个课程; (2) 在熟悉的 PPT 界面,准备授课课件; (3) 应用 Ispring suite 工具的录制音视频功能,逐页录制讲解课件,并加入旁白内容; (4) 加入互动活动元素,如练习题、测试、互动元件等,保存并返回课程; (5) 生成在线课程并保存
	4. 依据课程和教学目标,开发随堂检测、富文本、课堂讨论等资源
	5. 依据课程和教学目标,选择学习支持服务类型,完成学习支持服务设计开发,促进学生自主学习
	6. 依据课程和教学目标,设计制作课程评价
评价意见	
个人体会	

实训项目五　个人网络学习空间建设与应用

\multicolumn{2}{c}{个人网络学习空间建设与应用}	
学习任务	根据自身的需求,通过搜索资源、参与在线讨论等方式建设并应用自己的个人网络学习空间
实践目的	1. 明确自身需求,确定个人网络学习空间的建设方向; 2. 掌握资源搜索的技巧与方式,能够利用多种资源建设并丰富个人网络学习空间; 3. 能够通过观看视频、参与讨论、学习反思等方式,利用个人网络学习空间提升学习效率,促进自身的发展
使用环境 (工具)	希沃学苑
实践步骤	1. 根据自身情况,明确自己的学习需求,并确定所需学习资源
	2. 登录希沃学苑,通过以下方式搜索并获取所需资源: (1) 通过搜索栏进行关键词搜索; (2) 通过"在线学习"页面的各个版块进行资源选择; (3) 通过"专区"页面的"推荐胶囊""推荐专区"等版块进行资源获取。
	3. 点击自己需要的视频资源进行学习并查看课件
	4. 观看完毕之后总结并在评论区发表学习心得与反思,与其他学习者进行沟通交流
	5. 浏览"在线学习"页面的"精彩讨论"版块,选择感兴趣的话题并与其他学习者共同交流讨论
	6. 再次学习第三步的视频与课件资源,在个人中心的"我的课程"找到学习记录,选择对应的视频进行观看,并思考对比两次学习的心得变化
评价意见	
个人体会	

实训项目六　智慧课堂的设计与实施

智慧课堂的设计与实施	
学习任务	选择一节本专业课程，开展一节智慧课堂的设计与实施
实践目的	1. 根据教学内容进行智慧教学的设计、资料的准备等； 2. 掌握课前预习资料的推送方法； 3. 利用智慧课堂教学工具丰富课堂互动； 4. 利用智慧课堂教学工具分层下发作业与反馈个性化评价结果
使用环境（工具）	希沃易课堂
解决问题步骤	1. 确定教学内容，进行教学设计，准备预习资料
	2. 登录希沃易课堂，进入教师空间进行备课，向学生下发预习资料
	3. 及时查看学生预习情况，并根据情况调整教学方式
	4. 课中基于"易课堂"，使用白板等进行授课，通过屏幕广播、拍照上传、实时抢答等活动进行授课，丰富课堂互动
	5. 课后根据学生课堂学习情况，通过教师空间分层下发作业与资源
	6. 实时查看学生作业的完成情况，了解学生存在的问题，及时答疑解惑
评价意见	
个人体会	

实训项目七 实施班级信息化管理

实施班级信息化管理	
学习任务	选择一个信息化教学管理软件,实施班级信息化管理
实践目的	1. 掌握班级、学生和课堂活动管理的一般过程和技巧; 2. 使用班级优化大师等软件进行班级信息化管理
使用环境 (工具)	班级优化大师
解决问题 步骤	1. 创建和加入班级。 (1) 打开班级优化大师的手机端进行班级管理,PC 端暂不支持该功能; (2) 点击"创建班级",选择学段和导入点评类型、输入班级昵称; (3) 点击"加入班级",输入班级希希号; (4) 点击"班级显示",选择需要显示的班级 2. 添加学生。可通过邀请家长添加学生姓名、AI 智能识别、手动输入学生姓名和从其他班级导入学生四种方式添加学生 3. 学生行为点评。 (1) 点评个人。选择"学生"栏目,点击头像,输入点评信息。 (2) 点评多人。点击"小组"栏目或者底部"点评多人",可选择多名同学或多个小组进行点评 4. 查看班级管理数据统计。 (1) 点击右上角选项,通过"班级报表"和"考勤报表"查看班级管理数据; (2) 点击学生头像,查看学生档案 5. 开展家校互通。通过班级布置任务、发送通知、将学生信息与家长分享、邀请家长加入班级实现家校互通 6. 平台学习支持。通过"班优锦囊",学习班级管理方法,获取班主任资源库
评价意见	
个人体会	

实训项目八　开展在线听课评课活动

	在线听评课
学习任务	选择一个与自己所学专业相关的课程,在希沃信鸽平台开展一次在线听评课
实践目的	1. 掌握希沃信鸽平台的基本操作,学会使用希沃信鸽平台评课堂、评公开课、进行评课管理等; 2. 掌握在线听评课的基本方法和要领
使用环境（工具）	希沃信鸽
解决问题步骤	1. 打开希沃信鸽平台选择"教学教研"中的"听课评课"
	2. 评课堂。 (1) 点击"开始评课",选择听课地点,补充授课教师等信息; (2) 通过拍照上传和量化评分记录听课评价; (3) 查看评课记录
	3. 评公开课。 (1) 点击"邀请评课",填写课程主题、评课表等信息; (2) 邀请听课教师进入评课; (3) 分享评课二维码
	4. 生成评课报告,查看具体评课记录及评课分析数据
	5. 进行评课管理。 (1) 点击"评课表管理",从评课表管理中选择"新建"; (2) 选择应用合适的评课模板; (3) 填写"评课表标题"和"引导语"; (4) 对课程进行评分,可以选择"分数制"或"等级制"进行评分,也可以对应添加评分题; (5) 在"对课程的总体评价与建议"的文本框中输入相应评价内容; (6) 保存并发布评分表
评价意见	
个人体会	